POLSKA

NARÓD A SZTUKA

Maria i Bogdan Suchodolscy

POLSKA
NARÓD A SZTUKA

DZIEJE
POLSKIEJ ŚWIADOMOŚCI
NARODOWEJ
I JEJ WYRAZ W SZTUCE

Arkady

Opracowanie graficzne
ZENON JANUSZEWSKI
Pracę opiniowali
IRENA WOJNAR
ALEKSANDER GIEYSZTOR

ISBN 83-213-3332-X

WSTĘP

Od najdawniejszych czasów sztuka towarzyszy ludziom stanowiąc pewną formę ich egzystencji. Malarstwo jaskiniowe świadczy, iż sztuka miała moc magiczną i rozciągała swą władzę na świat zwierząt, czyniąc je posłusznymi woli myśliwego. Być może była także wyrazem potrzeby przeżycia powtórnie i wiele razy – dzięki obrazom – sukcesów i klęsk doświadczanych w rzeczywistości; być może świat, który stwarzała, stanowił po prostu tę samą rzeczywistość, w której żył człowiek – rozszerzoną i przedłużoną, jak gdyby bardziej własną.

W dalszym rozwoju historycznym rozdzielały się te dwa światy – zastany przez ludzi świat empiryczny i tworzony przez nich świat sztuki, ale oba były rzeczywiste, chociaż każdy na swój sposób. Sztuka, będąc szczególnie ważnym składnikiem religijnych obrzędów, stawała się wielkim apelem do bóstw i mocy rządzących życiem, mocy nieznanych, złowrogich i dobroczynnych; składała tym mocom hołd, manifestowała ekstatyczną z nimi wspólnotę, zanosiła ludzkie błagania. Równocześnie była zasadniczym składnikiem wszystkich manifestacji społecznej wspólnoty w pracy i zabawie, w obyczajowych obrzędach, w hołdach składanych tradycji, w przygotowaniu do walk i wypraw. Dzięki sztuce nasycającej wyobraźnię i pamięć społeczną przeszłością, która minęła, umacniała się plemienna tożsamość.

Ta religijna i społeczna rola sztuki pozwalała jej wznieść się ponad proste odwzorowywanie świata empirycznego w wiernych i naturalistycznych obrazach; pozwalała tworzyć system reprezentowania go w symbolach i abstrakcjach, w skrótach i znakach, w godłach i amuletach. Otwierała się droga ku sztuce jako wielkiej metaforze, ku sztuce widowiskowej i teatralnej, ku sztuce ornamentacyjnej. Otwierała się droga ku twórczości wolnej od bezpośredniego nacisku postrzeganej rzeczywistości, ale zakorzenionej w potrzebach i dążeniach społecznej wspólnoty; wspólnoty, organizującej swe życie widome i życie wewnętrzne dzięki działalności materialnej, spowitej w wyobrażenia, idee, wizje.

Wraz z rozwojem europejskiej cywilizacji coraz bogatsze i coraz bardziej zróżnicowane stawały się powiązania sztuki z życiem społecznym i losem ludzkim. W wielkich budowlach sakralnych Egiptu, Grecji i Rzymu sztuka manifestowała wielkość bogów, a także stwarzała kapłanom i ludziom izolowany krąg rzeczywistości, w którym składać mogli ofiary i zanosić swe mdły. W pałacach i zamkach królewskich umacniała potęgę państwa, stwarzała widomy kształt jego siły jednoczącej i chroniącej, jego sprawiedliwości i mocy. Równocześnie stawała się ostoją żywej tradycji, zachowywanej w pieśniach o bohaterach i wielkich opowieściach epickich, stawała się potężnym czynnikiem formowania świadomości, czuwającej troskliwie nad tym wszystkim, co własne i godne obrony przed naporem innych i obcych. W tym sensie Homer był „wychowawcą" heroizmu Greków, a Wergiliusz Rzymian.

W przeciwieństwie do tej sztuki rozwijała się sztuka przedstawiająca proste życie ludzi, ich prace ciężkie i konieczne, a jednak radosne, upiększająca materialne kształty powszedniej egzystencji, tworząca swoiste środowisko istnienia ludzkiego wśród świata przyrody. Także i historia bogów – jak u Hezjoda – przekształcała się w opowieść o powszednich losach ludzi.

Nad tymi losami czuwali bogowie dobroczynni i okrutni, łaskawi i zagniewani, ale ludzie wplątani w ich wolę szukali jednak własnych praw moralnych z uporem i odwagą prowadzącą do szaleństwa i klęsk. Tragedia grecka ukazywała ten wielki kołowrót winy i kary, heroizmu i poświęcenia, apelu sumienia ważniejszego niż wola władców ziemskich.

Schodząc ze szczytów Olimpu i z wyżyn Akropolu, sztuka podejmowała – w malarstwie oraz w rzeźbie tamtych wieków – tematykę ludzkiej miłości i ludzkich trosk, towarzysząc człowiekowi aż do grobu, którego płaskorzeźby przedstawiały smutne, ale spokojne pożegnanie z życiem i z czułą serdecznością najbliższych.

Nie było ostrych granic między sztuką monumentalną i sztuką „małą", między sztuką heroiczną i sztuką powszedniego życia. W opowieściach o Orfeuszu skupiały się wyobrażenia o potędze całej sztuki, której posłuszne miało być wszystko co żywe i cała przyroda, a także moce podziemnego świata, skupiały się nadzieje na ukojenie i wyzwolenie przez muzykę i poezję. Charakter tych nadziei pozwalał we wczesnym chrześcijaństwie traktować postać Orfeusza jako symbol Chrystusa, a w czasach późniejszych wielokrotnie powracać do orfickiego mitu. Pozwolił też Wyspiańskiemu ukazać, jak Apollo – „Bóg świetlany” – zmartwychwstaje w wawelskiej katedrze, jako „ten, co nosi cierń u skroni”, i sprawia, „jakby już Polska wszystka wstała”.

W dalszym rozwoju europejskiej cywilizacji zmieniały się sytuacje społeczne i kierunki sztuki, ale jej rola pozostawała w gruncie rzeczy taka, jaką ukazało doświadczenie świata antycznego. Przez długie wieki treści religijne były głównym tematem sztuki, która nie tylko była wyrazem wiary, ale – równocześnie – stwarzała jej wyobrażeniowy kształt. Chrześcijaństwo było niezwykle bogatą inspiracją w dziedzinie sztuki, ale sztuka w całej różnorodności jej rodzajów – w architekturze, malarstwie, rzeźbie, poezji i muzyce – formowała treść przeżyć religijnych i to zarówno w zbiorowych doświadczeniach liturgii, jak i w indywidualnych, medytacyjnych formach nabożeństwa. Bez chrześcijaństwa ogromne karty dziejów sztuki europejskiej byłyby puste, bez sztuki dzieje religijności byłyby głuche i ciemne.

Na obu współzależnych biegunach rodziły się i dojrzewały refleksje nad ludzkim losem, zamkniętym w granicach narodzin i śmierci, uwikłanym w sieć różnych zależności, które jednak otwierały rozległe perspektywy działań możliwych. Sztuka – na równi z filozofią – służyła takim refleksjom, ukazując w wielorakich wariantach „świat na opak” i małość „ludzi rzeczywistych” w porównaniu z ludźmi „prawdziwymi”, przedstawiając – zwłaszcza w sztuce portretu – różnorodność ludzkich charakterów, a także przeciwieństwa między powołaniem i służbą a samotnością i znużeniem, między heroizmem i ofiarą a „wielką zabawą” życia.

Równocześnie Państwo Boże oraz ziemskie państwo cesarzy i królów pozostawało ogromnym obszarem artystycznego działania. Sztuka służyła chętnie wielkości państw i splendorowi władców. Stawała się sztuką monumentalną, dzięki której kamienna symbolika potęgi organizacji kościelnej i państwowej formowała społeczną wyobraźnię, sztuką wielkich dekoracji, których treść czerpana była z ważnych tradycji i wielkich wydarzeń dziejących się na szczytach społecznej hierarchii, sztuką chrześcijańskiego uniwersalizmu, ugruntowanego w tym samym wspólnym języku i w tych samych wizjach losów świata i ludzi, a zarazem stawała się – w różnych krajach – sztuką narodowej dumy, rodzącej się z wielkich zwycięstw na polach bitewnych, przedstawianych w ogromnych scenach batalistycznych i pomnikach chwały. Chwiejna granica dzieliła tę sztukę od sztuki spełniającej życzenia możnych mecenasów, sztuki upiększania życia w jego dniach powszednich i świątecznych. Artystyczne bogactwo dworów dodawało splendoru możnym i bywało – równocześnie – symbolem świetności kraju czy miasta.

Przełamując rygory wizji monumentalnego istnienia i uwalniając się z uroków życia ozdobionego, sztuka sprzyjała także i głębszym siłom społecznym, dzięki którym – w konfliktach i przeciwieństwach – rodziły się nowe formy integracji i nowa postać istnienia narodów. Dojrzewała ona wraz ze zmierzchem feudalizmu, trwającym w różnych krajach Europy bardzo długo, i umacniała się wśród nadciągających burz rewolucyjnych oraz dzięki walkom o wolność i sprawiedliwość. Sztuka rozwijała wówczas swój sztandar prowadzący na barykady i w przyszłość, wzmacniała nadzieje i odwagę.

Uczestnicząc w tej krytyce społecznej, sztuka znajdowała także miejsce dla człowieka. Przedzierając się poprzez świetność monumentalnej i dekoracyjnej fasady społeczeństwa bogatych i sytych, przekraczając także horyzonty masowych manifestacji buntu, sięgała w głąb i wydobywała na jaw rzeczywistą i konkretną egzystencję tych samotnych, odsuniętych i wydziedziczonych, „innych”, surowych, niespokojnych, zdesperowanych i nieszczęśliwych – tych ludzi odmiennej prawdy życia. Wielokrotnie i z niezwykłą czułością artyści zdzierali maskę, jaką narzuciły ludziom społeczne zależności, i ukazywali prawdziwą twarz człowieka w autentyczności jego ludzkich przeżyć. Stwarzali w ten sposób ważne mosty bezpośredniego porozumienia człowieka z człowiekiem, odkrywali ważne źródła wspólnoty.

Obok tego nurtu sztuki rozwijała się sztuka korzystająca bardziej z wolności, jaką obdarzały ją społeczne przemiany doby nowożytnej. Ograniczenie różnorakiego mecenatu – kościoła, państwa, arystokracji – zdejmowało z działalności artystów jarzmo zamówień i nacisków, pozwalało – 6 niestety, dość często za cenę życia w nędzy – szukać bezpośredniego porozumienia ze społeczeństwem na drogach indywidualnej twórczości. Od XVIII wieku intensyfikuje się handel dziełami sztuki i wolna sprzedaż obrazów. Służąc gustom szerokiej publiczności, a częstokroć zaprzeczając im, artyści manifestowali swe siły twórcze w różnoraki sposób.

Powstawała i rozwijała się aż po dni dzisiejsze sztuka będąca artystycznym widzeniem urody świata, sztuka stwarzająca obok rzeczywistości istniejącej rzeczywistość „powtórzoną", która zatrzymywała płynący czas i zmieniające się miejsca patrzenia. Obok gór i mórz rzeczywistych stawały morza i góry malowane, obok drzew i kwiatów kwitnących na łąkach i dekorujących wnętrza mieszkań pojawiały się drzewa i kwiaty na obrazach, obok ludzi żyjących tutaj i teraz – ludzie malowani. Ta sztuka „powtarzająca" wydawała się przed wiekami sztuką niebezpieczną. Pewien stary Indianin, obserwując etnografa szkicującego pasące się bizony, powiedział: „Wiem, że ten człowiek zabił wiele naszych bizonów, byłem przy tym, gdy to robił, i odtąd nie mamy już bizonów". Ale myśl, iż obraz rzeczywistości oddaje w ręce twórcy władzę nad nią, przetrwała bardzo długo, zwłaszcza w niektórych wielkich religiach świata.

W innych warunkach i z innego punktu widzenia ta sztuka „powtarzająca" wydawała się niepotrzebną. Pewien chłop bretoński – jak opowiada współczesny historyk filozofii Etienne Gilson – widząc artystę, który malował drzewo rosnące na jego polu, zapytał: „Po co Pan maluje to drzewo, skoro ono przecież i tak już istnieje?"

Jednak historia pozwala stwierdzić, iż w europejskiej kulturze sztuka powtarzająca świat nie była w powszechnej świadomości ani niebezpieczna, ani niepotrzebna. Wręcz przeciwnie – była sztuką wzbogacającą ludzkie życie właśnie dzięki „podwojeniu" świata. Jak w filozofii myśl kreowała świat intelektualny ponad światem empirycznym, jak technika budowała ponad światem natury rzeczywistość „mechaniczną", podobnie sztuka ponad życiem przyrody i ludzi stwarzała artystyczną wizję ich istnienia, odsłaniającą – być może – jego sens głęboki. „Sztukę – pisał Józef Conrad-Korzeniowski – można określić jako wysiłek ducha, dążący do wymierzenia najwyższej sprawiedliwości widzialnemu światu przez wydobycie na jaw prawdy – wielorakiej i jedynej – ukrytej pod wszelakimi pozorami. Jest to usiłowanie, aby wykryć w kształcie prawdy, w jej barwach, w jej świetle, w jej cieniach – w zmienności materii i przejawach życia – to, co jest podstawowe, co jest trwałe i zasadnicze".

W poszukiwaniach tych można było zarówno „zobaczyć" rzeczywistość, jak i spróbować przez nią przejść i to w różnoraki sposób. Sztuka nowoczesna podjęła taką próbę, kiedy – jak pisał André Breton – „natrafiła w mroku na zamknięte od zewnątrz drzwi od «innego świata» rzeczywistości, rozumu, geniuszu i miłości". Przeciwstawiając się „zacieśnionej koncepcji imitacji" poddano krytyce artystów, którzy „robią nędzny użytek z magicznej władzy tworzenia kształtów, jaka została im użyczona", artystów, którzy swe siły twórcze oddają „konserwacji i umocnieniu czegoś, co istniałoby bez nich". Być może bretoński chłop miał rację: trzeba tworzyć rzeczy nieistniejące; być może „nadszedł czas zamkniętych oczu", być może trzeba „skupiać uwagę już nie na rzeczywistości czy na wyobraźni, ale, jakby to powiedzieć: na odwrocie rzeczywistości". Wyzwalając się z więzów rzeczywistości i przekraczając jej horyzonty, sztuka ta próbowała odsłaniać tajemne wnętrze duszy ludzkiej, jej niepokojące żywioły, a także absurdalny sens uporządkowanego świata, łączyła się z nadzieją na „wielkie zaprzeczenie".

Na tych drogach spotykała się z nurtem sztuki, która podejmowała trudne sprawy nowoczesnego poglądu na świat. Stawały się one coraz ostrzejsze w miarę zanikania w sztuce tematyki religijnej, dzięki której rozwiązywano w ciągu długich wieków problemy ludzkiego losu. Ale gdy przestano powszechnym wysiłkiem budować wielkie katedry i gdy z całej ikonografii religijnej głównie postać Chrystusa – i tylko niekiedy – inspirowała nadal artystów, problematyka poglądu na życie stawała się szczególnie trudna.

Poszukiwania w tej dziedzinie były znamienne nie tylko dla sztuki podejmującej bezpośrednio tematykę losów życia w konwencjach realistycznych lub alegorycznych, ale także dla sztuki pozornie wolnej od niepokojów światopoglądowych, sztuki symbolicznej w szerokim rozumieniu owego terminu, ukazującej metafizyczne i humanistyczne wymiary tej urody świata, jaką dostrzec potrafi jedynie oko artysty, i tego niepokoju, jaki powstaje w ludziach, żyjących wśród rzeczy im bliskich, a przecież obcych. Sztuka czasów nowożytnych stawiała uparcie pytania: Czy możliwe byłoby stworzenie innego, prawdziwie ludzkiego świata? Czy twórczość, zwłaszcza twórczość artystyczna, mogłaby to uczynić? Czy też raczej przyjąć musimy wizję śmierci sztuki i uznać, iż w tym „wieku trzeźwości" poeci już nie są potrzebni? Jednak Hölderlin, który to pomyślał, porzucił życie, izolowany w swym szaleństwie przez lata. Awangarda artystyczna, będąca zwykle buntem przeciwko panującej sztuce, nie była potępieniem sztuki w ogóle – była nadzieją na jej odrodzenie. Dopiero dziś, w poprzek tej nadziei kładzie się wola artystów znużonych tworzeniem sztuki i zamyślających o tworzeniu życia bez jej pomocy. Czy słusznie?

Przyszłość na to pytanie odpowie. My, ludzie dzisiejsi, żyjemy jeszcze w kręgu rzeczywistości obrazów i nie chcielibyśmy porzucać tego królestwa, aby wstąpić na ciemną drogę antysztuki. Jesteśmy od wieków powiązani ze sztuką i korzystamy z jej wielorakich darów i nadziei, przedstawianych w różnorodnym języku twórczości realistycznej i surrealistycznej, impresyjnej i ekspresyjnej, konstruktywistycznej i symbolicznej. Ale ten język różnorodny ma jednorodną naturę. „Istnieje – pisał Pierre Francastel – myśl plastyczna. Myśl ta posiada między innymi tę szczególną właściwość, że używa pewnego medium czy też podłoża niejęzykowego. Z tego względu jest ona, wraz z myślą wyrażaną w słowie i myślą matematyczną, jedną z trzech potęg ludzkiego umysłu". „To myślenie za pomocą kreowania obrazów – kontynuował Francastel – stanowi jeden z głównych systemów myślowych człowieka w ciągu całej historii i wszystko każe przypuszczać, że będzie odgrywało zasadniczą rolę także w przyszłości". Zrozumienie swoistości tego myślenia jest warunkiem poprawnej interpretacji wzajemnych stosunków społeczeństwa i sztuki. „Dzieła sztuki ofiarowują nam obecnie – pisał Francastel – najszerszy zespół jeszcze nie wykorzystanych dokumentów dotyczących życia społeczeństw dawnych i współczesnych. Jednym z celów naszego pokolenia powinna być integracja niepisanych źródeł historii cywilizacji".

Te źródła niepisane świadczą zarówno o narodzinach sztuki z rzeczywistości społecznej oraz z postaw, dążeń i aspiracji ludzi, jak i o wpływie sztuki na społeczną świadomość, na przeżycia człowieka. W tym sensie sztuka dwojako towarzyszy ludziom: jako wyraz ich egzystencji i jako źródło jej wzbogacania. Napisał kiedyś Stendhal: „Wyraz jest wszystkim w sztuce. Obraz bez wyrazu jest zaledwie obrazkiem, który przez chwilę cieszy oczy". I tłumaczył, iż tylko „dzięki wyrazowi malarstwo wiąże się z tym, co najwznioślejsze w sercach wielkich ludzi [...] Dzięki rysunkowi bowiem zdobywa ono tylko podziw pedantów, a dzięki kolorytowi kupują je bogaci kupcy angielscy". Malarstwo, które jest wyrazem – wyrazem wielorakich treści manifestujących się w różnorodny sposób – stwarza rzeczywistość wizualną, która z kolei – jako trwała i już nieodmienna – inspiruje i formuje przeżycia ludzi. Tak naród, który rejestruje swe losy i swe przeżycia w sferze artystycznego widzenia, czerpie z niej zarówno samowiedzę, jak i wzbogacenie, nieustannie żywe i nowe, swego istnienia.

Rozważania te wyznaczają sposób, w jaki w niniejszej książce przedstawiona zostanie sztuka polska w jej powiązaniach z życiem narodu. Chodzi o powiązania wielorakie i w wielu dziedzinach, powiązania różnego stopnia bezpośredniości i głębokości, a także i różnego zasięgu społecznego. Pojęcie narodu i pojęcie sztuki mają charakter zasadniczy, wyznaczający tę wizję problemów, jakie mają tu być przedstawione. Pojęcie narodu wydaje się nam, wychowankom romantyzmu i walk o niepodległość, uczestnikom współczesnej rewolucji społecznej, pojęciem jasnym i obejmującym wszystkich Polaków. Ale przypomnijmy, jak gwałtowne spory toczyły się na ten temat jeszcze w dobie oświecenia, z jakim sprzeciwem spotykali się ci, którzy przekonywali, iż szlachta nie jest „całym" narodem polskim. I spróbujmy wyobrazić sobie czasy jeszcze dawniejsze, czasy piastowskie, w których przodkowie nasi na tej ziemi żyjący nie byli jeszcze narodem w dzisiejszym znaczeniu. Spróbujmy wyobrazić sobie warunki życia, gdy komunikacja społeczna była niezmiernie utrudniona, na wielkich obszarach pozbawionych dróg, w zamkniętych i samowystarczalnych siedzibach, do których docierały z rzadka wieści ze świata, a nawet nie zawsze i wola księcia. Jakaż była – w tych warunkach – możliwość wymiany doświadczeń, wspólnoty czy walki przekonań, recepcji wartości?

A jednak jest fenomenem godnym największej uwagi, iż ta ludność, rozproszona na lesistych, 8 rozległych obszarach, stanowiła swoistą wspólnotę dzięki językowi i obyczajom, dzięki powstającej organizacji państwowej i kościelnej i zdolna była – w chwilach zagrożeń – do wspólnej akcji, do poparcia udzielanego panującemu. Nie będąc jeszcze narodem i nie deklarując patriotyzmu, mieszkańcy tych ziem byli Polakami – i to była Polska. Wśród nich, od najdawniejszych czasów, istniała sztuka, zrazu własna, ludowa, później ta, która przychodziła z zewnątrz, dość powszechnie dostępna w kościołach, a wreszcie sztuka wytwarzana na zamówienie górnych warstw społeczeństwa, wchodząca w skład modelu życia kulturalnego.

Jaka sztuka?

Jest oczywiste, iż przedstawiając w tej książce rolę sztuki mieć będziemy na myśli sztuki plastyczne – malarstwo, rzeźbę, architekturę. Ale raz po raz będziemy się odwoływać do szerszego rozumienia terminu sztuka, takiego rozumienia, które obejmuje także muzykę, a zwłaszcza literaturę i poezję. Sztuka – w tym szerokim sensie – jest niepodzielna: różne środki wyrazu konstytuują jej różne gałęzie, ale treść duchowa wielu dziedzin jest pokrewna, niekiedy taka sama. Tak było zwłaszcza w naszym kraju, w którym cała sztuka powiązana była z życiem narodu. Właśnie dlatego dość często sięgamy w tych rozważaniach do świadectw literackich. Są one – w istocie rzeczy – powtórzeniem w słowie tego, co sztuka plastyczna ukazywała w kształcie wizualnym. Wprowadzamy więc poezję jako świadectwo wspólnoty różnych sztuk i jako wyraz ich wspólnej prawdy.

Przedstawiając rolę sztuki w dziejach narodu uwydatnimy przede wszystkim jej znaczenie dla materialnego kształtu życia ludzi. Niesłusznie często sądzimy, iż zaczyna się ono wówczas dopiero, gdy ludzie przestępują progi muzeów czy sal wystawowych. A przecież sztuka jest obecna także w życiu i przede wszystkim w środowisku naszej egzystencji. Pałace, dwory i chaty, meble i sprzęty, narzędzia pracy i ubiory – powszednie oraz świąteczne, ozdoby i ceremoniał uroczystości – wszystko to ściśle związane ze sztuką, która kładzie swe piętno na rzeczach i działaniach pożytecznych, czyniąc je także pięknymi. I gdy myślimy Polska – staje nam przed oczami ten świat materialny i duchowy zarazem, w którym od wieków żyli Polacy, kształtując go w sposób sobie właściwy.

Równocześnie sztuka polska była wielkim obrazem narodowego życia w toku jego powszednich dni i w jego wydarzeniach historycznie ważnych. Stanowiła dokumentację dostępną w dość szerokim kręgu społecznym, zwłaszcza w wieku XIX. Gdy w dawnej Rzeczpospolitej była ona zamknięta w kręgach mecenatu królewskiego, magnackiego i mieszczańskiego – tylko sztuka w kościołach była powszechnie dostępna – w wieku XIX nowe techniki reprodukcyjne i rozpowszechnienie się wystaw publicznych sprawiły, iż obraz Polski, ukazywany przez artystów, docierał do szerszych kręgów społeczeństwa.

W licznych tekach i wydawnictwach albumowych, w czasopismach ilustrowanych, w litografiach ukazywała się Polska – w jej charakterystycznym krajobrazie, w jej ruinach, miastach i miasteczkach, dworach i wsiach, w jej dramatycznej historii współczesnej, a także dalekiej, w jej obyczajach i zwyczajach, pielęgnowanych przez różne warstwy społeczne. Funkcje, które spełnia dziś ekran filmowy i telewizyjny oraz fotografia i ilustracje różnego typu, wypełniali wówczas artyści wielkiego i małego talentu, ale zawsze podobnej gorliwości w wiernym, chociaż zazwyczaj idealizowanym, ukazywaniu Polakom ich własnej ojczyzny. Do setek tysięcy domów polskich wstępowała w ten sposób Polska dzisiejsza i dawna, w całej barwności jej życia i tragizmie politycznych wydarzeń. Obrazy te układały się często w wielkie *calendarium* polskiego życia, wedle którego w różnych dniach i miesiącach wspominano zwycięstwa i klęski, składano hołd wydarzeniom chwalebnym i ludziom wielkim, a pokłonem żałoby czczono bohaterów i męczenników za sprawę.

Ta Polska przedstawiona stawała się także jednym ze źródeł społecznego samopoznania. Podobnie jak poezja i literatura, sztuka polska ukazywała klasom panującym klasy uciskane, mieszkańcom szlacheckich dworów mieszkańców wsi, zamożnym mieszczanom chłopów i – żyjących gdzieś na przedmieściach – robotników. Ukazywała różnice obyczaju, stylu życia powszedniego i świątecznego. Ale różnice te nie zaciemniały podstawowej tożsamości narodowej i ludzkiej członków owych klas społecznych. Właśnie sztuka ze szczególną siłą umiała pokazać, iż każdy, niezależnie od kostiumu społecznego z urodzenia, może być takim samym patriotą służącym ojczyźnie, jak ci wszyscy, których los historyczny zaliczył do warstwy uprzywilejowanej. Byli artyści, którzy prawdy tożsamości narodowej i ludzkiej przedstawiali z goryczą ostrych oskarżeń, i byli artyści, którzy wybierali inną metodę dowodzenia: ukazywali chwalebne przykłady solidarności i zgody ogólnej. Ale zarówno jedni jak i drudzy zaznaczyli swój udział w społecznym i moralnym procesie widzenia człowieka w każdej istocie ludzkiej oraz rozumienia obowiązków patriotycznych jako obowiązków powszechnych.

To wielkie i zróżnicowane malowidło pod tytułem. Polska budziło niekiedy zastrzeżenia estetów. W roku 1857 Julian Klaczko w artykule *Sztuka w Polsce* ocenił negatywnie polskie malarstwo i perspektywy jego rozwoju. Klaczko pisał: ,,Jak w historycznym naszym rozwoju, w warunkach naszego klimatu i w naturze naszego ludu nie widzimy żadnej rękojmi dla narodowego rzeźbiarstwa i malarstwa, tak też szczególnie w obecnych naszych potrzebach nie możemy dla tych konsztów żadnego zgoła znaleźć uprawnienia [...] Artyści nasi nie przydadzą ani jednej cegiełki do budowy naszego odrodzenia". Ale Józef Ignacy Kraszewski, kilka lat później, stwierdzał: ,,Mamy dziś w Polsce może więcej utalentowanych i wykształconych malarzy i rysowników, niż poetów i pisarzy, więcej znakomitych obrazów, niż książek. Życie przeszło z papieru na płótno, może i dlatego, że na nim zrozumiałym całemu światu wypisuje się językiem, nie przestając być narodowym". Klaczce przeciwstawił się nie tylko wielki twórca powieściowej historii narodu, ale i największy wizjoner społecznej roli sztuki w Polsce – Cyprian Kamil Norwid. W rozprawce *O sztuce dla Polaków* (1858) Norwid, aczkolwiek przyznawał, że trudno ,,pisać o sztuce dla narodu, który ani muzeów, ani pomników, właściwie mówiąc nie ma" i dla ,,publiczności, która zaledwie biernie albo wypadkowo obznajmiona jest" ze sztuką, to jednak sądził, iż tym większe znaczenie ma takie pisanie o sztuce, które jest jej ,,objawieniem".

Nawiązując do wydanego wcześniej *Promethidiona* przedstawił kilka ważnych myśli na temat sztuki ,,w obliczu czasu bieżącego i w obliczu ścisłych umiejętności", a także ,,w obliczu praw natury, w obliczu życia, w odniesieniu do religii"; zakończył zaś te rozważania refleksją na temat ,,pojęć narodowych". Z tego punktu widzenia pokazał Norwid, jak sztuka wdziera się w świat cywilizacji, który jest – od inżynierii po medycynę i od astronomii po historię – owocem ludzkiej ,,sztuki" działania celowego i skutecznego; pokazał, jak sztuka ,,naśladuje naturę", ponieważ jest pięknem, tak jak pięknem jest kwiat w jego ,,ponad-użyteczności", będącej jednak warunkiem przyszłego owocowania; pokazał, jak sztuka staje się przewodniczką na drodze wiodącej do ,,prostoty, z której się wychodzi", a która jest właściwie prostactwem, do ,,drugiej prostoty" będącej ,,sztuczną", ale doskonałą konstrukcją człowieka, który ma serce i patrzy w serce. Dlatego pisał Norwid: ,,jakoż podłość jest bliższa człowieczości, ale sztuka w życiu więcej jest obowiązującą i potrzebną". I dlatego sztuka osiąga w religii swój kres. ,,Jakoż wobec religii – pisał Norwid – sztuka, samoistność swą tracąc, wstępuje już w porządek potęgi wyższej życia, gdzie o tyle tylko żywa jest sobie, o ile litery światłem staje się".

W tych rozległych horyzontach ujmując sztukę, wskazywał Norwid charakter i rolę polskiej ,,sztuki narodowej", która w określonym miejscu przestrzeni i czasu manifestuje swą istotę w samym sensie słów ,,piękny", ,,ładny" i ,,śliczny" przeciwstawionych słowom ,,brzydki" i ,,szkaradny". Sztuka jako piękno wyraża wyższą formę istnienia, zbudowaną ponad tym, co ładne i śliczne, a przeciwstawioną temu wszystkiemu, co jest brzydkie, szkaradne, potworne, a więc co jest ,,bez-życia" i ,,bez-użytku".

Te ogromne horyzonty roli sztuki w życiu narodu spełniały się w polskiej rzeczywistości dziejowej. Sztuka nie była bowiem jedynie – jak wskazywaliśmy dotychczas – wielkim zwierciadłem kraju i narodu, kroniką i dokumentacją ważnych wydarzeń jego życia. Stawała się równocześnie manifestacją i źródłem narodowej świadomości, wyrokiem i niepokojem narodowego sumienia, przewodniczką życia wzniosłego.

Malarstwo historyczne i batalistyczne wznosiło się często ponad poziom anegdotyczny i dokumentacyjny ,,malowanych dziejów", stawało się wyrazem zadumy nad historią narodu, w której splatały się zwycięstwa i klęski, świetność i małość, rozkwit i upadek. Tę historię narodu ogarniało – pełne goryczy i krytycyzmu – spojrzenie Stańczyka, który w malarstwie i poezji stał się symbolem narodowej samowiedzy, czujnej i tragicznej. W tych doświadczeniach społeczeństwa sztuka była ostoją i trybunałem narodowego życia w warunkach, w których funkcjonować nie mogły zwykłe i powszechne w świecie państwowe instytucje. Wyrazem takiego przeżywania sztuki było wręczenie, w roku 1878, Matejce symbolicznego berła. Przyjmując to znamię władzy, mówił on: ,,Dziś 10 interregnum. Dlatego to Wy, reprezentanci miasta i narodu, w bezkrólewiu obecnym, jakby na elekcji, ozdabiacie swego, jak go nazywacie mistrza, godłem królewskości, berłem tradycyjnym, bo na nim w napisach żłobione smutne i świetne dzieje ojczyzny''.

Równocześnie ta sztuka była sugestywnym katechizmem narodowym, obrazową księgą żywotów wielkich ludzi, galerią narodowych wspomnień i nadziei. Wzory życia patriotycznego przedstawione w obrazach i rzeźbach – na równi z poezją – działały na wyobraźnię społeczeństwa już w rzeczypospolitej szlacheckiej. Przypomnijmy powrót Tadeusza do Soplicowa i jego radość z portretów, które pamiętał:

> Tu Kościuszko w czamarce krakowskiej, z oczyma
> Podniesionymi w niebo, miecz oburącz trzyma
> [...] Dalej w polskiej szacie
> Siedzi Rejtan żałosny po wolności stracie
> [...] Dalej Jasiński, młodzian piękny i posępny
> Obok Korsak, towarzysz jego nieodstępny,
> Stoją na szańcach Pragi...

W iluż dworach polskich XIX wieku takie portrety stwarzały atmosferę patriotyczną! Ileż nowych portretów pojawiało się na ścianach polskich mieszkań, zwłaszcza od czasu, gdy technika reprodukcyjna pozwalała na szersze udostępnienie tych wzorów obywatelskiego życia! Dzięki nim edukacja narodowa zyskiwała nowy wymiar – wymiar wyobraźni. Zasilały ją równocześnie wielkie wystawy, których otwarcia stawały się świętem narodowym; otwarcie *Panoramy racławickiej* we Lwowie było wielką, ogólnokrajową manifestacją Polaków z trzech zaborów.

Uczyć, jak być patriotą i obywatelem, było wspólnym zadaniem społeczeństwa i sztuki. I wspólnym powołaniem było też widzieć Polskę przyszłości – nową i odrodzoną. Stefan Żeromski, charakteryzując w roku 1915 literaturę i sztukę polską, stwierdzał, iż miała ona obok celu artystycznego ,,cel drugi'', a mianowicie ,,wypatrywanie i wyszukiwanie w ciemnościach drogi do szczęścia dla ojczystego plemienia''. Wskazując, iż ,,sztuka polska kilkakrotnie usiłowała wyłamać się z klauzuli obowiązków, które na nią wkładała świadomość niedoli powszechnej'', cytował przykłady trzech pism, mających ,,proklamować jej europejskie prawo do swobody''; były to *Wędrowiec*, założony przez Stanisława Witkiewicza, *Życie*, założone przez Stanisława Przybyszewskiego i *Chimera*, założona przez Zenona Przesmyckiego. Ale ta próba trojaka skończyła się zwycięstwem idei narodowej służby, podjęciem pytania: ,,jak i sztukę w Polsce uczynić motorem społecznym?''

Stwierdzając to nawiązywał Żeromski – w znamienny sposób – do polskiej średniowiecznej legendy o świętym Stanisławie, opowiadającej, iż porąbane ciało świętego mogło zrosnąć się dzięki ,,ptakom niebieskim'', które ,,przylatywały i znosiły porozrywane i poszarpane szczątki''. I właśnie ,,poezja polska, sztuka i literatura są to te wolne ptaki niebieskie'', które ,,wciąż na siłę ciągną i znoszą jedną ku drugiej poszarpane, obumierające z wytoczenia krwi, części ojczyzny''.

Rozważania Żeromskiego kończyły się słowami nadziei, iż w Polsce niepodległej sztuka polska będzie mogła uwolnić się z więzów ,,społecznej pańszczyzny''. I będzie mogła ,,zapuszczać się w tajne głębie ducha ludzkiego czy plemiennego, uciekać od świata w kraje tajemnicy i zamyślenia, lub, jeżeli jej wola, żyć w gwarze walk i prac, wśród rozpaczy lub śmiechu. Swoboda nada jej cechę i piękno sztuki samoistnej, indywidualnej, charakterystycznej, a więc narodowej''.

Ta charakterystyka sztuki polskiej, jaką dał Żeromski, chociaż ważna i słuszna, nie w pełni jest prawdziwa. Wizja tak rozumianej ,,sztuki wolnej'' nie była bowiem tylko nadzieją – była rzeczywistością w ciągu długich wieków polskich dziejów. Nie stanowiła ona wprawdzie nurtu zasadniczego; sztuka pełniąca bezpośrednią służbę narodową dominowała, zwłaszcza w niektórych epokach, ale nie ogarniała całej sztuki. Od najdawniejszych czasów – a w średniowieczu bardziej niż kiedykolwiek później – istniała sztuka podejmująca wielkie, metafizyczne problemy ludzkiego losu, a także ważne i trudne sprawy serc ludzkich zbłąkanych wśród ludzi, sztuka radości, a także współczucia i pocieszenia, sztuka usiłująca zatrzymać płynący czas w trwałości wspomnień i marzeń, sztuka wielkiej liryki, pieśni bez słów, obrazów wizyjnych.

W wielkiej tradycji polskiej sztuki religijnej obraz Matki Boleściwej i Pięknej Madonny oraz wizerunek, a zwłaszcza rzeźba Chrystusa Frasobliwego były wyrazem ludzkiej interpretacji prawd wiary i opowieści biblijnych, interpretacji ponawianej wciąż – aż do ostatnich czasów doświadczeń oświęcimskiego obozu.

Dołączała do tego nurtu sztuka alegorii i symboli, charakterystyczna dla wieku oświecenia i czasów późniejszych, aż do sztuki poszukiwania Boga i aniołów we współczesnym świecie. Swą słynną mowę rektorską z roku 1912 kończył Jacek Malczewski słowami: „Jestem już po drugiej stronie pagórka – po pochyłości idę ku zachodowi. Poglądy moje wysnułem z własnego przeżycia, a nieubłaganość skutków dźwigam jako ciężar przewinień na grzbiecie moim". Według tych poglądów sztuka miała być wielką modlitwą na drodze miłości. I dlatego – jak wyznawał Malczewski – „nie będziemy czynili sztuki ani dla świata, który nas otacza, ani dla pieniędzy, których do życia nam pozornie potrzeba, ani dla pychy rzemiosła, w którym staliśmy się biegli, ani dla podziwu tłumów, które jeszcze słyszeć nie chcą głosu wołającego na puszczy".

Obok tego nurtu płynął przez wieki nurt sztuki bliskiej ludziom, towarzyszącej im na co dzień, ukazującej piękno świata, służącej ekspresji przeżyć i wzruszeń. O takiej sztuce powiedział Norwid:

Jest sztuka jedna, co jak słońce w niebie
Świeci nad wiekiem:
Mieć moc pocieszać – moc zasmucać siebie
A być człowiekiem.

Ta sztuka pokazywała także urodę świata i wielkość ludzkiej inwencji twórczej, dzięki której obok rzeczywistości zastanej powstawała rzeczywistość nowa i odrębna, swoista i wolna od utylitarnych wyznaczeń, a przecież wzbogacająca ludzkie życie, ukazująca jego nowe wymiary. Wielu artystów tworzyło tę sztukę „wolną" jako wielką grę kształtów i barw, jako hymn radości i uśmiechu, jako „chorągiew na prac ludzkich wieży", jako manifestację wzruszeń i nastrojów, jako „dziwny ogród" życia, jako pejzaże widziane oczyma duszy, jako portrety odsłaniające chatakter ludzkiej egzystencji.

Sztuka ta, bliska człowiekowi, była przedmiotem refleksji wielu polskich filozofów, krytyków i artystów, zwłaszcza na przełomie XIX i XX wieku, tworzących nową i swoistą – w skali europejskiej – koncepcję roli sztuki. Nie oddając sztuki na służbę społeczną, ani też nie akceptując hasła „sztuka dla sztuki", określali jej rolę jako oczyszczenie i wyzwolenie przez piękno indywidualnych egzystencji i stwarzanie autentycznej ludzkiej wspólnoty w walce z warunkami wyniszczającymi człowieka. W tym sensie pisał Julian Marchlewski, iż „sztuka to nie zbytek, lecz chleb powszedni duszy, nie upiększenie życia, lecz życie samo". Podobnie myślał Kazimierz Kelles-Krauz stwierdzając, iż „w każdym człowieku drzemie mniejszy lub większy artysta", ponieważ w każdym czai się pragnienie życia pełnego i radosnego, życia twórczego, potrzeba „bezinteresownego wzruszenia". Ale „w społeczeństwie obronnie zorganizowanym właśnie każdy człowiek tępi w sobie artystę". Podobnie Stanisław Witkiewicz, stwierdzając, że „sztuka nie zna etyki społecznej i nie daje się ująć w jej pęta", wskazywał, iż „sztuka jest zawsze z ludźmi", jako realizacja „żywiołowej konieczności ich życia", jako spełnienie tego wszystkiego, co „człowiek jest w stanie przeżywać". Sztuka już dziś – sądził Edward Abramowski – tworzy środowisko życia, przeciwstawne rzeczywistości walki, egoizmu, jarzma pracy, rywalizacji, zastępuje „dzisiejsze spoidło życiowe między jednostkami" wolnością, przyjaźnią, a także „wspólnością pewnego radowania się, pewnej rozkoszy duchowej, nie mającej żadnego interesu życiowego". W ten sposób „na miejsce osobniczego interesu walki" sztuka wytwarza „nową przyrodę psychiczną, którą otoczy się istota człowieka w epoce nowego Odrodzenia".

Po latach Karol Szymanowski potwierdzi te idee, analizując doświadczenia uczestników robotniczego chóru. Wskaże, jak bliską staje się dla nich muzyka i jakie nowe światy wewnętrzne w nich otwiera, zdejmując z ich psychiki pieczęcie „szarej codzienności i mrówczych zabiegów życia", darząc natomiast „najczystszą i najbardziej przejmującą radością". W ten sposób – sądził Szymanowski – sztuka dokonuje „rewolucyjnego niemal przewrotu w prymitywnych pojęciach o istotnych życiowych wartościach" i wyznacza ludziom „spotkanie na wysokim poziomie wspólnych doznań, pozbawionych w największym stopniu jakiegokolwiek utylitaryzmu".

Takie rozumienie roli sztuki w życiu społecznym i w doświadczeniach ludzi pozwalało objąć całą wielorakość sztuki, zwłaszcza jej kierunków najnowszych, które zerwały z tradycją przedstawiania 12 rzeczywistości. Bo chociaż sztuka przedstawiająca – zarówno realistyczna, jak impresjonistyczna czy ekspresjonistyczna – miała łatwiejszą, bo wytyczoną od dawna drogę dojścia do ludzi i porozumienia z nimi, to jednak sztuka uwalniająca się z fabularnej tematyki stawała się w nowy sposób ważna dla ludzi. Ukazywała im wielkość twórczych sił człowieka kreujących nowy świat kształtów i barw, wizji niezwykłych i zaskakujących; manifestowała bunt przeciwko rzeczywistości empirycznej, zmuszającej do konformizmu, demaskowała istniejące w niej sprzeczności i napięcia. Czasami była wyrazem tragicznej samotności ludzi i żalem po utraconej wspólnocie, czasami wyrazem nadziei na przezwyciężenie świata rzeczy, który narzucał ludziom nieludzki styl istnienia, niekiedy obiecywała wyzwolenie przez sztukę, niekiedy zapowiadała jej śmierć w nowoczesnej cywilizacji. W ten sposób nowoczesna sztuka bezprzedmiotowa i nadrealistyczna nawiązywała z ludźmi kontakt innego typu, niż sztuka przedstawiająca i fabularna, głęboki kontakt psychiczny z niespokojną i dramatyczną świadomością ludzi współczesnych, włączonych w wielkie zbiorowości, a zarazem samotnych. Dzięki powiązaniom z literaturą, a przede wszystkim z teatrem, uzyskiwała ona szczególne miejsce w życiu narodu, zwłaszcza po ostatniej wojnie, gdy silną jej inspiracją stawały się przeżycia okupacyjne i obozowe.

Rozważania te wskazują, jak złożone i wielorakie są relacje zachodzące między życiem narodu i świadomością społeczną a sztuką. Byłoby niesłusznym zawężeniem i zniekształceniem tych relacji, gdybyśmy ograniczyli się jedynie do przedstawienia sztuki realizującej bezpośrednio określony program patriotycznego wychowania lub tylko do sztuki obrazującej wydarzenia i obyczaje. Przekroczymy znacznie te granice, zmierzając do przedstawienia różnorakiej roli sztuki w życiu narodu, jej bliższych i dalszych powiązań z treściami narodowej świadomości, jej bezpośredniego i pośredniego znaczenia w procesach rozwoju i przemian społeczeństwa jako całości oraz jednostek ludzkich w ich indywidualnej egzystencji.

Realizując te zadania, przyjęliśmy następujący układ prezentacji sztuki w życiu narodu. Rozpoczynamy od ukazania roli sztuki w dziejowym rozwoju polskiego państwa, a więc piastowskiego Regnum i późniejszej Rzeczypospolitej, następnie ukażemy znaczenie sztuki w dobie niewoli dla Rzeczypospolitej „idealnej", wymarzonej i oczekiwanej, zaprojektowanej i zdobywanej w walkach, wreszcie dla Rzeczypospolitej odzyskanej i niepodległej.

Rozdział drugi kieruje uwagę ku procesom formowania się jednolitego, zintegrowanego narodu, a więc ku problemom konfliktów i walk społecznych; pokazuje dwie zasadnicze koncepcje integracji – przez wzmacnianie idei narodowej solidarności i przez działalność rewolucyjną. Sztuka towarzyszyła tym procesom społecznej integracji narodu na obu drogach.

Rozdział trzeci prezentuje rolę sztuki w powstawaniu i rozwoju świadomości historycznej – od *Drzwi Gnieźnieńskich* przez bogate wizje narodowej pamięci o dalekiej i bliskiej przeszłości aż po wspomnienia ważnych tradycji w naszej współczesności. Sztuka miała decydujące znaczenie w takim kształtowaniu narodowej wyobraźni.

Rozdział czwarty ukazuje nasz kraj – zarówno pejzaż, jak i środowisko życia. Zrazu w obrazach raczej informacyjnych, później, od schyłku wieku XVIII, w malarstwie chroniącym z coraz większą czułością piękno i nastrój polskiego krajobrazu, ziemi, która stała się jeszcze bardziej kochana, gdy przestało jej bronić własne państwo. Od Tatr do morza, wzdłuż Wisły, ta ziemia chat wiejskich, małych miasteczek, ruin dawnej świetności, ziemia wierzb rosochatych i topoli, łanów zboża i łąk, bocianów i koni – stawała się niewyczerpanym tematem artystów.

Rozdział piąty przedstawia służbę ojczyźnie – wielki temat polskiego życia od najdawniejszych czasów. Jest on wyciągnięciem wniosków z poprzednich rozważań o państwie, o narodzie, o tradycji, o kraju. W ciągu wieków zmieniało się pojęcie służby ojczyźnie, powstawały i utrwalały się jej różne modele: rycerza, obywatela, spiskowca, żołnierza, rewolucjonisty, pracownika i działacza powszednich dni. Sztuka nierówną sympatią darzyła te różne modele patriotyzmu. Stawała się wielką nauczycielką narodu, zwłaszcza wówczas, gdy służba ojczyźnie miała charakter heroiczny i dramatyczny.

13 Rozdział szósty wprowadza na szczebel wyższy. Służba ojczyźnie była zawsze włączona w bardziej

rozległe horyzonty poglądu na świat i koncepcji życia. Od średniowiecza sztuka polska współdziałała w odkrywaniu powołania człowieka i ukształtowania jego losu w granicach, jakie są dostępne ludziom. I aż po dzień dzisiejszy szuka ona prawdy o życiu, o stosunkach między ludźmi, o sytuacji człowieka we wszechświecie i na tej ziemi, która jest jego ojczyzną. W rozważaniach, idących od religijnych koncepcji ku świeckim odpowiedziom na pytania, jak żyć i jakie życie jest godne człowieka, sztuka miała udział ogromny. I wówczas, gdy była postacią modlitwy, i wtedy, gdy towarzyszyła odwadze samotnego człowieka, który wbrew przeciwnościom chciał żyć „po ludzku".

Rozdział siódmy ukazuje sztukę w powszednim i świątecznym życiu ludzi. Jest ona takiego życia świadectwem, ale zarazem i jego współtwórczynią, ponieważ kształtuje szersze i węższe środowisko istnienia. Zawsze wówczas, gdy milknął głos historycznych powołań, gdy wygasały wojny i zacichały konspiracyjne walki, życie odzyskiwało swe prawa – w powszednim i świątecznym rytmie zdarzeń. Wielkie problemy poglądu na świat otaczały to życie atmosferą spokoju i zaufania do porządku świata, wolną od dramatycznych spięć. Sztuka była obecna w różnych warstwach społecznych i w różnych środowiskach, w pracy i w zabawie, w przeżyciach osobistych i rodzinnych, w miłości i marzeniu, przekraczającym rzeczywistość istniejącą.

Wreszcie rozdział ostatni. Prezentuje on „królestwo sztuki". Nie ulega wątpliwości, iż obok sztuki zaangażowanej bezpośrednio w społeczną służbę, w światopoglądowe problemy, w edukacyjny program, w zaspokajanie narodowych potrzeb, istnieje sztuka rodząca się z radości tworzenia, z warsztatowej i studyjnej ciekawości, z dążeń nowatorskich.

Nie powinniśmy przeciągać zbyt ostrej granicy między nimi. Sztuka służąca bezpośrednio narodowi jest żywiołem i dziełem artystycznego tworzenia, a sztuka bezpośrednio posłuszna tylko impulsom twórczym jest także sztuką danego narodu i rozszerza jego horyzonty widzenia czy stwarzania świata. Taka prezentacja sztuki polskiej narusza zasady i przyzwyczajenia obowiązujące w studiach nad jej dziejami. Nie chodzi bowiem w tym tomie ani o autonomiczny rozwój sztuki, ani o powstające i zanikające kierunki i szkoły artystyczne; nie chodzi nawet o zintegrowane przedstawienie dorobku poszczególnych twórców. Wskazane przed chwilą kategorie skłaniają do innego zgrupowania najbardziej charakterystycznych dzieł. Wielcy artyści pojawiają się więc kilkakrotnie w różnych grupach problemów i przeżyć, ponieważ twórczość ich była rzeczywiście wieloraka. Sztuka poszczególnych epok nie zostanie przedstawiona raz jeden w tym dziejowym miejscu, jakie zajmowała. Czytelnik powróci do niej wielokrotnie w kolejnych rozdziałach, ale za każdym razem odnajdzie w niej różne wartości, odmienny sens, inną rolę.

Z punktu widzenia historii, traktującej ją jako dziedzinę autonomiczną, której rozwój dokonywa się wedle praw immanentnych, odkrywanych lub – częściej – konstruowanych przez badaczy, można by mieć zastrzeżenia w stosunku do tej koncepcji. Ale wyraża ona wiernie społeczną i artystyczną problematykę narodu i sztuki. Sztuka należy bowiem do – rozumianej szeroko – świadomości narodowej, która stanowi jedno z ważnych źródeł inspiracji artystycznej, a zarazem rozległy teren oddziaływania tworzonych dzieł. Artyści – zarówno malarze, rzeźbiarze, architekci, jak i poeci – nie żyją poza nurtem narodowego życia, rozwijającym się historycznie. Tematyka, którą podejmują, jest inspirowana – niekiedy wręcz narzucana – przez doświadczenia i przeżycia społeczeństwa jako całości lub jego grup, przez potrzeby i aspiracje narodowe, przez marzenia i tęsknoty, nurtujące węższe lub szersze kręgi.

Niekiedy w kołach historyków i krytyków sztuki pojawia się pogląd, iż ujmowanie sztuki z tego narodowego i społecznego punktu widzenia jest zapoznaniem lub zlekceważeniem jej artystycznych wartości, potraktowaniem jej jako patriotycznej i umoralniającej opowieści. Dla potwierdzenia takiego poglądu przypomina się zazwyczaj fakt, iż gorąca akceptacja społeczna dotyczyła niekiedy dzieł sztuki – zarówno malarstwa, jak powieści – artystycznie słabych, ale fabularnie pokrzepiających lub odpowiadających uczuciowym potrzebom szerszych mas. Rzeczywiście bywało tak, iż opinia publiczna preferowała dzieła oceniane nisko przez specjalistów, którzy wypominali społeczeństwu jego niedokształcenie estetyczne. Jednak nie zawsze racja bywała po stronie ekspertów. Niekiedy ich sądy, oparte na bardzo wysublimowanych lub subiektywnych kryteriach, nie zawierały tej prawdy, jaka ujawniała się w przeżyciach i opiniach szerszych kół. Ostatecznie sztuka jest dla ludzi i dlatego opinia, jaką ludzie o niej mają, jest sądem ważnym, nawet jeśli bywa – niekiedy – świadectwem niedostatecznego wykształcenia. Szeroka akceptacja społeczna dzieł sztuki jest zawsze sygnałem powszechnych potrzeb, wezwaniem kierowanym do artystów, świadectwem określonych nadziei. Gdy nie ma dzieł artystycznie wartościowych, dzieła słabe spełniają te oczekiwania.

Stanisław Witkiewicz pisał z niepokojem o takiej sytuacji, w której uprawnione są przeżycia szerokich mas, nawet wówczas, gdy nie rodzą się z doświadczeń artystycznych:

„Nie należy bardzo ufać sądom tłumów o dziełach sztuki. Tłum jednak szuka w sztuce nie artystycznej przyjemności, nie interesu, jaki dzieło sztuki budzi w artyście lub w człowieku szczególnie wykształconym i wrażliwym na artystyczne zjawiska; tłum właśnie idzie do obrazu lub posągu po wrażenia i w z r u s z e n i a, szuka w nich podrażnień czuciowych lub i l u s t r a c j i s w o i c h   p o j ę ć. Dla niego więc są i piękne tytuły, i rozdzierające dramata, i wstrząsające sytuacje; on w tym wypadku jest jednym z najlepszych sędziów, gdyż najszczerszym, wyrokującym jedynie pod wpływem odebranych wrażeń''.

Ale chociaż istnieje taki konflikt między społeczeństwem i sztuką, iż dzieła słabe bywają akceptowane, a dzieła wielkie zapoznawane, to jednak są to raczej przypadki krańcowe. Na ogół jednak zachodzi zgodność między opinią publiczną i sądami specjalistów co do pozycji dzieł sztuki w narodowej świadomości. Znajdują one tam swe miejsce dzięki pięknu, a nie jedynie dzięki fabule. Jest to fakt ważny i dający do myślenia. Potwierdza on bowiem raz jeszcze, jak głęboko zakorzeniona jest w ludziach sztuka i jak bardzo jest im potrzebna.

Świadczy o tym jeszcze wymowniej sztuka, nie służąca potrzebom narodu bezpośrednio, lecz za pośrednictwem ludzi, którym przynosi możliwość przeżyć indywidualnych. Jedynie w rzadkich przypadkach ta sztuka trafia do serc ludzkich tylko dlatego, iż stosuje kanony mody sentymentalnej; najczęściej wzrusza właśnie dzięki temu, że jest piękna.

Dlatego, iż w ostatecznej instancji piękno rozstrzyga o roli sztuki w życiu narodu, pomijamy w tym wydawnictwie reprodukcje niedoskonałych obrazów, rycin, ilustracji książkowych, które w różnych czasach i w różnych kręgach społecznych zyskiwały pewne uznanie, lecz koncentrujemy uwagę czytelnika na dziełach o wartości artystycznej. Czynimy tak i dlatego, że dzieła piękne mają trwałość wiekową, podczas gdy sztuka, będąca jedynie dokumentacją zdarzeń, zamiera wraz z nimi, zachowując jedynie ważność archiwalną. A właśnie książka ta ma być źródłem wzruszeń. Jest ona w gruncie rzeczy wielkim obrazem Polski rozwijającej się w ciągu wieków i Polaków, dla których Ojczyzna była polem ich obowiązku i warunkiem osobistego istnienia. I ukazuje ponad zmiennością czasów głęboką tożsamość narodowego bytu i podobne drogi życia ludzi. A zarazem i narodziny wizji czasów przyszłych, czasów nowych zadań i nowych możliwości. Ukazuje także miejsce człowieka w tym wszystkim i rozwój jego samopoznania rodzącego się z uczestnictwa we wspólnocie historycznej, jego przeżyć i wzruszeń wzbudzonych przez rzeczywistość wizualną bogatą i różnorodną. Patrzeć na nią – znaczy to b y ć naprawdę i   s t a w a ć   s i ę wciąż na nowo.

POLSKA – KRÓLESTWO
I RZECZPOSPOLITA

Na rozległych terenach pozbawionych wyraźnych i naturalnych granic na wschodzie i na zachodzie, na ziemiach pokrytych niemal w całości puszczą i lasami, których polany pozwalały na budowę skromnych, drewnianych osiedli – organizowali Piastowie swe państwo. W ich rękach poczynała się skupiać władza nad tym rozległym krajem i ludnością rozproszoną, a jednak dość jednolitą dzięki wspólnocie języka i obyczaju. Równocześnie władcy tych ziem zdobywali i umacniali w ówczesnej Europie – w wojnach i przymierzach – swą suwerenność i znaczenie polityczne. Gall pisał z zachwytem o państwie Bolesława Chrobrego i jego rządach, o jego „wspaniałości i mocy", a także „o cnocie i szlachetności", o tym, „jak przechodził swoje ziemie" i jak sprawował „rząd grodów i miast". I relacjonował, iż wszyscy go podziwiali mówiąc: „Oto jest ojciec ojczyzny, oto obrońca, oto jest pan; nie marnotrawca cudzego mienia, lecz zacny rzeczpospolitej włodarz".

To opisywane przez Galla Bolesławowe królestwo błyszczało świetnością i bogactwem współtworzonym przez rozum, męstwo i sprawiedliwość, a także i przez sztukę. Służyła ona władzy króla, manifestując jej znaczenie w kształtach i symbolach materialnych.

Korona i miecz – dzieło artystów-rzemieślników – stawały się symbolem jedności i wielkości państwa, symbolem otoczonym – jako patriotyczne relikwie – szczególną nabożnością przez współczesnych i potomnych, zwłaszcza w okresie dzielnicowego rozbicia.

Wznoszone od początków X wieku palatia budowano z kamienia i to już nadawało im charakter monumentalny w zestawieniu ze skromnym budownictwem drewnianym. Równocześnie wznosiły się one ponad spełnianie funkcji utylitarnych – murowano rotundy o półkolistych apsydach, pojawiały się mozaikowe dekoracje i płaskorzeźby. Nie było ostrej granicy między budownictwem świeckim i sakralnym w tych czasach, w których katedry były na równi z siedzibą królewską ostoją niezależności państwa.

Przez długi czas budownictwo kościelne służące chrystianizacji Polski spełniało także funkcje polityczne, współdziałając w organizacji piastowskiego państwa i w walce o jego niezależność. Wielkim symbolem takiego współdziałania była katedra w Gnieźnie, chroniąca relikwie św. Wojciecha, której losy w ciągu długich dziesięcioleci splatały się z losami państwa w dobie zwycięstw i klęsk, w okresie zdobywania królewskiej suwerenności, katastrofy rozbicia dzielnicowego, a wreszcie ponownego zjednoczenia. Powstawały – zazwyczaj z inicjatywy władców – palatia, będące ośrodkami władzy, i powiązane z nimi kościoły czy kaplice. Tylko ich resztki, odsłaniane przez archeologów na Ostrowie Lednickim, w Gieczu, w Przemyślu, w Wiślicy i w Cieszynie, dochowały się do naszych czasów. Także i późniejsze nieco palatia i kościoły na wzgórzach Wawelu czy Płocka nie dotrwały do dziś – podobnie jak przedromańskie kościoły w Poznaniu, Trzemesznie, Gnieźnie. Zniszczeniu uległy fundowane przez możnych rezydencje i kaplice rodowe, będące widomym znakiem władzy i posiadania. Ale z ruin, które się ostały, i świadectw, które przechowała ziemia, odczytujemy ich ówczesne znaczenie państwowe i kościelne. Stanowiły one charakterystyczną dla tamtych czasów sieć administracyjną, świadczyły o światopoglądowej jednolitości – były na tych ogromnych i rzadko zaludnionych obszarach ośrodkami i symbolami powstającego państwa i nowej orientacji życia duchowego, manifestującego się w monumentalności i pięknie.

Wprawdzie w czasach późniejszych – już od XII wieku – rozdzieliły się drogi rozwoju budownictwa świeckiego i sakralnego, a kościoły i klasztory przestały pełnić funkcje państwowe, to jednak ich tradycyjne powiązania ostawały się na wawelskim wzgórzu, gdzie wielka rezydencja królów żyjących wiązała się katedrą, chroniącą prochy królów zmarłych; krypty i kaplice stawały się surowym dopełnieniem świetnych sal zamkowych, w których toczyło się radosne życie dworu i skupiała władza. A dzwon Zygmunta, dzieło krakowskich ludwisarzy, był dzwonem kościelnym, ale zarazem był dzwonem Królestwa, obwieszczającym miastu i Polsce ważne wydarzenia narodowego życia. Do tej dwoistej tradycji wawelskiej nawiązywano w ciągu długich wieków polskiej historii – aż po dramaty Wyspiańskiego i malarstwo Wyczółkowskiego.

Wawel był jednak wyjątkiem. Sztuka, będąca na usługach Królestwa, znajdowała teren swego działania w budownictwie świeckim, w rezydencjach królewskich, a później i magnackich, w zamkach obronnych, strzegących granic państwa. O Kazimierzu Wielkim czytamy w *Kronice* Janka z Czarnkowa, iż „murował miasta, zamki, domy". I że przede wszystkim „ozdobił zamek krakowski podziwienia godnymi domami, wieżami, rzeźbą, malowidłem, dachami wielkiej piękności". A następpnie kronikarz wymienia długą listę zamków wzniesionych przez króla, stwierdzając, iż uczynił to „na ozdobę narodowi, na schronienie i opiekę królestwa polskiego". Na tej liście znajdują się: „zamek Olkusz, Będzin, Lelów, miasto i zamek Czorsztyn, zamek Niepołomice, zamek Ojców, zamek Krzepice, zamek w ziemi sandomierskiej [...] miasto i zamek w Sieciechowie, w Solcu, w Zawichoście, zamek w Nowym Mieście [...] w Koninie, w Nakle, w Wieluniu, w Międzyrzeczu, w Ostrzeszowie, w Bolesławcu, w ziemi sieradzkiej obronny zamek Piotrków, miasto Brzeźnicę i zamek, w ziemi łęczyckiej samo miasto Łęczyca i zamek, w Inowłodziu miasto i zamek [...] w ziemi ruskiej [...] miasto Lwów i dwa zamki, zamek Przemyśl, zamek i miasto Sanok, a także miasto Krosno, Lubaczów, Trębowlę, Halicz, Tustań – zamki".

Nie dochowały się do naszych czasów te zamki; pozostały tylko ruiny, niekiedy tylko ślad na ziemi, której broniły. Ale stanowiły one rozpostartą nad krajem przez króla sieć, o którym to władcy pisał kronikarz, iż „ponad wszystkich monarchów polskich dzielnie rządził Rzeczypospolitą". Stanowiły materialny i widomy znak jedności państwa i jego wewnętrznego ładu. Były ważnym terenem współdziałania woli fundatora z pracą rzemieślników i artystów nad wznoszeniem tych budowli i wyposażeniem wnętrz. Czas jednak zniszczył owoce tego współdziałania.

Sztuka uczestniczyła nie tylko w kształtowaniu monumentalnego oblicza państwa. O tym, jak królowie cenili jej udział w tworzeniu ważnej, ogólnopaństwowej symboliki, świadczy relacja Długosza o panowaniu Przemysława i o jego sukcesie w jednoczeniu państwa. „Aby zaś ta cnota – pisał Długosz – którą okazał w odbudowywaniu na nowo królestwa polskiego i podniesieniu go z książęcego stanu do godności królestwa, za czasem w niepamięć nie poszła, na pieczęci majestatycznej, z rozkazu jego pięknie wyrobionej, głoskami dużymi z jednej strony wkoło orła wyryć kazał: p i e r w s z y z w r ó c i ł P o l a k o m g o d ł a i c h z w y c i ę s k i e ". Po drugiej stronie było wyobrażenie króla siedzącego na tronie i trzymającego w prawej ręce berło, gdzie także był hełm z herbowym Polaków znamieniem; w lewej jabłko z krzyżem i napisem dużymi głoskami wyrytym: P i e c z ę ć P r z e m y s ł a w a, k r ó l a p o l s k i e g o i k s i ę c i a p o m o r s k i e - g o ". Przypomnijmy, aby docenić znaczenie tego artystycznego symbolu, iż od czasów Bolesława Śmiałego żaden z władców Polski dzielnicowej nie koronował się i że akt Przemysława był – po przeszło dwustu latach – widomym przywróceniem królestwa. Działo się to u schyłku wieku XIII, ale historyk, opisujący te czasy, niemal dwa wieki później jeszcze wspomina ów fakt jako szczególnie godny pamięci.

Innym symbolem istnienia państwa były zapewne słupy drogowe, z których ocalał tylko jeden, w Koninie, znaczący połowę drogi z Kruszwicy do Kalisza. Nie spełniał on jedynie prostej funkcji informacyjnej, ale miał zachęcać do medytacji – napis na słupie nie mówił o odległościach, lecz o drodze sprawiedliwości – a jego kształt artystyczny służył tym ponadutylitarnym celom.

Przymierze sztuki i Królestwa manifestowało się jeszcze w charakterystyczny dla tamtych czasów sposób w działalności rzeźbiarskiej, kreującej nagrobki i sarkofagi. Gdy nie wydawało się rzeczą słuszną przedstawiać w całym majestacie władców żyjących, królowie zmarli stawali się tego godni, ponieważ pokłon wobec ich wielkości łączył się z poczuciem równości wszystkich ludzi wobec śmierci i pozagrobowego obrachunku z życia. Od początków XIV wieku powstają nagrobki Piastów śląskich, w połowie stulecia Kazimierz Wielki funduje w katedrze wawelskiej grobowiec Władysława Łokietka, a w katedrze poznańskiej – Bolesława Chrobrego; pod koniec wieku on sam – król sprawiedliwy i budujący Królestwo – otrzymuje wspaniały sarkofag na Wawelu, z którego odtąd będzie nieustannie czuwał nad swoim królestwem, budząc pokolenia żywych – aż po wiek XX – do rozumnej służby ojczyźnie. Wyżyn takiej legendy inspirującej nie osiągali inni królowie, chociaż ich wielkość została również ukazana w pomnikach wawelskich – Władysław Jagiełło i Kazimierz Jagiellończyk. Później znajdowali swe miejsce w katedrze i inni. Powstawało wielkie sanktuarium narodowe, w którym składano hołd wielkości królów i wodzów kraju. Sztuka otaczała opieką ich prochy, a zarazem głosiła ich chwałę. Historia narodu, która minęła, trwała w tych pomnikach.

Było też rzeczą znamienną, iż w sztuce manifestowała się silniej i wyraźniej integralność polskiego państwa niż w politycznych i dynastycznych sytuacjach wyznaczających w owych czasach dość płynne granice Królestwa, zwłaszcza na Śląsku i Pomorzu. Tak np. w nagrobku Henryka II Pobożnego umieszczono Tatara dla pamięci bitwy pod Legnicą, która była ważną bitwą w dziejach całego 20

Królestwa. Nagrobek Henryka IV w kościele we Wrocławiu ozdabiały trzy orły polskie świadczące o tym, iż był księciem wrocławskim, krakowskim i sandomierskim. Na fasadzie zamku piastowskiego w Brzegu w połowie XVI wieku umieszczono rzeźbione portrety Piastów śląskich, a ponad nimi popiersia królów Polski i godło Zygmunta Augusta. Łączność z Rzecząpospolitą przypominał też nagrobek Barnima XI, księcia szczecińskiego, który był synem Anny Jagiellonki i Bogusława X, wychowywanego w Krakowie.

Pamięć o zmarłych miała szerszy zasięg niż wiedza o działalności żywych. Bieg zdarzeń dziejowych, ważnych dla Rzeczypospolitej, niełatwo docierał do świadomości ówczesnych jej obywateli. Środki informacji były ograniczone. Ich zasięg niewielki. Ale sztuka nie zaniedbywała takiego działania. Wprawdzie bitwa pod Grunwaldem nie znalazła swego drzeworytnika czy malarza; przedstawiana była schematycznie i dopiero pod koniec XVI wieku pojawiło się jej przedstawienie bardziej realistyczne w dziele Bartosza Paprockiego *Ogród królewski* (1599), to jednak np. oblężenie Malborka, które miało miejsce w roku 1460, już w dwadzieścia lat później stało się tematem obrazu, który zawieszono w gdańskim Dworze Artusa, a bitwa pod Orszą z roku 1514 upamiętniona była – bezpośrednio po jej zakończeniu – obrazem malowanym przez malarza, który prawdopodobnie uczestniczył w tej wyprawie specjalnie dla spełnienia swego zadania.

Od początków wieku XVI działalność artystów w służbie monarchy skupiała się głównie na budowie i przebudowie oraz na dekoracji wnętrz wielkich rezydencji królewskich w Krakowie, a później w Warszawie. Przez trzydzieści lat za rządów Zygmunta I prowadzono prace na Wawelu, dzięki którym stał się on jedną z najwspanialszych rezydencji królewskich w ówczesnej Europie. Monumentalna bryła całości, wzniesionej nad stromym brzegiem wielkiej rzeki polskiej historii, wielopiętrowy, jedyny w swym rodzaju dziedziniec arkadowy, pozwalający na pełne oświetlenie wielkich sal, przeznaczonych do pełnienia w nich funkcji państwowych, niezwykłe bogactwo wyposażenia wewnętrznego, marmury i polichromie, rzeźby i obrazy, arrasy – wszystko to sprawiało, iż Wawel był nie tylko rezydencją króla, ale także „pałacem Rzeczypospolitej" świadczącym o jej potędze i świetności. Kontynuując średniowieczną tradycję, Zygmunt I wzniósł przylegającą do katedry renesansową kaplicę, która stała się mauzoleum dynastii.

Odtąd rezydencja wawelska była w świadomości narodu symbolem jego trwania i znamieniem jego losów. Wielokrotnie niszczona, odzyskiwała swój pierwotny blask artystyczny, świadcząc o nieśmiertelności narodu. Klęski Wawelu były zawsze związane z upadkiem państwa, odbudowa Wawelu, podejmowana w różnych okresach, była zawsze świadectwem odradzania się państwa.

Podobne, lecz obejmujące czasy późniejsze, były losy zamku warszawskiego, któremu Zygmunt Waza, przenosząc tam swą siedzibę, nadał nowy kształt architektoniczny. Na tle skromnej zabudowy ówczesnej Warszawy była to budowla imponująca. Adam Jarzębski, opisując bogactwo i niezwykle wymyślne szczegóły tej królewskiej rezydencji, z pewnym żalem wypominał, iż ta przebudowa jest „po pańsku wszędzie, a nie po ziemiańsku", jednak z uznaniem opowiadał o „malowaniach" przedstawiających „konterfekty, historyje, wielkie, własne wiktoryje". Szczególnie cieszyły go obrazy poświęcone zwycięstwom Władysława IV, który „uspokoił Turczyna i zwojował Moskwicina", a także „Prusy ukoił".

W ten sposób zamek warszawski zrastał się z historią ojczystą. Tej tradycji okazywał wierność jego ostatni gospodarz – Stanisław August. Na jego zlecenie Sala Rycerska została ozdobiona obrazami z dziejów Polski.

Wawel i Zamek Królewski w Warszawie były wielkim świadczeniem artystów – architektów, rzeźbiarzy, malarzy – na rzecz państwa, będącego Rzeczpospolitą szlachecką i królestwem zarazem. Ale w miarę tego, jak Rzeczpospolita stawała się państwem oligarchii magnackiej, a królewska władza, ograniczana i osłabiana, manifestowała się raczej w świetności dworu, zmieniały się horyzonty sztuki służącej państwu. Tak jego wielkość i sława, jak i wspaniałość władców, splendor dworu królewskiego oraz dworów magnackich, których losy splatały się z losami państwa, stawały się wezwaniem dla sztuki.

Portret królewski stawał się symbolem potęgi państwa – szczególnie dbali o niego władcy z dynastii Jagiellonów, zatrudniając malarzy polskich i cudzoziemskich – niekiedy najwybitniejszych w Europie. Na dworze Zygmunta III i Władysława IV rozwinął swą działalność Tomasz Dolabella, autor

21

wielu obrazów batalistycznych, przedstawiających zwycięstwa pod Chocimiem, pod Kłuszynem, pod Smoleńskiem, oraz dzieł ukazujących triumfalne wjazdy zwycięzców, odbierane przez nich hołdy. Malarstwo dworskie służyło także jako dokumentacja różnorodnych uroczystości królewskich; taki charakter miał wielki fryz przedstawiający uroczysty wjazd Zygmunta III i królowej Konstancji do Krakowa w roku 1605.

Chwale króla służyło malarstwo w dobie panowania Władysława IV, a zwłaszcza w czasach Sobieskiego. Z jego inicjatywy powstawały ogromne malowidła przedstawiające zwycięstwa króla, zwłaszcza nad Turkami. Wyprawa wiedeńska mobilizowała wielu malarzy. Niektóre ich dzieła zdobiły królewską rezydencję i farę w Żółkwi.

Dokumentacja malarska rycerskich i dyplomatycznych wypraw stawała się także pasją wielkich rodów magnackich. Tak powstał *Wjazd posła Jerzego Ossolińskiego do Rzymu w roku 1633*, sztychowany przez jednego z grafików rzymskich. Podobnie o splendor rodu troszczył się Janusz Radziwiłł, zatrudniający malarzy, którym zlecał obrazowanie jego wypraw wojennych i zwycięskich uroczystości. Podobne intencje żywiono w wielu innych rodach magnackich, także i w stosunku do wydarzeń, które, nie mając wiele wspólnego z polską racją stanu, były wyrazem rodowych ambicji. Taki charakter miał cykl przedstawiający wyprawę moskiewską i zaślubiny Dymitra Samozwańca i Maryny Mniszchówny.

Rozwijająca się w warunkach mecenatu królewskiego i magnackiego sztuka nabierała w coraz większym stopniu charakteru rodowego lokalnego, a także dworskiego i panegirycznego. Tylko w pewnym zakresie utożsamiały się dzieje i perspektywy dynastii i wielkich familii z dziejami i perspektywami państwa. Polska pokrywała się siecią wspaniałych rezydencji, wznoszonych przez wybitnych architektów, bogato i umiejętnie zdobionych; te pałace i zamki, niekiedy ogromne, miały godne uwagi wnętrza, a niekiedy gromadziły galerie obrazów liczonych na setki. W ten sposób rozszerzał się i umacniał krąg kultury magnackiej, która – chociaż ważna – była jednak różna od potrzeb i interesów Rzeczypospolitej i jej szlacheckiego narodu.

W znamienny sposób nurt ten rozwinął się w dobie panowania Stanisława Augusta. Jego starania jako mecenasa sztuki nie zawsze szły w parze z jego rolą jako króla Rzeczypospolitej w trudnej epoce walki o istnienie polityczne państwa. Opinia patriotyczna zdawała sobie sprawę z tych wszystkich ograniczeń.

Z okazji wzniesienia pomnika Jana III, w roku 1788, krążył anonimowy wiersz:

> Sto tysięcy na pomnik! Ja bym dwakroć łożył
> Gdyby Staś był skamieniał, a Jan Trzeci ożył.

Wydawało się, iż właśnie takiego króla potrzebuje naród zagrożony przez wrogów. I że potrzebuje sztuki, która nie tylko służyłaby świetności dworu lub przypominała dawną wielkość Ojczyzny, ale takiej, która by towarzyszyła narodowi w jego walce o odrodzenie.

Na taką drogę wstępowała literatura i poezja doby oświecenia; także i teatr, w którym Wojciech Bogusławski umiał łączyć szlachecki patriotyzm z ludową tradycją. Jego Bardos w *Krakowiakach i góralach* przekonywał – zwracając się do uczonych – jaką powinna być autentyczna i patriotyczna kultura polska:

> Służyć swej ojczyźnie miło,
> Choćby i o głodzie,
> Byle światło w ludziach było
> I sława w narodzie.

Na te drogi służenia narodowi, który szukał możliwości odrodzenia i obrony, poczynali wstępować także i artyści.

U schyłku Rzeczypospolitej malarze – niektórzy obcego pochodzenia, ale spolszczeni – spojrzeli czujnie na bieg historycznych zdarzeń im współczesnych. Jan Piotr Norblin przedstawiał *Uchwalenie Konstytucji 3 maja* oraz liczne sceny z powstania warszawskiego w roku 1794 – *Walki uliczne* i *Wieszanie zdrajców, Obóz mokotowski* i inne. Działalność Kościuszki inspirowała Franciszka Smuglewicza (*Przysięga Kościuszki*) i nieco później Michała Stachowicza (*Przysięga Tadeusza Kościuszki na Rynku krakowskim*). Racławice stały się tematem obrazów Aleksandra Orłowskiego, Stachowicza i Norblina, który uwiecznił też „rzeź Pragi".

Było to pożegnanie sztuki z Polską niepodległą, złożenie ostatniego świadectwa walki do końca. W dziejach relacji naród–sztuka powstawało dramatyczne rozdroże: czy ostawała się jakaś możliwość narodowej służby, gdy przestało istnieć własne państwo, gdy zniknął dwór królewski i jednocząca rola władcy, czy też sztuka miała być odtąd wolna od społecznych zobowiązań i zadań? Historia okresu niewoli dała odpowiedź jednoznaczną i niezwykłą. Gdy przestało istnieć państwo, jego miniona historia stała się duchową rzeczywistością narodowego życia i właśnie sztuka ugruntowała ją w pamięci i wyobraźni Narodu. Gdy zniszczono państwo, a władzę nad jego obszarem przejęły trzy wrogie mocarstwa, ziemia ojczysta wspólna i własna stała się szczególnie droga Polakom i właśnie sztuka zaczęła pokazywać ją w swej urodzie i wzruszającej swojskości. Malarstwo historyczne i pejzażowe stało się w okresie niewoli narodową służbą sztuki.

Ale – równocześnie – usiłowała ona wstąpić i na drogę trzecią. Artyści pragnęli być tam, gdzie się toczyła walka o przyszłość narodu: wśród zdarzeń rewolucyjnych i patriotycznych zrywów, wśród walki konspiracyjnej i jawnej, na polach i w lasach Ojczyzny, służących za schronienia powstańcom, ale także wśród idei i wizji przyszłościowych, inspirujących, wśród kierunków – jak się to wówczas określało – myśli niepodległościowej.

Ale niełatwą była działalność artystyczna w tym zakresie. Szczególnie trudne było prezentowanie idei. W słynnym artykule *O potrzebie narodowego malarstwa polskiego* pisał Seweryn Goszczyński: „malarstwo w stosunku do Polski może i powinno być jednym z głównych narzędzi wyswobodzenia jej ducha z więzów materialnych i moralnych, zewnętrznych i wewnętrznych, przyspieszenia chwili samoistnego jej działania, jednym słowem wywalczenia miejsca, jakie się jej w rodzinie ludzkości należy". Znaczyło to, iż „wielki artysta-Polak powinien dziś bardziej niż kiedykolwiek być artystą-obywatelem". A precyzując dokładniej ten postulat wskazywał, iż malarze – poeci i muzycy już to uczynili – powinni „wywiązać się ze świętego posłannictwa dla dobra ludu i pozyskać jego miłość". I wzywając malarzy, aby zeszli z „pustej drogi", pisał: „Przedstawcie oczom naszym Polskę ludową, jak ją sercem już czujemy i myślą widzimy; niech okiem jeszcze dotkniem, cośmy już sercem ukochali". Jako wzór takiego malarstwa wymienił Goszczyński dzieła Stachowicza, a także zmarłego Sosnowskiego oraz dobrze zapowiadający się talent Romana Postempskiego. Historia nie potwierdziła jednak wartości tych wzorów.

Tylko obrazy Marcina Zaleskiego, cykl Jana Feliksa Piwarskiego i Dietricha przedstawiały Powstanie Listopadowe – ostatnią walkę regularnego wojska polskiego z wrogiem, ostatnią szlachecką próbę ratowania kraju własnymi siłami i bez szerokiej pomocy innych warstw społecznych. Wiosna Ludów znalazła wyraz artystyczny jedynie w okolicznościowych rycinach; kilka obrazów poświęcono akcjom spiskowym, więzieniom i prześladowaniom. Pojawiło się trochę alegorycznych przedstawień sytuacji Polski, krążących po kraju, ale jedynie Henryka Rodakowskiego portret generała Dembińskiego wyrażał prawdę epoki w sposób artystycznie doskonały.

Wyrazem emigracyjnego spojrzenia na losy narodu były obrazy Teofila Kwiatkowskiego, związanego z dworem Czartoryskich w Paryżu. Jego *Polonez Chopina* oraz *Alegoria Polski* były właściwie jedynym udziałem malarstwa w tym wielkim „posłaniu do braci w kraju", jakiego dokonywała emigracyjna poezja. Obrazy te nie przedstawiały aktualnych wydarzeń, lecz nastroje i marzenia, wyrażane plastycznie w korowodzie postaci i zjaw posłusznych historii, poezji, muzyce, idących ku wizjom przyszłości, ale urzekających patriotycznym czarem, podobnie silnym jak ten, który promieniał później z obrazów Malczewskiego czy z muzyki Chochoła.

Jedynym malarzem, który stał się w okresie niewoli wielkim kronikarzem artystycznym aktualnych wydarzeń, ważnych i bolesnych w życiu narodu, był Artur Grottger. Jego cykle *Warszawa I i II*, *Polonia* (1863), *Lituania* (1864–66) i *Wojna* (1866–67) docierały w setkach reprodukcji do polskich domów, stawały się codziennie odczytywaną relacją z dni walki i żałoby. Gdy powstańcze obrazy Maksymiliana Gierymskiego ujmowały powstanie w kategoriach ułańskiej tradycji, ostającej się w nowych warunkach leśnych akcji żołnierskich, obrazy Grottgera przedstawiały obronę Polski jako tragiczną i daremną „obronę dworu", jako drogę przez ruiny i zgliszcza, jako walkę uświęconą modlitwą, jako bitwę ludzi ginących. Losy Polski stawały się alegorią losów ludzkości na ziemi, przez którą – jak w piekle Dantego – prowadziła Beatrycze, wzywająca: „pójdź ze mną przez padół płaczu".

23

W tym grottgerowskim klimacie uczuciowym malował od lat osiemdziesiątych Jacek Malczewski dzieje polskiej martyrologii. Obrazy te przedstawiały kolejne ogniwo w biografii tych patriotów, których heroiczną i ofiarną młodość ukazywał poprzednio Grottger, tych, których nazwano „kryjakami", ponieważ tylko lasy ojczyste dawały im schronienie, zanim uchwyceni ręką wroga wędrować musieli na daleki Sybir. W losie tych ludzi powracała – w wizji Malczewskiego – opowieść o Anhellim, który był „przeznaczony na ofiarę, nawet na ofiarę serca" i nie miał go zbudzić głos rycerza, zwołującego do walki, bo „oto zmartwychwstają narody! Oto z trupów są bruki miast! Oto lud przeważa!". Ale to stracone pokolenie miało mieć nadzieję. Bo „nadzieja – jak mówił Szaman – przejdzie z was do przyszłych pokoleń i ożywi je; ale jeśli w was umrze, to przyszłe pokolenia będą z ludzi martwych".

Takiemu powiązaniu realnych losów ludzi z alegoryczną wizją pozostawał Malczewski wierny i w późniejszej twórczości, poświęconej losom narodu. Obraz *Melancholia* (1894) określony został przez autora w słowach: „Prolog. Widzenie. Wiek ostatni w Polsce". Istotnie, przedstawiał kolejne pokolenia walczące o Polskę od czasów kościuszkowskich, skłębione w niesamowitym tańcu nadziei i śmierci, kierujące się na próżno ku oknu wolności, bez woli zwycięstwa. Kontynuacją tych wizji było *Błędne koło* (1895–97) przedstawiające w podobnym tańcu splecione postacie, tańcu radości i rozpaczy, życia i zguby, tańcu znaczonym symboliką kajdan i słomianej korony. Obraz ten, a może i poprzedni, wywarły ogromne wrażenie na Stanisławie Wyspiańskim, który przesłał Malczewskiemu *Wesele*, zakreślając w nim scenę rozmowy Gospodarza z Poetą.

W tej scenie wyznaje Poeta:

> Tak mi się snuje dramat
> groźny, szumny, posuwisty,
> jak polonez – gdzieś z kazamat,
> jęk i zgrzyt, i wichrów świsty.

A Gospodarz, ulegając czarowi „zatrutej studni", przyznaje, iż

> Tak się w każdym z nas coś burzy
> na taką się burzę zbiera
> tak w nas ciska piorunami,
> dziwnymi wre postaciami
> [...] to dawność tak z nami walczy.

Czy jest wyjście z błędnego koła? Czy jakieś drogi prowadzą ku wolności? Czy wzrosną siły narodu? Czy Polska będzie państwem? Wspólne to były pytania literatury i sztuki z przełomu wieku XIX i XX, a zwłaszcza Malczewskiego i Wyspiańskiego. W kilku innych obrazach Malczewski szukać będzie odpowiedzi na te pytania: w *Natchnieniu malarza*, w *Widzeniu*, w *Bajkach*, ale zwłaszcza w kilku wersjach *Polonii*, malowanych w latach pierwszej wojny. Polskę symbolizuje postać kobiety – w radości i zachwyceniu wśród wielkich kwiatów lub na tle pól i drzew, kobiety witanej na klęczkach przez spracowanego człowieka. Symbol chochoła ustępował teraz miejsca żołnierskiemu płaszczowi, którym okryta Polska odzyskiwała swą koronę wolności. Te wydarzenia dziejowe zadawały kłam dawnemu pesymizmowi malarza, iż – jak pisał w liście do żony – „ta Rzeczpospolita imaginacji naszej" staje „przed generacjami uczciwych serc ludzkich od czasu do czasu, jak widmo ukochane", ale wciąż coraz bardziej „powietrzne i nieuchwytniejsze, aż póki nie zamrze już na wieki".

Wydarzenia pierwszej wojny światowej i odzyskanie niepodległości stały się punktem wyjścia wielkiego obrachunku narodowych sił, dzięki którym Polska przetrwała okres niewoli i skupiła się na jeszcze jednej w owym stuleciu – tym razem zwycięskiej – walce o wolność. W tym obrachunku literatura i sztuki piękne zyskały niezwykłą wdzięczność narodu: to dzięki nim, tworzącym i utrzymującym tę „Rzeczpospolitą imaginacji naszej" odrodzić się mogła Rzeczpospolita praw- dziwa.

I gdy w tych perspektywach ujmujemy sztukę polską okresu niewoli, stwierdzić musimy, iż dokonała się w niej – i w jej społecznej roli – przemiana większa niż kiedykolwiek w jakimkolwiek innym kraju. Sztuka polska, która służyła Królestwu i Rzeczypospolitej przez długie wieki niepodległości państwa, odnalazła w okresie niewoli inne drogi tej służby, nowe i nieoczekiwane. Świadczyło to 24 zarówno o żywotności narodu, utrzymującego swój byt w warunkach politycznej zagłady, jak i o sile artystycznej twórczości, posłusznej patriotycznemu wezwaniu. Sprawdzała się diagnoza Słowackiego, który pisał:

> O, nieszczęśliwa, o uciemiężona
> Ojczyzno moja – raz jeszcze ku tobie
> Otworzę moje krzyżowe ramiona,
> Wszakże spokojny, bo wiem, że masz w sobie
> Słońce żywota.

Ale „słońce żywota" zabłysło w całej pełni dopiero w dobie nowej niepodległości. Dla sztuki – jak przewidywał Żeromski – stało się ono zwiastunem wolności. Państwo nie potrzebowało bezpośredniej pomocy sztuki w patriotycznym wychowaniu społeczeństwa, w obronie narodowych wartości tradycyjnych, w tworzeniu munumentalnej Rzeczypospolitej wyobrażonej. Powstawała Rzeczpospolita rzeczywista. Przejmowała ona władzę i opiekę nad polską ziemią i polską historią, rewindykowała swe dziedziczne prawa. Odbudowa Wawelu stawała się symbolem nowej sytuacji, w której państwo obejmowało swe historyczne dobra i potwierdzało swą wielkość.

Sztuka – zwłaszcza architektura – próbowała realizować tę wizję. Wznoszono liczne monumentalne budowle – gmachy urzędów, ministerstw, banków, muzeów, sądów, nowoczesne i nawiązujące do różnych tradycji budynki dworców, poczt, magistratów. Wiele wspaniałych projektów – zwłaszcza Bohdana Pniewskiego – nie zostało niestety zrealizowanych.

Artystycznym wyrazem owych czasów była stworzona na schyłku wojny i zapowiadająca przyszłość rzeźba Edwarda Wittiga *Nike polska* (1917) i – nieco później – pomniki poświęcone polskim żołnierzom, zwłaszcza *Pomnik Lotnika*. Ku tematyce walk o państwo kierowali się i inni artyści tej epoki krótkiej niepodległości. Tak na przykład Bronisław W. Linke w cyklu *Śląsk* (1937) ukazał powstańców walczących o tę „ziemię czarną" i to niemal w przeddzień nowej wojny, w której na kilka lat mieli ją znowu utracić.

W latach II wojny niemal zupełnie zamknięto sztuce drogi dojścia do społeczeństwa. Zachowała je – mimo wszystkich trudności – muzyka i poezja, zgodnie z refleksją poety, iż „płomień rozgryzie malowane dzieje", ale „pieśń ujdzie cało, tłum ludzi obiega".

Ale wbrew wszystkim przeszkodom sztuka nie tylko nie porzucała swej służby Rzeczypospolitej, lecz próbowała ją intensyfikować w tych trudnych warunkach. Stawała się sztuką patriotycznej dywersji, sztuką plakatu mobilizującego do walki, sztuką satyry i drwiny. Wielu artystów podejmowało studia dokumentacyjne, obrazujące terror i przemoc, nędzę prześladowanych i wysiedlonych, tragedie i rozpacz bezbronnych i niszczonych, ale także odwagę i nadzieję walczących. W długim łańcuchu sztuki polskiej, związanej z Insurekcją Kościuszkowską, Powstaniem Listopadowym, walkami w dobie Wiosny Ludów, Powstaniem Styczniowym, przybywało ogniwo nowe, jeszcze bardziej tragiczne. I jak tyle razy dotychczas powstańcze barykady chroniły Rzeczpospolitą, powstającą i wolną na tym małym skrawku ziemi, nieustannie zagrożonej, na którym trwało życie polskie, a nawet polskie sztandary z białym orłem i znaczki pocztowe powstańcze, rysowane przez Stanisława „Miedzę"-Tomaszewskiego i przez Mariana Sigmunda. Dziesiątki malarzy szkicowały sceny powstania, a chociaż większość tych prac zaginęła, te, które ocalały – jak teka Aleksandra Sołtana – stanowią dokument malarski jedyny w swoim rodzaju. Rzadko kiedy w świecie powstawała sztuka tak bezpośrednio na barykadach i w ogniu walki o wolność państwa, w którym artyści byli żołnierzami.

Gdy zakończyła się wojna, sztuka ogarnęła czułym i poszukującym spojrzeniem wszystko: ziemię uwolnioną od wroga, ruiny miast i wsi barbarzyńsko zniszczonych, mogiły i groby zbiorowe Polaków, pola walk zwycięskich, a także i przyszłość nową, która miała być budowana. Uwaga artystów skupiała się zwłaszcza na ruinach stolicy, świadczących o jej dawnej wielkości i o zniszczeniu, które miało być potwierdzeniem ostatecznej zagłady Rzeczypospolitej, a stawało się wielkim wyzwaniem skierowanym do współczesnych i źródłem nadziei. W licznych obrazach i rysunkach – zwłaszcza Kulisiewicza i wielu innych grafików – pojawiała się Warszawa zniszczona i wizja Warszawy – nowej stolicy. Zwalona kolumna Zygmunta na placu Zamkowym symbolizowała dnie narodowej żałoby, ale i oczekiwania na odbudowę.

Podobnie epopeja walki o Polskę na wszystkich frontach wojny stawała się tematem opowieści, którą dziesiątki malarzy i amatorów przedstawiały w licznych obrazach i rysunkach. W jeszcze szerszym zasięgu działała rzeźba. Był to bowiem czas pomników. Czas hołdów składanych przed symbolami z kamienia, brązu i stali, które wznoszono na placach miast odbudowywanych, na polach walk, w górach pamiętnych zdarzeniami dziejowymi. Bardzo rzadko były to pomniki poświęcone jednostkom. Niemal wszystkie były pomnikami, które przypominały bohaterskie i tragiczne losy zbiorowości, były świadectwem pamięci narodu o sobie samym, w jego chwilach trudnych i wielkich. Były wspomnieniem wydarzeń, które wprawdzie minęły, ale których treść trwała wciąż w umysłach i sercach pokoleń żywych, składających hołd nieustanny bohaterom klęsk i zwycięstw, ofiarom terroru i przemocy.

W tym duchu monumentalnego hołdu Xawery Dunikowski zaprojektował w latach pięćdziesiątych *Pomnik Powstańców Śląskich* na Górze św. Anny, a także *Pomnik Powstańców Warszawy* (nie zrealizowany), Jerzy Jarnuszkiewicz *Pomnik I Armii Wojska Polskiego*. Nieco później powstał *Pomnik Powstańców Śląskich* w Katowicach, stworzony przez Gustawa Zemłę, który w sugestywny sposób wykorzystał wizję greckiej Nike – skrzydlatej bogini zwycięstwa. W Katowicach także wzniesiono *Pomnik Żołnierza Polskiego*, w Sosnowcu – *Pomnik Czynu Rewolucyjnego*. Władysław Hasior był twórcą projektu pomnika *Rozstrzelanym w Nowym Sączu*, a inny jego pomnik – *Żelazne Organy* – miał wysoko na górskiej przełęczy śpiewać z szumem wiatru pieśń o Polsce walczącej, o Polsce Ludowej. Marian Konieczny stworzył *Nike* warszawską, w Gdańsku wzniesiono *Pomnik Obrońców Westerplatte*, a ostatnio zaprojektowany przez Wincentego Kućmę *Pomnik Obrońców Poczty Polskiej w Gdańsku* na placu przed dawną polską pocztą w Wolnym Mieście połączył realistyczny obraz ofiary żołnierskiej z uskrzydloną nadzieją zwycięstwa. W Szczecinie Gustaw Zemła wzniósł *Pomnik Czynu Polaków*. Równocześnie składano hołd ofiarom przemocy, więźniom obozów koncentracyjnych. Międzynarodowy *Pomnik Ofiar Faszyzmu* powstał w Oświęcimiu według projektu Jerzego Jarnuszkiewicza, Juliana Pałki oraz zespołu włoskich rzeźbiarzy.

W wymiarach kameralnych przypomniał Oświęcim Franciszek Strynkiewicz stwarzając w brązie postać udręczonego więźnia.

Jest zastanawiające, iż tym dziełom hołdu nie towarzyszyły inne dążenia i osiągnięcia. W tym okresie głębokiej przemiany społecznej, w dobie kształtowania się Polski Ludowej nie powstały budowle, które by te przemiany wyrażały w monumentalnych kształtach materialnych. Władze centralne znalazły swe miejsca w historycznych siedzibach – w Belwederze, w gmachu Szkoły Podchorążych, w Pałacu Namiestnikowskim. Jako symbol tych tradycji, a zarazem jako przyszłe miejsce państwowych uroczystości, odbudowano zamek warszawski. Ale nigdy nawet nie zaprojektowano budowli na miarę tysiąclecia, które właśnie przekraczano.

W tej epoce pomników i odbudowy sztuka nie miała już służyć monumentalnej reprezentacji Rzeczypospolitej. Wzywano ją raczej do służby codziennym potrzebom kraju, do takich wysiłków, dzięki którym życie powszednie mogłoby się stawać piękniejsze. I rzeczywiście, artyści podejmowali te zadania, współdziałając w kształtowaniu nowego środowiska urbanistycznego, w budowie nowoczesnych zakładów przemysłowych, w rozwiązywaniu problemów nowoczesnej sieci komunikacyjnej, sieci „dróg i mostów", a także w budowie ogromnych dzielnic mieszkaniowych i nowych miast.

1. Palatium książęce i kaplica na Ostrowie Lednickim, koniec X w.

2. Kaplica grodowa w Cieszynie, XI w.

3. Grodowa kaplica rotundowa Mieszka I w Gnieźnie – fragment czwartej kwatery Drzwi Gnieźnieńskich, 2. poł. XII w.

4. Krypta pod prezbiterium pierwszej katedry Bolesława Chrobrego na Wawelu, pocz. XI w.

5. Wykupywanie zwłok św. Wojciecha przez Bolesława Chrobrego – kwatera Drzwi Gnieźnieńskich, 2. poł. XII w.

6. Monety Mieszka I i Bolesława Chrobrego (awers i rewers), X w. – 1000 r.(?)

7. Ruiny zamku rycerskiego w Mirowie, niegdyś strażnicy nadgranicznej, XIV w.

8. Ruiny zamku królewskiego w Chęcinach, niegdyś Władysława Łokietka, XIII–XIV w.

9. Ruiny zamku książąt mazowieckich w Ciechanowie,
XV w.

10. Widok zamku górnego w Będzinie, zbudowanego przez
Kazimierza Wielkiego, XIV w.

11. Posąg Salomei głogowskiej z kolegiaty w Głogowie, po 1290

12. Nagrobek Henryka II Pobożnego w kościele św. Wincentego we Wrocławiu, ok. 1380

13. Nagrobek Bolka II ziębickiego i jego żony Jutty w klasztorze cysterskim w Henrykowie, ok. 1350

14. Nagrobek Henryka IV Probusa w kościele Św. Krzyża we Wrocławiu, ok. 1300

16. Święta Jadwiga śląska, miniatura z kodeksu ostrowskiego, 1353

17. Fryz z popiersiami Piastów śląskich z bramy zamku piastowskiego w Brzegu, ok. 1550

18. Posąg Jerzego II legnicko-brzeskiego z bramy zamku piastowskiego w Brzegu, ok. 1550

23. Kraków, widok ogólny, z: A. Schedel, Cronica Mundi, Norymberga 1493

24. Kanclerz Jan Łaski wręcza Aleksandrowi Jagiellończykowi Statuty, Commune Incliti Regni Poloniae Privilegium, 1506

25. Koronacja, miniatura z Pontyfikału Erazma Ciołka, XVI w.

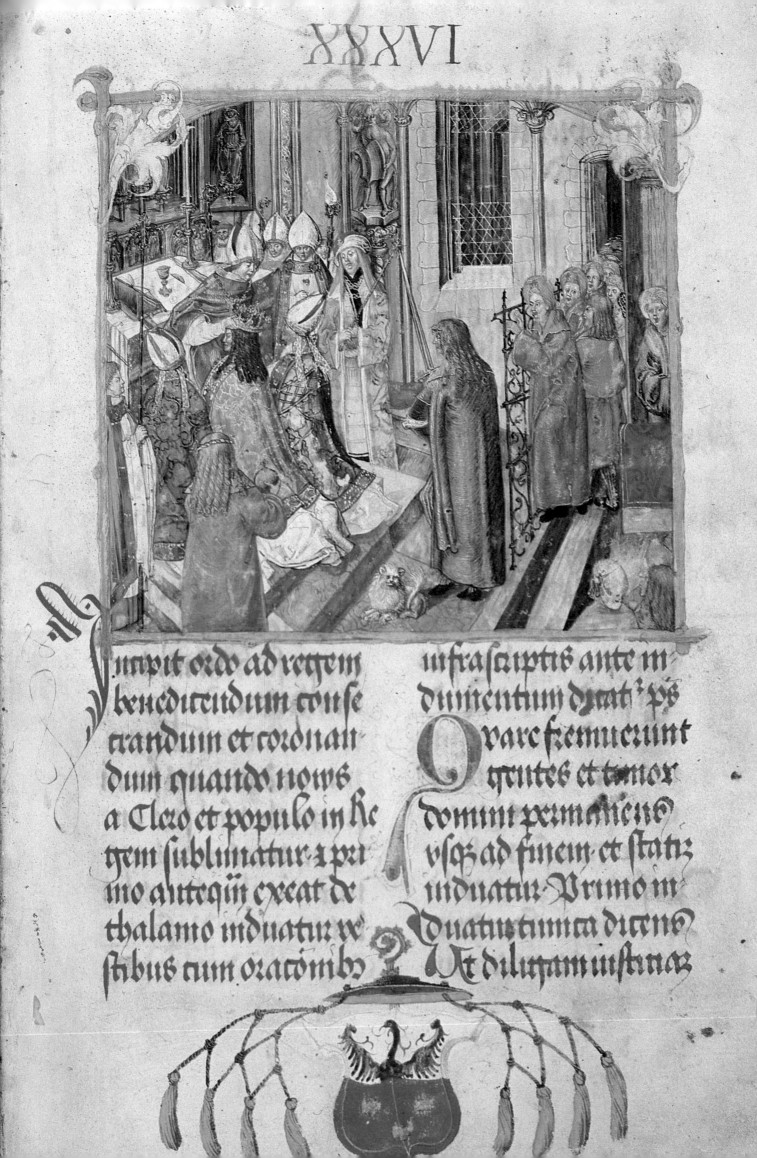

Incipit ordo ad regem
benedicendum conse
crandum et coronan
dum quando novus
a Clero et populo in Re
gem sublimatur. i pri
mo antequam exeat de
thalamo induatur ve
stibus cum orationibus

infrascriptis ante in
duintentium dicatis ps
Quare fremuerunt
gentes et timor
domini permanens
vsque ad finem. et statim
induatur. Primo in
duatur tunica dicens
Et dilexam iusticiam

26. Król na majestacie, miniatura z Graduału Jana Olbrachta, pocz. XVI w.

27. Wawel, widok ogólny

28. Bartłomiej Berrecci, kartusz herbowy z orłem zygmuntowskim znad bramy wjazdowej Zamku Królewskiego na Wawelu, XVI w.

29. Dziedziniec arkadowy Zamku Królewskiego na Wawelu

30. Sala Poselska na Zamku Królewskim na Wawelu, XVI w.

31, 32. Antoni z Wrocławia, Jazda polska – fragment fryzu w Sali
Przeglądu Wojska na Zamku Królewskim na Wawelu, 1535

33. Antoni z Wrocławia, Piechota polska – fragment fryzu w Sali
Przeglądu Wojska na Zamku Królewskim na Wawelu, 1535

34. Hans Dürer i Antoni z Wrocławia, Turniej – fragment fryzu w Sali
Turniejowej na Zamku Królewskim na Wawelu, 1534

35. Arras z Zamku Królewskiego na Wawelu z Orłem i Pogonią,
warsztat brukselski, 3. ćw. XVI w.

36. Pogoń – fragment arrasu z Zamku Królewskiego na Wawelu,
warsztat brukselski, 3. ćw. XVI w.

38. Fragment nagrobka Kazimierza Wielkiego w katedrze na Wawelu, 1370–82

39. Nagrobek Władysława Łokietka w katedrze na Wawelu, XVI w.

40. Nagrobek Kazimierza Wielkiego w katedrze na Wawelu, 1370–82

41. Nagrobek Władysława Jagiełły w katedrze na Wawelu,
1. poł. XV w.

42. Wit Stwosz, Nagrobek Kazimierza Jagiellończyka w katedrze na Wawelu – fragment, 1492–94

43. Piotr Flötner i Melchior Baier wg rysunku Hansa Dürera, Ołtarz srebrny w Kaplicy Zygmuntowskiej w katedrze na Wawelu, 1535–38

44. Bartłomiej Berrecci przy współpracy warsztatu, Wnętrze Kaplicy Zygmuntowskiej w katedrze na Wawelu z nagrobkami Zygmunta Starego, Zygmunta Augusta i Anny Jagiellonki

ANNA REGINA POLONIÆ.
ELONIDAR. QVI CC. PROPE ANNOS REGNAVERVNT. SOBOLES VLTIMA.
GVM. SIGISM. PRIMI. EX BONA SFORTIA. FILIA.
GISM. AVGVSTI SOROR. ET STEPH. BATORII COÏVX.
M ESSET PVBLICO ORDINVM CONSENSV CVM REGE MARITO
RON AVREA. QVOD EST INSIGNE REGALIS IMPERII TEMPORA REDIMITA
SCEPTRO REGIO DEXTRAM IMPLICITA.
APVLASQ. SACR OLEO DELIBVTA. TALIS APARVIT.
NNO. CHRISTI DOMINI M. D. LXXVI KAL. MAII. HORA. XVII.

REGES   POLONIAE

URBS WARSOVIA
Sedes Ordinaria Regum
Poloniæ ea facie exhibita qua con
spiciebatur postquam amisso prælio
à Ser. R. Poloniæ deserta et à S.R.M.
Sueciæ secunda vice occupata
fuit d. 22. Iul. An 1656.

Templum Bernhardinorum

Suburbia exusta

Regis Sigismundi statua

Templum Monialium S. Claræ

Arx Regia

Templum Augustin:

Temp: S. Iohannis

Templum Iesuitarum

Palat. Principis Caroli Ferdinand:

52. Jan Aleksander Gorczyn, Statek sarmacki, 1664

53. Sebastian Sobieski niosący królewską chorągiew Zygmunta III
w orszaku ślubnym króla i Konstancji Austriaczki – fragment tzw. Fryzu
sztokholmskiego, 1605

54. Szkoła włoska, 2. ćw. XVII w., Wjazd Jerzego Ossolińskiego do Rzymu w 1633 roku – fragment

59. Brama Wyżynna w Gdańsku, 1586–88

60. Oblężenie Jasnej Góry przez Szwedów w 1655 roku, 1656–57. Fresk
w kaplicy Matki Boskiej na Jasnej Górze

IOANNES III. D. G. REX POLONIARVM. MAGN. DVX. LITHVAN. RVS. PRVS. MAS. SA.
EXERCITVVM CHRISTIANORUM AD VIENNAM CONTRA TVRCAM ET TARTAROS DVCTOR.
AC TRIVMPHATOR GLORIOSISSIMVS

61. Jan Tretko, Portret Jana III Sobieskiego, 1677

62. Jerzy Eleuter Szymonowicz-Siemiginowski, Apoteoza Jana III
Sobieskiego po zwycięstwie pod Wiedniem, po 1686

63. Bernardo Bellotto zwany Canaletto, Widok ogólny Warszawy od
strony Pragi, 1770 – fragment

64. Marceli Bacciarelli, Portret Stanisława Augusta w stroju koronacyj-
nym, 1768–71

65. Jan Bogumił Plersch, Apoteoza Polski, szkic do plafonu, przed 1785

66. Jan Chrystian Kamsetzer, Gabinet Marmurowy na Zamku Królewskim w Warszawie

67. Sala Rycerska na Zamku Królewskim w Warszawie, stan sprzed 1939
roku

DZIEŃ TRECIEGO MAYA MDCCXCI.

68. Jan Piotr Norblin, Ogłoszenie Konstytucji 3 maja 1791 roku
69. Franciszek Smuglewicz, Grób Ojczyzny, 1794
70. Aleksander Orłowski, Wzięcie Pragi, 1797

71. Marcin Zaleski, Wzięcie Arsenału w noc 29 listopada 1830 roku

72. Bitwa pod Grochowem w 1831 roku, rycina współczesna

73. Henryk Rodakowski, Portret generała Henryka Dembińskiego, 1832

78. Jacek Malczewski, Polonia (Alegoria Polski), 1918

79. Jacek Malczewski, Melancholia, 1890–94

80. Edward Wittig, Nike polska, 1917

81. Xawery Dunikowski, Pomnik Czynu Powstańczego na Górze Świętej Anny, 1946–52

82. Jerzy Jarnuszkiewicz, Projekt pomnika I Armii Wojska Polskiego, 1959

83. Gustaw Zemła, Pomnik Powstańców Śląskich w Katowicach, 1967

84. Władysław Hasior, Żelazne Organy, pomnik partyzantów Podhala koło Czorsztyna, 1966

85. Wincenty Kućma, Pomnik Obrońców Poczty Polskiej w Gdańsku, 1979

SPOŁECZNA
INTEGRACJA NARODU

INTEGRACJA NARODU

Naród był podstawą istnienia państwa, którego losy zależały od jego siły. Siła ta była wyrazem zwartości i odrębności narodu kształtującej się w ciągu wieków. Od najdawniejszych czasów te dwa procesy – wyodrębniania się narodu polskiego spośród innych narodów i tworzenia się jego społecznej jedności – stanowiły zasadniczą wewnętrzną treść dziejów Królestwa i Rzeczypospolitej. Tworzone przez Piastów państwo było już wyrazem pewnej narodowej wspólnoty, opartej na tożsamości języka i obyczaju różnych plemion zajmujących te ziemie, a także świadectwem poczucia odrębności w stosunku do sąsiadów, a zwłaszcza do zagrażających od zachodu Niemców.

Podobnie manifestowała się jedność narodu w czasach najazdów Tatarów, którzy idąc przez Lublin, Sandomierz i Kraków, docierali aż po zachodnią granicę kraju, po Legnicę, gdzie w walce z nimi zginął Henryk Pobożny.

Ta walka obronna nie oznaczała jednak, iż istniał pokój wewnętrzny. Ostre sprzeczności zarysowywały się między różnymi warstwami społecznymi. Gall z oburzeniem notował, iż po śmierci Bolesława Chrobrego „niewolnicy powstali na panów, wyzwoleńcy przeciw szlachetnie urodzonym [...] nadto jeszcze, porzucając wiarę katolicką, rozpoczęli bunt przeciw biskupom i księżom''. A kronikarz ruski pisał, że „było zaburzenie wielkie na ziemiach Polski''. W czasach późniejszych, w wieku XIV zwłaszcza, buntowało się pospólstwo miejskie – w Gdańsku, Wrocławiu, Krakowie. „A jacy to źli ludzie mieszczanie krakowianie'' – stwierdzano w okolicznościowej poezji, która opisywała zamordowanie Andrzeja Tęczyńskiego po krwawej zwadzie z krakowskim rzemieślnikiem.

Mimo tych konfliktów różnego rodzaju i natężenia jedność narodowa była jednak dość silna, by skutecznie bronić całości państwa i jego praw suwerennych, by – mimo wielorakich przeszkód – restaurować królestwo przezwyciężając rozbicie dzielnicowe. Długosz stwierdzał, iż w wojsku Łokietka więcej było chłopów niż rycerzy, a legenda, iż Łokietek ukrywał się w grotach Ojcowa, chroniony przez chłopów, nie była pozbawiona podstaw, podobnie jak i legenda o Kazimierzu Wielkim jako „królu chłopków''. Wprawdzie w wiekach następnych zaostrzyły się konflikty chłopów i szlachty – Modrzewski stwierdzał, iż „jako wiele mają poddanych, tak wiele nieprzyjaciół'' – ale w dobie najazdu Szwedów chłopi okazywali niekiedy więcej patriotyzmu niż magnaci.

W piśmiennictwie historycznym, w literaturze politycznej, a także w poezji tych wieków znajdowały wyraz procesy integracji i walk społecznych.

Tych horyzontów nie otwierała przez długi czas sztuka. W iluminowanych rękopisach i malarstwie kościelnym pojawiały się, zgodne z ogólnośredniowieczną koncepcją, rozróżnienia tych, którzy się modlą, tych, którzy bronią, i tych, którzy żywią. Niekiedy akcentowano wartość chrześcijańskiej cnoty miłosierdzia, służącej biednym, nieszczęśliwym i chorym. Obrazowa legenda o św. Jadwidze śląskiej z XIV wieku, powtarzana w różnych wersjach w wieku XV, ukazywała, jak wstawia się ona u księcia w sprawie biednych i pokrzywdzonych.

Nie o konfliktach społecznych, lecz o solidarności wszystkich warstw narodu mówili też rzeźbiarze przedstawiający na grobowcach figury płaczków pochodzących z różnych warstw społecznych, ale lamentujących zgodnie po śmierci możnego pana. Tak żałowano Władysława Jagiełłę na grobowcu w katedrze wawelskiej i podobnie opłakiwano kanclerza Krzysztofa Szydłowieckiego w kolegiacie opatowskiej. W żalu po zmarłym jednoczyła się rodzina, przyjaciele, dworzanie, słudzy – przedstawiciele różnych stanów. Przeciwieństwa stanowe wystąpiły ostrzej na *Ołtarzu jerozolimskim* w Gdańsku, przedstawiającym dwóch pysznych rycerzy i dwóch chłopów pokornie ich witających.

Przeciwieństwa te widziała nieco ostrzej sztuka wyrastająca z doświadczeń ludowych. Zachowało się jej bardzo niewiele, ale np. polichromia stropu drewnianego kościółka w Boguszycach ukazywała alegorię wyzysku jako jeźdźca w stroju mieszczańskim, siedzącego na drapieżnym wilku. Ludowe poczucie równości ludzi i sprawiedliwości wiązało się z religijnymi koncepcjami śmierci, niweczącej ziemskie różnice stanu, bogactwa i władzy. Na obrazie w kościele Bernardynów w Krakowie przedstawiono w połowie wieku XVII wielki taniec śmierci równający wszystkich, od króla i kardynała poczynając.

Ale twórcy uzależnieni od woli mecenasów, należących do warstwy panującej, nie dostrzegali tych wewnętrznych napięć i walk, nawet i wówczas, gdy stawały się one – jak w połowie wieku XVII – gwałtowne i powszechnie widoczne. Ani buntów chłopskich, ani walk z Kozakami nie mieli oni w polu swego widzenia, chociaż nawet Jan Kazimierz w uroczystym ślubowaniu w roku 1656 wyznawał, iż klęski, jakie spadły na jego królestwo, „zesłane zostały przez Najwyższego Sędziego jako chłosta za jęki i uciemiężenia chłopów" i obiecywał, że gdy nastanie pokój, „użyję ze wszystkimi stanami wszelkich sposobów, ażeby lud mego królestwa od wszelkich niesprawiedliwych ciężarów i uciśnienia zwolnionym został". Literatura piękna i polityczna od dziesięcioleci pełna była ostrzeżeń i nawoływań, pełna dramatycznych oskarżeń. Sztuka pozostawała w granicach malarstwa dworskiego i panegirycznego.

Dopiero pod koniec wieku XVIII przekroczyła te granice. Ignacy Krasicki pisał:

> *Księgi, wiersze, dzienniki, płatni dziennikarze,*
> *pełno dzieł heroicznych, a jednak lud płacze.*

Jan Piotr Norblin dojrzał – może bystrym okiem cudzoziemca – jak „lud płacze" i chociaż był nadwornym malarzem Czartoryskich, stworzył dziesiątki akwarel, rysunków i szkiców przedstawiających nędzę i opuszczenie chłopa polskiego, nieludzki wyzysk jego pracy. Dwie Polski jawiły się w ten sposób w twórczości Norblina: arystokratyczno-szlachecka i chłopska. Była więc Polska pałaców i dworów, Polska Łazienek, Powązek, Arkadii, Puław, Polska radości życia, zabaw w parku, menuetów wytwornego towarzystwa, Polska nieustającej *Jutrzenki* świecącej na plafonie szczęśliwej, oddzielonej od życia Arkadii oraz Polska pijanych i wulgarnych szlachciurów, rozkrzyczanych i swawolnych, ale także – czasami – radzących na sejmikach nad programem słusznych reform politycznych. Naprzeciw zaś tej Polski rozciągała się zapomniana i zaniedbana Polska chłopska, Polska zrujnowanych chat i upadających ze znużenia ludzi, Polska pokrzywdzonych, prześladowanych, torturowanych przez dziedziców, Polska, nad którą nie rozciągała się ręka sprawiedliwości Rzeczypospolitej, a świat zamykał się w horyzontach karczmy i targów, czasami – a był to już wielki świat – jarmarków.

Obraz tej Polski pańskiej i Polski chłopskiej – w sto lat później powrócą do tej dwoistości artyści okresu pozytywizmu i Młodej Polski – towarzyszył wysiłkom polityków podejmujących dzieło naprawy Rzeczypospolitej. O współdziałaniu sztuki i działalności patriotycznej świadczy wymownie winieta na karcie tytułowej diariusza sejmowego z roku 1789. Winieta, autorstwa Franciszka Smuglewicza, przedstawiała symbol zwycięskiej wolności. Kobieta z czapką frygijską, zatkniętą wysoko, uwalnia z kajdan Polskę leżącą na ziemi, obok pawia, symbolu próżności. Słowacki powie pół wieku później: „Pawiem narodów byłaś i papugą". Ta wizja patriotycznego zwycięstwa pod znakiem frygijskim, będąca swoistą deklaracją woli Sejmu, zamykała dzieje szlacheckiej Rzeczypospolitej, otwierała perspektywy nowej epoki w życiu narodu i nowego modelu służby ojczyźnie. Półtora wieku później Wojciech Weiss w słynnym *Manifeście* ukaże podobne zamknięcie i otwarcie ksiąg polskiej historii.

W czasach stanisławowskich nie było już możliwości na krok dalszy na tej frygijskiej drodze. Jeszcze w pierwszym okresie insurekcji malarze towarzyszyli wydarzeniom rewolucyjnym, dziejącym się na Starym Mieście. Zwłaszcza Norblin malował z pasją te sceny gniewu ludowego. Ale „polscy jakobini" przegrywali. Rosła nie tylko fala reakcji spod znaku Targowicy. Wzrastały w siłę tendencje i nadzieje solidarystyczne, zgodne z obietnicami Konstytucji 3 maja i nadziejami Kościuszki. Zwycięstwo pod Racławicami, odniesione dzięki kosynierom, inspirowało różnorodne wizje narodowej zgody i narodowej siły. Jak przed wiekami przeciw Niemcom, Tatarom, Szwedom – stawał do walki obronnej cały naród, chociaż chłopów nie zaliczano nigdy do narodu i nawet Staszic wyznaczał kres swym marzeniom o narodowej jedności, wzywając: „tylko róbcie z młodzieży szlacheckiej i miejskiej jeden naród". Przysięga Kościuszki i Racławice, malowane wielokrotnie przez różnych malarzy tej epoki, stały się odtąd ulubionym tematem artystów, aż po lata *Panoramy racławickiej* we Lwowie – miejsca patriotycznych pielgrzymek.

Rozpoczynały się czasy niewoli. Polska dawna, Polska szlachecka, aczkolwiek zasługiwała na sąd potomnych, zyskiwała wzruszającą, sentymentalną pamięć rodaków jako ich kraj wspomnień szczęśliwych. Wymazywano szlacheckie grzechy przeciw Rzeczypospolitej, przeciw ludzkości. W tym duchu Franciszek Smuglewicz malował akt nadania włościanom przez Pawła Ksawerego Brzostowskiego ustawy regulującej w postępowy sposób ich obowiązki i prawa w „rzeczpospolitej pawłowskiej". Poezja – w kraju i na emigracji – pójdzie dalej po tej drodze. Polska szlachecka nie stanie się jeszcze dla tego pokolenia Polską szlacheckich win politycznych i zdrad narodowych; będzie „krajem lat dziecinnych", który:

> *zawsze zostanie*
> *Święty i czysty, jak pierwsze kochanie,*
> *Nie zaburzony błędów przypomnieniem,*
> *Nie podkopany nadziei złudzeniem,*
> *Ani zmieniony wypadków strumieniem.*

Kraj, w którym już nie widziano dziedzica skazującego chłopa na dyby czy karę gąsiora, lecz pamiętano o „ekonomie, lub nawet gospodarzu", który wraz z ludem czytywał „pieśń o Justynie, powieść o Wacławie".

Ale nie ku sielankom prowadziła rzeczywistość. Naród, który utracił byt państwowy, musiał bronić swego istnienia. *Czy Polacy mogą wybić się na niepodległość* – pytali Kościuszko i Pawlikowski w broszurze inicjującej wielką narodową dyskusję, która trwała aż po lata I wojny światowej. Najważniejsze stawało się przezwyciężanie społecznych sprzeczności i tworzenie wielkiej jedności narodu, będącej gwarancją jego siły. Ale jak miałaby być dokonana ta integracja? Czy przez włączenie warstw upośledzonych w narodową całość pod przewodem klas dotychczas rządzących, a więc wedle zasady „z polską szlachtą polski lud"? Czy też na drodze rewolucyjnych przemian, oddających władzę i kierownictwo warstwom nowym, wyznaczającym losy narodu przez pracę?

Pytania te nurtowały w ciągu całego okresu niewoli we wszystkich zbrojnych porywach, w każdej akcji konspiracyjnej, w różnych programach działania politycznego. W niewielkim stopniu znajdowały wyraz w sztuce. Poezja próbowała z pewną gwałtownością prowadzić na barykady. Władysław Anczyc ukazywał „tłumy mścicieli", którzy „zerwali okowy" i wierzyli, iż „wszystko zagrzebie sąd ludu surowy". Gustaw Ehrenberg pisał:

> *Zadrżyjcie szlachcice! Już naród się poznał*
> *I wyszedł spod waszej opieki;*
> *Wam naród wywdzięczy krzywdy, których doznał,*
> *Lud już was przeklął na wieki.*
> *O! Kiedy wybije godzina powstania,*
> *Magnatom lud ucztę zgotuje:*
> *On miecze i stryczki zaprosi do grania,*
> *A szlachta niech sobie tańcuje.*

Sztuka nie szła tak daleko. W dziesiątkach rycin i sztychów artyści przedstawiali wydarzenia Powstania Listopadowego, późniejszej akcji spiskowej, walki w dobie Wiosny Ludów. Głównym akcentem tej obrazowej dokumentacji była walka o niepodległość. Z nią właśnie był powiązany program społecznej rewolucji, traktowanej jako narzędzie wyzwolenia narodowego. Nie inaczej widzieli artyści losy narodu w dobie Powstania Styczniowego.

W całym nurcie sztuki patriotycznej tych lat nie było miejsca na społeczne konflikty. Jak w czasach kościuszkowskiej insurekcji wierzono w solidarność narodową wszystkich stanów. Symbolem tej wiary był obraz Grottgera przedstawiający szlachcica, mieszczanina i chłopa idących pod narodowym sztandarem zgodnie ku walce. Rzeczywistość była jednak odmienna. Ostrość społecznych konfliktów była jedną z przyczyn słabości, a ostatecznie i klęski powstania. W drugiej jego fazie Traugutt chciał się „oprzeć na jedynej potędze każdego kraju – na ludzie". I z tej racji zalecał „rozwijać wszelkie roboty, tak organizacyjne, jak i wojenne, głównie z ludem i przez lud, tak wiejski, jak miejski".

Po latach powie uczestnik powstania, Bolesław Limanowski: „Powstanie 1863 i 1864 roku ostatecznie przekonało, że tylko w o j n a   l u d o w a może nas wydźwignąć z niewoli i że taka wojna jest możliwa".

Ale sprawa ludowa daleka była od rozwiązania. Uwłaszczenie chłopów nie uczyniło ich w całej pełni obywatelami kraju. Trwała nędza i dyskryminacja społeczna. Wciąż silniejszymi byli ci, którzy od wieków władali ziemią i dysponowali potężnymi środkami finansowymi. Stosunki wsi i dworu były pełne napięcia. Przeciwko temu wszystkiemu protestowała literatura, ukazująca biedę chłopów i ich ciemnotę niezawinioną. I przekonywała, iż chłop jest właśnie tą „placówką", która broni ziemi, a więc i polskości, tak jak kiedyś patriota szlachecki bronił jej w walce orężnej na powierzonej mu reducie. I dochodziła do wniosku, iż istnieją nadal wciąż „dwie Polski" – jak to już widział Norblin – ale że właśnie ta druga, ludowa koncentruje w sobie całą siłę narodu i najważniejsze jego wartości. Od warszawskiego *Głosu* aż po Wyspiańskiego krystalizowały się takie przekonania.

Sztuka uczestniczyła w tym nowym spojrzeniu na lud i na powiązaną z nim przyszłość Polski. Dziesiątki obrazów przedstawiały nędzę chłopskiego życia. Znaczną rolę w tym zakresie odegrał Józef Szermentowski, autor wzruszającego *Pogrzebu chłopskiego*, a zwłaszcza Aleksander Kotsis. Jego malarstwo, odpowiadające poezji Marii Konopnickiej, ukazywało tragedie powszedniego życia chłopskiego. Obrazy takie jak *Ostatnia chudoba*, *Matula pomarli*, *Bez dachu* były ogniwami tego łańcucha nieszczęść i opuszczenia, jaki pętał najliczniejszą i może najlepszą warstwę narodu. Ogromne wrażenie na społeczeństwie wywarła *Trumna chłopska* Aleksandra Gierymskiego. Jeszcze w naszych czasach powracano do tego obrazu; Janina Brzostowska pisała w wierszu jemu poświęconym:

> *Odkąd sięga pamięcią, nie było inaczej.*
> *Dostatkiem obrastał tylko pański grunt,*
> *Rozmyśla – może jeden z tych, co z dna rozpaczy*
> *Odważyli się podnieść twarde słowo: bunt.*

Ale sztuka nie otwierała perspektyw buntu. Wykraczając poza konwencję przedstawiania chłopskiej nędzy, kierowała uwagę na kulturalne i artystyczne wartości ludu. Stanisław Witkiewicz rozwinął całą teorię tych wartości. W sztuce manifestowała się ona jako fascynacja folklorem, szczególnie charakterystyczna na przełomie XIX i XX wieku.

Problematyka społeczna wiązała się w tych czasach znacznie silniej z warstwą robotniczą. Artyści umieli szybko dostrzec formowanie się tej nowej klasy społecznej w Polsce. Twórcą tego spojrzenia był przede wszystkim Stanisław Lentz, autor licznych portretów robotników i scen z ich życia. Gdy obrazy takie jak *W kuźni* (1899) czy *Vierzehntag* (1895) nie wykraczały poza przyjęte konwencje społecznego porządku, to obraz *Strajk* (1910) czynił w nich zasadniczy wyłom. Grupa trzech robotników, zaciskających pięści swych żylastych rąk, szła naprzeciw „dniom zapłaty", ku czasom, w których klasa robotnicza będzie „sędziami". Inny charakter miał portret starszego robotnika – pełen niepokojącej, nieco sceptycznej zadumy nad światem i losem człowieka.

Obraz *Strajk* był wyrazem doświadczeń rewolucyjnych 1905 roku. Wydarzenia te inspirowały literaturę tego czasu, a także i sztukę. Wymownym przykładem był Witold Wojtkiewicz, malarz wizyjnych zjaw, który właśnie wydarzeniom tym poświęcił kilka swych prac, ukazujących robotniczy zryw wiodący do walki, wiece i manifestacje.

Problemy integracji narodu i jego wewnętrznych sprzeczności wystąpiły z nową siłą w dobie I wojny światowej i międzywojennego dwudziestolecia. Odzyskanie państwa własnego stawało się wielkim wezwaniem do mobilizacji wszystkich sił narodu, ale klasowe sprzeczności dzielące społeczeństwo były źródłem walki o nowy kształt tego państwa, o prawdziwy „początek świata pracy". Literatura, w różnym stopniu zaangażowania, służyła tej walce. Także i sztuka. Na progu niepodległości powstała grupa Bunt, a jeden z jej organizatorów, działacz lewicy Stanisław Kubicki przekonywał, iż artyści nie powinni służyć „rozkoszy obywatelskiej" ani czysto estetycznym upodobaniom, ponieważ główna walka epoki „toczy się o Człowieka i Dzień nasz, który nadejdzie". Te wskazania uzupełniał Mieczysław Szczuka z grupy Blok apelem do artystów, aby służyli proletariatowi, który potrzebuje „sztuki nie odświętnej, ale sztuki na co dzień". Nieco później Władysław Strzemiński, Katarzyna Kobro i Henryk Stażewski stworzyli grupę odrębną, grupę a.r. – artyści rewolucyjni. W Krakowie tendencjom podobnym dawali wyraz Jonasz Stern i Henryk Wiciński, w Warszawie grupa komunizujących artystów przyjęła znamienną nazwę – Czapka Frygijska.

Twórczość tej artystycznej lewicy radykalnej była różnorodna. Niektórzy współdziałali w próbach realizacji wizji „szklanych domów", tworząc nowe koncepcje architektoniczne, niektórzy, zwłaszcza dzięki grafice, osiągać pragnęli szerszy wpływ na społeczeństwo, jeszcze inni wiązali nowatorstwo artystyczne z nadzieją na pozyskanie i wychowanie rozbudzonej ku życiu kulturalnemu klasy robotniczej.

Koncepcjom teoretycznym i deklaracjom programowym odpowiadała twórczość. Była ona w Polsce międzywojennej niezwykle bogata i różnorodna. Wymienimy niektóre nazwiska, aby przypomnieć zasięg tej sztuki, demaskującej klasowe sprzeczności i ukazującej wizje czasów przyszłych. A więc Otto Hahn, Stanisław Kramarczyk, Stanisław Osostowicz, twórca *Epopei chłopskiej* i *Manifestacji*, Bolesław Stawiński, twórca *Bezrobotnego* i fryzów *Wieś i miasto w walce rewolucyjnej* oraz *Demonstracji*, Henryk Wiciński, Jonasz Stern, Zygmunt Bobowski – autor głośnego obrazu *Biedaszybikarze*, a także i wielu innych, jak *Od jutra bez pracy* i *Lokaut*, Franciszek Bartoszek, Józef Herman, Kazimierz Gede, Franciszek Parecki, Karol Hiller – twórca *Zagłębia* – i wielu innych. W tych czasach rozpoczynał swą działalność Marek Włodarski (Henryk Streng) malując *Barykady*, *Bunt na pancerniku Potiomkin*, *Robotników czytających gazetę*. Na ten okres przypadają też początki twórczości Bronisława Wojciecha Linkego, namiętne w obronie człowieka pognębionego przez imperialistyczne wojny, drapieżny kapitalizm, niesterowaną społecznie technikę.

Niemal symboliczną wymowę miały dwa obrazy, z których jeden pochodził z pierwszych lat niepodległości, a drugi z okresu schyłkowego. Autorem pierwszego był Mieczysław Szczuka, drugiego Helena Malarewiczówna (Krajewska). Pierwszy nosił tytuł *Chrystus przed polskim sądem polowym*, drugi – *Madonna proletariatu*. Obrazy te, nawiązujące do polskich tradycji wiary w fundamentalne zasady sprawiedliwości, niszczonej przez zły i wrogi świat rzeczywisty i wymagającej dlatego obrony, były apelem do sił rewolucyjnych i ludzi dobrej woli, aby szukać dróg wyjścia z nędzy, cierpienia, samotności, aby tworzyć świat wolny od nienawiści i egoizmu.

W okresie drugiej wojny światowej, w ciężkich czasach okupacji, kształtował się program rewolucyjnych przemian w Polsce, wizja przyszłej Polski Ludowej. Stała się ona rzeczywistością w roku 1945. Gotowość artystów służenia narodowi w tej jego nowej fazie rozwoju dziejowego wyraził Wojciech Weiss w obrazie *Manifest lipcowy*. Grupa robotników idzie w skupieniu pod czerwonym sztandarem, który po raz pierwszy w naszej historii wiódł – na równi ze sztandarem narodowym – ku nowej Polsce, a nie, jak zawsze dotychczas, był sztandarem robotników podejmujących strajk lub uczestniczących w pierwszomajowej manifestacji. Tym symbolem rozpoczynał się nowy okres historii narodu, okres pełnej integracji, likwidującej dziejowe sprzeczności klasowe.

86. Nagrobek Henryka Probusa z kościoła Św. Krzyża we Wrocławiu, po 1300

87. Lament opatowski, płaskorzeźba z nagrobka Krzysztofa Szydłowieckiego w kolegiacie w Opatowie, 1533–36 – fragment

88. Para „płaczków" z nagrobka Władysława Jagiełły w katedrze wawelskiej, 1. poł. XV w. – tarcza z Orłem polskim

89. Para „płaczków" z nagrobka Władysława Jagiełły w katedrze wawelskiej, 1. poł. XV w. – tarcza z Pogonią

91. Rycerze i chłopi – fragment Ołtarza jerozolimskiego z kościoła NPMarii w Gdańsku, 1490–97

92. Taniec śmierci, obraz z kościoła Bernardynów w Krakowie, 2. poł. XVII w.

93. Najem chłopów do pracy w mieście, z: K. J. Haur, Skład albo skarbiec..., Kraków 1693

94. Kazimierz Wojniakowski, Chłopi i świat dworski

95. Jan Piotr Norblin, Widok wsi Puławy, 1800–04

96. Karol Gröll wg Franciszka Smuglewicza, Alegoria Wolności, winieta karty tytułowej diariusza sejmowego z roku 1789

97. Franciszek Smuglewicz, Zatwierdzenie ustawy nadanej włościanom w Pawłowie w roku 1769 przez Pawła Ksawerego Brzostowskiego, 1795

98. Michał Stachowicz, Przysięga Tadeusza Kościuszki na Rynku krakowskim, 1821

99. Jan Piotr Norblin, Wieszanie zdrajców na Rynku Starego Miasta
w Warszawie 9.V.1794 roku

100. Aleksander Orłowski, Bitwa pod Racławicami, ok. 1800

101. Artur Grottger, Chłop polski i szlachta, z cyklu Warszawa, 1861

106. Jan Piotr Norblin, Fragment wsi z zabudowaniami chłopskimi
107. Aleksander Kotsis, Bez dachu, ok. 1870

108. Kazimierz Alchimowicz, Najem robotników, 1893
109. Wandalin Strzałecki, Chłopiec ze skrzypcami, 1874

110. Franciszek Kostrzewski, Obrachunek robocizny, Tygodnik Ilustrowany, 1860

111. Stanisław Lentz, Mówca ludowy, 1906

112. Stanisław Lentz, Strajk, 1910

113. Witold Wojtkiewicz, Manifestacja, z cyklu Rok 1905
114. Witold Wojtkiewicz, Na wiec, z cyklu Rok 1905

115. Stanisław Osostowicz, Epopeja chłopska, 1932

116. Helena Krajewska, Madonna proletariatu, przed 1939

117. Karol Hiller, Zagłębie, 1933

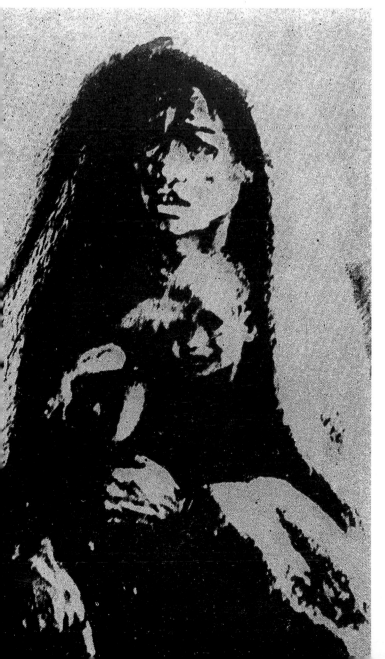

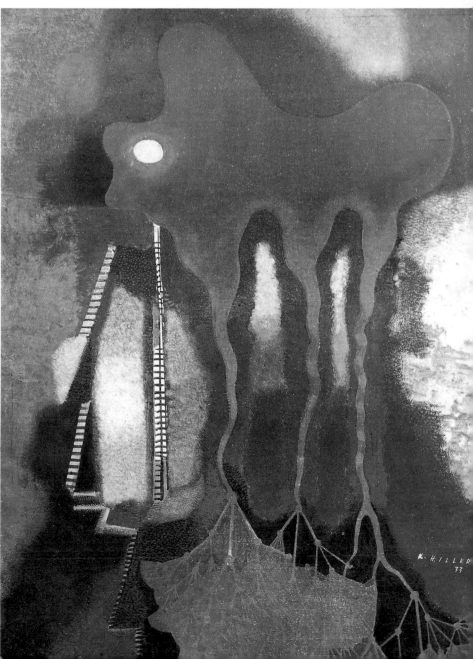

118. Wojciech Weiss, Manifest, 1950

ŚWIADOMOŚĆ
HISTORYCZNA

W rozwoju narodu wielką rolę odgrywa świadomość historyczna. Chroni ona od zapomnienia narodowe tradycje, utrwala poczucie narodowej tożsamości. Świadomość ta miała w Polsce ogromne znaczenie. I nie tylko w okresie niewoli, gdy istnienie narodu w jego odrębności i niezawisłości zależało w wielkiej mierze od jego łączności z przeszłością. Także i w Polsce dawnej znajomość przeszłości – nawet fragmentaryczna lub zmistyfikowana – stanowiła zasadniczy składnik świadomości narodowej i politycznej. Rzeczpospolita była przez „przodków ustanowiona", a ich obyczaje wydawały się godne czci i naśladowania. Literatura piękna i publicystyka polityczna pełne są uwielbienia dla mądrości tych „starych Polaków".

Sztuka współdziałała od najdawniejszych czasów w kształtowaniu świadomości historycznej, w nadawaniu wspomnieniom i informacjom kształtu plastycznego, który miał zasilać trwale narodową wyobraźnię. Te obrazy przechodziły z pokolenia na pokolenie, trwały wbrew wszelkim spustoszeniom, jakie czas nieżyczliwy lub ręka wroga czyniła w pomnikach narodowej przeszłości, a także w tych dawnych dziełach piśmiennictwa i sztuki, w których znajdowała swój wyraz i utrwalała się pamięć o najdawniejszych zdarzeniach historycznych, towarzysząca społeczeństwu polskiemu już od wieków średnich. Dlatego nie łatwo dziś rekonstruować jej narodziny i określić jej zasób. Jednak fakt, iż z wieku XII zachowane są dzieła wielkiej dojrzałości intelektualnej i artystycznej, pozwala sądzić, że historyczna świadomość ważną była dla społeczeństwa polskiego od najdawniejszych czasów.

Te znamienne świadectwa to: pierwsza *Kronika*, napisana przez Galla, i opowieść o życiu i śmierci św. Wojciecha, przedstawiona w brązie monumentalnych *Drzwi Gnieźnieńskich*. Kronika ta, z epoki Bolesława Krzywoustego, przypominała czasy Bolesława Chrobrego, który dzięki relikwiom świętego ugruntował swą władzę królewską, stwarzając metropolię w Gnieźnie, niezależną od niemieckiej organizacji kościelnej. Ta wizja przeszłości, w której ugruntowywała się niezależność i potęga młodego państwa, stawała się źródłem otuchy w trudnych wojennych czasach epoki Krzywoustego, w okresie wznowionych walk o Pomorze i o wzmocnienie kraju. W ten sposób *Drzwi Gnieźnieńskie* kształtowały historyczną świadomość możnych panów, ale i setek prostych ludzi, pielgrzymujących do grobu świętego; grobu, który był równocześnie kolebką Królestwa. I miały one większy zasięg społecznego działania niż żywoty św. Wojciecha, które były pisane i przechowywane w klasztorach, a więc niedostępne szerszym kręgom społeczeństwa.

Wiek XIII wprowadził do świadomości historycznej postać św. Stanisława, zaprezentowaną w żywocie pochodzącym z początku stulecia. Kanonizacja świętego stała się punktem wyjścia innych żywotów, których treść fundowała znamienną legendę proroczą na temat losów państwa. Jak poćwiartowane ciało świętego cudownie się zrosło, podobnie zjednoczyć się miało Królestwo po trudnych czasach rozbicia dzielnicowego. W tym zespalaniu religijnej wiary i narodowych nadziei nie uczestniczyła jeszcze – w tych czasach – sztuka. Artyści podjęli z opóźnieniem temat św. Stanisława, ale za to powracali do niego przez długie dziesięciolecia. Nie tylko w kościołach wielkich miast, jak Wrocław, Poznań czy Kraków, przedstawiano dzieje życia i męczeństwa św. Stanisława. Jego legenda stawała się obecna w małych kościołach Śląska i ziemi krakowskiej, a także w Polsce centralnej i północnej. W Starym Bielsku, w Kobylinie, w Koszycach koło Pińczowa, w Sandomierzu, w Łomży i w wielu innych miejscowościach św. Stanisław zajmował miejsce na ołtarzach i otaczany był kultem. Szczytowym osiągnięciem tej sztuki był *Tryptyk z Pławna* z początku XVI wieku. W tym dziele, nie mającym już charakteru wyłącznie dewocyjnego, wygasał wiekowy spór o winę króla czy zdradę biskupa. Ukazana została dramatyczna dwoistość ludzkiego życia, świeckiego i religijnego, nieuchronny konflikt tego, który ma władzę w państwie i ponosi odpowiedzialność za jego losy, i tego, kto zanosi modły do Boga i przyznaje sobie prawo karania za grzechy.

Procesom wprowadzania przez sztukę do świadomości społecznej legendy św. Stanisława towarzyszyła utrzymująca się wciąż pamięć o św. Wojciechu. Wprawdzie nie uzyskał on już artystycznego hołdu tak wspaniałego, jak *Drzwi Gnieźnieńskie*, ale opowieść o jego życiu i śmierci męczeńskiej powtarzała się w obrazach i rzeźbach licznych kościołów w całej Polsce. I to zarówno w miastach wielkich (Poznaniu, Krakowie, Lublinie, Wrocławiu), jak i w małych osadach i miasteczkach (Żywcu, Tuchowie, Nowym Sączu, Tarnowie, Kielcach, Opatówku, Blizanowie i w wielu innych kościołach). Jedno z tych dzieł, tryptyk z I połowy XV wieku, przechowywany dziś w Muzeum w Tarnowie, a pochodzący zapewne z kościoła w Nowym Sączu, przedstawia w kilku obrazach życie św. Wojciecha i koronację Bolesława Chrobrego u jego grobu. Jest to innymi środkami artystycznymi powtórzona opowieść, jaką dwa wieki wcześniej ukazano u wejścia do gnieźnieńskiej katedry. W ten sposób trwałość religijnej i patriotycznej legendy przezwyciężała czas. Historia jak gdyby zatrzymywała się w miejscu, posłuszna wciąż tym samym wyobrażeniom o powstawaniu i trwałości królestwa, wierna tej samej pamięci.

W wielkim ołtarzu katedry we Fromborku tryptyk, wykonany w Toruniu na zamówienie biskupa Łukasza Watzenrode, wprowadza postacie obu patronów Rzeczypospolitej.

Równocześnie, w ciągu tych kilku wieków, kształtowały się świeckie elementy świadomości historycznej. Działo się to głównie za sprawą historyków i kronikarzy. Wincenty Kadłubek we wstępie do swego dzieła stwierdzał z żalem: ,,Pytam, mój Mateuszu, za czyich czasów, mamy przyjąć, wziął początek nasz ustrój państwowy? My bowiem dzisiejsi jesteśmy i nie masz w nas sędziwej wiedzy dni minionych". Odpowiedź na to pytanie miał dać Kadłubek, ukazując wielkość pierwszych władców Polski; ich ,,dostojność – pisał – chociaż wydaje się okryta pomroką niewiedzy, to świeciła jednak dziwnym blaskiem, którego nawałnice tylu wieków nie mogły zgasić". Podobnie autor *Kroniki wielkopolskiej* zamierzał ,,pokrótce pisać o królach, książętach i władcach całego królestwa polskiego, czyli rozległego państwa Lechitów". Janko z Czarnkowa, sławiąc Kazimierza Wielkiego, tłumaczył, iż rządził on ,,państwem i narodem dzielnie i z pożytkiem, albowiem miłował pokój, prawdę i sprawiedliwość". Wprowadzić do narodowej pamięci dzieje początków i rozwoju państwa, ukazać wielkie i ważne czyny przodków, przedstawić dobro i zło, cnoty i grzechy władców i poddanych – oto były zadania historiografii, gałęzi piśmiennictwa średniowiecznego, które rozwijało się bardzo bujnie w Polsce wieków średnich.

Artyści przez długi czas nie uczestniczyli w tym kształtowaniu świeckiej świadomości historycznej. Oddani całkowicie potrzebom wyobraźni religijnej, niezmiernie rzadko służyli bezpośrednio wyobraźni narodowej. Niemal wyjątkiem jest obrazowa legenda o św. Jadwidze z połowy wieku XIV. Posłużyła ona niemal sto lat później malarzowi wielkiego tryptyku przedstawiającego życie św. Jadwigi – w czterech kwaterach tego tryptyku pokazał nieznany malarz dzieje walki Henryka, syna Jadwigi z Tatarami, a więc samą bitwę, odcięcie głowy księcia, zatknięcie jej na włócznię pod murami Legnicy i uniesienie przez aniołów duszy księcia do nieba. Popularność tej opowieści musiała być znaczna, skoro niedługo później powstała druga, sztalugowa wersja tej legendy.

Epoka renesansu rozszerzyła horyzonty historycznej świadomości poza krąg tych legend patriotyczno-religijnych i kronikarskich dziejów Królestwa. Wielkość jagiellońskiego państwa stawała się źródłem nowego widzenia przeszłości. Ujawniło się ono w dziele Długosza, pierwszego wielkiego historyka państwa i narodu.

Pisał Jan Długosz: ,,Czuję nie małą pociechę z ukończenia wojny pruskiej, odzyskania krajów z dawna od Królestwa Polskiego odpadłych i przyłączenia Prus do Polski. Bolało mnie to bardzo bowiem, że Królestwo Polskie szarpane było dotąd i rozrywane od rozmaitych ludów i narodów. Teraz szczęśliwym mienię siebie i swoich spółczesnych, że oczy nasze oglądają połączenie się krajów ojczystych w jedną całość; a szczęśliwszym byłbym jeszcze, gdybym doczekał odzyskania, za łaską Bożą, zjednoczenia z Polską Śląska, ziemi lubuskiej i słupskiej, w których są trzy biskupstwa, od Bolesława wielkiego króla polskiego, i ojca jego, Mietsława, założone, to jest wrocławskie, lubuskie i kamieńskie". Ta wizja obejmująca całość Królestwa, niezależnie od jego aktualnych granic, uzupełniona była przeświadczeniem Długosza, iż dziejopis ogarniać powinien losy całego narodu, to znaczy wszystkich jego warstw. I tak właśnie przedstawiał Długosz charakterystykę szlachty i chłopów, charakterystykę narodu.

Otwierały się szeroko perspektywy rozbudowy świadomości narodowej przez coraz bardziej rozległe powiązanie jej z historią. W tych wymiarach budowali wizję przeszłości Rzeczypospolitej liczni historycy XVI wieku, a także humanistyczni poeci, jak Jan z Wiślicy, autor poematu o bitwie pod Grunwaldem, i Klemens Janicki. Do historycznych tematów sięgał również Jan Kochanowski. Sztuka nie dorównywała kroku uczonym i poetom. Ale o tym, iż istniało społeczne zapotrzebowanie nie tylko na wiedzę o przeszłości narodowej, ale także i na jej obraz, przybliżający ją do współczesności, świadczyła ilustracja książkowa. Dzieła polskich historyków, od *Kroniki* Miechowi- 112 ty poczynając, były zdobione imaginacyjnymi portretami królów i schematycznymi obrazami dziejowych zdarzeń: sądów królewskich i obrad sejmowych, poselstw i hołdów, bitew i wypraw rycerskich. Także i w innej literaturze – prawniczej, politycznej – znajdowały się drzeworyty różnorakiej treści.

Podobnie układały się sprawy w wieku XVII. Gdy historycy i poeci stwarzali wizje przeszłości ojczystej – dalszej i bliższej – a zwłaszcza obrazy rycerskiej epopei Polaków, to malarze współdziałali w tej edukacji narodowej wyobraźni w bardzo ograniczonych rozmiarach. Podejmowali nadal tradycyjną tematykę świętych patronów kraju – Tomasz Dolabella malował sceny z życia św. Stanisława i św. Wojciecha, Albert Nozeni przedstawił śmierć św. Wojciecha – albo ulegając wymaganiom mecenatu dworskiego i magnackiego kierowali swe zainteresowania ku tematyce batalistycznej. Była ona związana częściej ze współczesnością niż z przeszłością, zwłaszcza dawniejszą – miała charakter bardziej panegiryczny niż ogólnonarodowy. Jednak opinia publiczna magnatów, a zwłaszcza drobniejszej szlachty, rozmiłowanej w tradycjonalizmie i w kulcie przodków, domagała się coraz wyraźniej wielkiego obrazu polskich dziejów, który by wykraczał poza konwencję portretu służącego chwale rodowej. W tych warunkach powstawały obrazy batalistyczne i historyczne, stanowiące wyposażenie wielkich sal w zamkach i pałacach. Znaczenie owego malarstwa ujawniało się i w tym, iż wprowadzano je także jako uzupełnienie kościelnych nagrobków – tak np. *Bitwa pod Chocimiem* dodawała chwały Branickim, spoczywającym w kościele św. Piotra i Pawła w Krakowie – oraz jako dekorację kościołów i klasztorów. W opatowskiej kolegiacie wykonano w pierwszej połowie wieku XVIII, na ścianach prezbiterium i transeptu, cały cykl obrazów przedstawiających polskie dzieje militarne, wielkie bitwy od Legnicy i Grunwaldu aż po odsiecz Wiednia.

Na nowe drogi w kształtowaniu narodowej wyobraźni wstąpiła sztuka polska w dobie oświecenia. Ważny krok w tej dziedzinie uczynili malarze obcego pochodzenia, którzy stali się Polakami z wyboru – Jan Piotr Norblin, a zwłaszcza Marceli Bacciarelli. Norblin rozpoczął swą działalność w Polsce od obrazu przedstawiającego *Wybór Piasta na króla* i od ilustrowania *Myszeidy* Ignacego Krasickiego; nieco później zajął się bitwą pod Zborowem i oblężeniem Chocimia. Ale głównie pociągała go współczesność. Stał się czujnym kronikarzem obrad sejmowych, wiodących do uchwalenia Konstytucji 3 maja, a zwłaszcza wiernym sprawozdawcą wydarzeń Insurekcji Kościuszkowskiej w mieście i na polach walk. Bacciarelli ozdabiał salę rycerską Zamku Królewskiego obrazami historycznymi, których tematykę wyznaczał sam król. Były to obrazy przedstawiające wielkość Polski, świetność jej kultury, sprawiedliwość jej królów, męstwo rycerzy, a więc: *Kazimierz Wielki przyjmujący skargi chłopów i zlecający odbudowę miast, Władysław Jagiełło zakładający Akademię Krakowską, Hołd pruski, Zygmunt August, Unia lubelska, Pokój chocimski* i *Oswobodzenie Wiednia*. Była to wielka tematyka narodowej wyobraźni, która ostawała się odtąd przez cały wiek XIX, podejmowana wielokrotnie przez różnych malarzy, a zwłaszcza przez Matejkę.

Gdy obrazy Bacciarellego pozostawały zamknięte w murach królewskiego zamku, magnat Prot Potocki namówił Franciszka Smuglewicza, aby opracował ogromny cykl „historycznych kopersztychów". Miała ich być cała setka i to powszechnie dostępnych w szerokiej prenumeracie. Plan nie został zrealizowany – wykonano zaledwie dziewięć rycin, poświęconych pierwszym Piastom. Po raz drugi – już po upadku państwa – powrócił Smuglewicz do idei wielkich serii historycznych i opracowywał dla różnych rodzin magnackich różne serie, obejmujące wydarzenia Polski piastowskiej i jagiellońskiej, wielkie czyny królewskie i rycerskie, odwagę kobiet.

W ten sposób wola króla, zainteresowania możnych familii, patriotyczne uczucia szerokiego ogółu stawały się źródłem sztuki wielkiego przypomnienia i wielkiej nadziei, rekonstruującej po raz pierwszy na taką skalę przeszłość, zasilającej narodową wyobraźnię obrazami wielkich wydarzeń i wielkich ludzi, ukazującej etapy historycznego rozwoju, zwłaszcza te, do których powracano w hołdzie.

Upadek państwa stał się początkiem nowej epoki w rozwoju historycznej świadomości. Dwa nowe jej nurty powstały zaraz na samym początku okresu niewoli: apoteoza dawnych dziejów, budząca otuchę, i samooskarżenia, prowadzące w dramatycznych rachunkach sumienia narodowego ku nowym koncepcjom odrodzenia. Najczęściej przeciwstawne, niekiedy wzajemnie splecione wypełniały cały ten okres. Pisał zaraz w pierwszych dniach niewoli Józef Morelowski w *Trenach na rozbiór Polski*:

> Dzieje polskie! Uczonych praco mężów droga!
> Miła ma wprzód zabawo! Dziś męczarnio sroga!
> [...] Mogęż was, zgasły Polak, zwać dziejami memi,
> Gdy Polski, gdy Polaków nie ma w polskiej ziemi?

I samo wspomnienie dawnej wielkości:

> srogim serce żalem ściska,
> Oddech w piersiach tamuje. Wzrok ćmi się, twarz zbladła,
> Księga mi dziejów polskich, z zimnych rąk wypadła.

Ten motyw księgi dziejów ojczystych, porzuconej w żalu i gniewie, towarzyszyć będzie społeczeństwu odtąd przez cały okres niewoli: powtórzy go w połowie wieku Narcyza Żmichowska, a następnie Artur Górski.

Skargi poety uzupełniał Tadeusz Czacki sądem historyka. ,,Upadają państwa – pisał – przez niedostatek rządu, winę rządzących, słabość obrony, zniewagę praw''. Ten sąd powtórzą wielokrotnie historycy polscy drugiej połowy wieku XIX i stanie się on punktem wyjścia twórczości Matejki – malarza wielkości i win narodowych.

W przeciwieństwie do tego nurtu, ale w tym samym roku, co Morelowski, pisał Adam Jerzy Czartoryski w *Bardzie polskim* o Polsce, że ,,dziś, nieszczęśliwa, o miłość i pieśń synów z grobu się odzywa''. I chociaż rzeczywistość jest okrutna, poeta powinien ukazać szlachetność Polski, a jego programem poetyckim powinna być zasada:

> Niech raz jeszcze wolności wzruszy nas wspomnienie
> I ostatnich Polaków wywołajmy cienie.

Jan Paweł Woronicz stwierdzał zaś z pełną jasnością: ,,Któryż lud pod słońcem w swojej ojczyźnie zapamiętalej rozkochał? Który więcej ofiar i całkowitego dla niej poświęcenia się okazał? Który najszlachetniejsze zawody swoje po tyle razy sowiciej opłacił? Oddajmy bez chluby tę sprawiedliwość plemieniowi naszemu, którego potomność dosyć i wysławić nie zdołają; a raczej prawdę powiedzmy, że wszystkie przygody i nieszczęścia ojczyzny naszej nigdy nie były winą ogółu narodowego, tej ogromnej pierworodnej i cały lud obejmującej familii, ale albo zdradą i przemocą obcą, albo słabością i niedołęstwem tych, którym kierunek ogólnej woli narodowej był powierzony''. Na tej drodze znajdą się już rychło poeci, jak Brodziński, a następnie pisarze i filozofowie emigracyjni.

Ideom tym Woronicz postanowił dać wyraz artystyczny i wraz z Michałem Stachowiczem zaprojektował obrazy do wielkiej sali dziejów ojczystych w pałacu biskupim w Krakowie. Część pierwsza tej ekspozycji obejmowała ,,obecne pamięci żyjących zdarzenia'' – od końca panowania Stanisława Augusta do Królestwa Kongresowego; pokazano tu m.in. Powstanie Kościuszkowskie, dzieje legionów, wojnę w Hiszpanii i bitwę pod Somosierrą, walki pod Raszynem. Część druga poświęcona była bajecznym dziejom Polski oraz historii monarchii Piastów i Jagiellonów. Niestety, pożar w roku 1850 zniszczył pałac i jego malowidła. Podobne inicjatywy przejawiało warszawskie Towarzystwo Przyjaciół Nauk. Jego staraniem wydano w latach 1822–1827 wielką tekę sztychów, wykonanych przez Fryderyka Dietricha, *Monumenta Cracoviensia Regum Poloniae*.

Wreszcie Józef Peszka, uczeń Smuglewicza, próbował dopełnić rozpoczęte i nie zakończone cykle historyczne; przygotował kilkadziesiąt rysunków, obejmujących dzieje Polski od Mieszka aż po Księstwo Warszawskie i Królestwo Kongresowe, historię ,,wielką'' i ,,małą'', dzieje wojen i dzieje kultury, wzory patriotyzmu. Klementyna z Tańskich Hoffmanowa oglądając tę kolekcję u autora w roku 1827 marzyła, by mogła ona ilustrować historię Polski napisaną dla młodzieży, zwłaszcza że malarz starał się szczególnie o przedstawianie scen budujących i siłę swego pędzla dopełniał literackim komentarzem.

Idea obrazowego podręcznika historii została zrealizowana w innej postaci przez *Śpiewy historyczne* Juliana Ursyna Niemcewicza wydane z nutami i rycinami w roku 1816. Zyskały one ogromną poczytność – rozeszły się trzy nakłady, czytano je i śpiewano w tysiącach polskich domów przez całe dziesięciolecia. Był to prawdziwy psałterz narodowy.

Klęska Powstania Listopadowego, będąca w świadomości Polaków ostatecznym upadkiem państwa i kresem nawet pozornej jego niezależności, stała się – zwłaszcza na emigracji – źródłem ogromnego wzmocnienia potrzeby tradycji. Cała Polska dawna stawała się serdecznie bliska i potrzebna. Wielkie wydarzenia dziejowe, wielcy ludzie, rodzime obyczaje stawały się tematem obrazów, rysunków, sztychów. Wydawano dziesiątki tek i albumów. Ilustrowano stare pamiętniki, powieści, poezję. Działali malarze i graficy – Antoni Oleszczyński, Wincenty Smokowski, Jan Lewicki, Aleksander Lesser, January Suchodolski, Wojciech Gerson, Juliusz Kossak – ale także i liczne grono amatorów, świadczące o szczególnym powiązaniu potrzeb patriotycznych z pasją plastycznego widzenia tradycji narodowych.

Na tej linii znalazły się Anczyca *Dzieje Polski w 24 obrazkach dla użytku braci włościjan* wydane po raz pierwszy w roku Powstania Styczniowego. Wielokrotnie później wznawiane przekroczyły krąg „braci włościan”, dla których były pisane. Stały się książką, z której dziejów ojczystych uczyły się całe pokolenia młodzieży – z tekstu tej prostej opowieści historycznej, ukazującej wielkość i upadek kraju, oraz z równie prostych obrazków, ostających się na całe lata w wyobraźni czytelników. Poziom artystyczny obrazów historycznych, a zwłaszcza ilustracji książek od *Śpiewów historycznych* aż po *Dzieje Polski* nie był wysoki. Warto pamiętać, iż *Śpiewy* ilustrowały głównie „damy z towarzystwa”, a współpracownik Anczyca pozostał nieznany. Ta „mała” sztuka – esteci powiedzieliby chętnie, iż należała ona w znacznej części do historycznego kiczu – stawała się własnością społeczną w znacznie szerszym zasięgu niż monumentalne i wartościowe obrazy, zdobiące królewskie i magnackie rezydencje, niedostępne dla ogółu. Właśnie te nieporadne ryciny wprowadziły do wyobraźni narodu obraz aniołów nawiedzających Piasta, wykupienia zwłok św. Wojciecha, obraz Bolesława Chrobrego uderzającego mieczem w bramę kijowską, Bolesława Śmiałego zabijającego biskupa Stanisława, obraz rządów Kazimierza Wielkiego, obraz śmierci Władysława Warneńczyka, bitwy pod Grunwaldem, hołdu pruskiego, Augusta wiernego Barbarze, obraz śmierci Żółkiewskiego pod Cecorą, obrony Częstochowy, zwycięstwa pod Somosierrą, śmierci księcia Józefa Poniatowskiego w Elsterze i wiele innych. Tak wzbogacana wyobraźnia narodowa stawała się czynnikiem umacniania narodowej tożsamości i jednym ze źródeł siły. Spełniała się w ten sposób diagnoza Joachima Lelewela, iż „naród, który stracił byt i swego odrodzenia szuka, przez przypomnienie przeszłości, którą wskrzesić pragnie, nabywa sił”.

Tego zdania byli jednak nie tylko historycy, powołani z racji samego zawodu do służenia zadaniom patriotycznego wychowania. Tak myśleli także działacze społeczni, organizujący gospodarcze siły polskiego społeczeństwa, twórcy ideologii pracy organicznej. Oto Karol Marcinkowski apelował do Piotra Michałowskiego o obrazy batalistyczne „przypominające najpiękniejsze chwile narodowego powstania, w ogólności coś takiego, przez co nieznacznie iskra wyższości narodowego ducha przebija”. A Michałowski stwierdzał, iż „nic przyjemniejszego, jak takiemu wezwaniu czynić zadość”. I rzeczywiście to czynił. Powstawała wielka seria hetmanów, którą w marzeniach lokował w salach odnowionego Wawelu, liczne studia rycerzy, ułanów, kirasjerów, krakusów, ataków konnicy i artylerii, przeprawiającej się przez rzekę. Powstawały fragmenty zamierzonego cyklu piastowskiego jak *Wjazd Chrobrego do Kijowa* i inne, nie wykończone; ale przede wszystkim rodziła się artystyczna dokumentacja wielkiej epopei napoleońskiej z romantycznymi obrazami Napoleona na koniu spiętym do skoku w Historię i obrazami ataku na wąwóz Somosierry, malowanymi i szkicowanymi kilkakrotnie i w różnych czasach. Ta wspaniała wizja polskiego bohaterstwa – chociaż niektórzy sądzili, iż było to polskie szaleństwo – stała się odtąd świadectwem siły narodowego charakteru, którego nieugięta wola zdolna jest pokonać wszelką obronę wroga i wszystkie przeciwności natury z nim sprzymierzone i przejść przez burze historii i burze przyrody ku zwycięstwu.

Michałowski zamykał dwie epoki polskiego malarstwa próbującego w świadomości narodu ocalić jego przeszłość: malarstwa doby oświecenia, które zgodnie z ideami epoki ukazywało „surową i poważną starożytność”, i malarstwa epoki romantycznej, które przeciwstawione praktyce „rysowania martwym okiem” sięgało w głąb przeżyć indywidualnych i narodowych w nastrojach sentymentu i heroizmu.

115 Po upadku Powstania Styczniowego zaczynała się epoka trzecia. Stanowiła ją twórczość Jana

Matejki. Wierność wobec przeszłości odsłaniająca jej sens i sąd nad nią były jej zasadami. Mówił Matejko: „Być może, jest to nawet z pewnością, że obraz może przedstawiać tylko jedną materialną chwilę jakiejś sprawy, ale powinien tę tak pojąć i przedstawić, żeby ona wyrażała całość dziejowego wypadku, ze wszystkimi duchowymi czynnikami i pierwiastkami, jakie się na ten wypadek składały [...] Wtedy dopiero obraz historyczny będzie prawdziwie samodzielnie stworzonym – nie niewolniczą ilustracją do kroniki, ale skupieniem i odtworzeniem samodzielnym tego, co w kronikach jest rozproszone, rozrzucone, a co do całości faktu należy. Wtedy malarz będzie artystycznym dziejopisem, sędzią niejako i faktu samego i wszystkich działających w nim sił i pierwiastków". Zgodnie z tym programem Matejko obdarzał społeczeństwo polskie przez trzydzieści lat owocami swej niestrudzonej pracowitości, tworząc syntezę polskich dziejów, ukazywanych w ich wielkości i stawianych przed sądem potomnych.

Było znamienne, iż twórczość ta niemal się zaczynała od obrazu przedstawiającego *Stańczyka* (1863) w gorzkiej zadumie nad losami państwa i przedstawienia Piotra Skargi (*Kazanie Skargi*, 1864) gromiącego tych, którzy są winni „nieżyczliwości ludzkiej ku Rzeczypospolitej" i przejawiają „chciwość domowego łakomstwa", tych, którzy powołani do rządów krajem, pozwalają na „niekarność grzechów jawnych". Sądem nad przeszłością szlachecką i magnacką był także *Rejtan na sejmie warszawskim* – kolejne wielkie dzieło Matejki (1866).

Po tych obrazach „sądu" następowała faza pojednania: *Unia lubelska*, wystawiona w jej trzechsetną rocznicę (1869), *Batory pod Pskowem*, *Kopernik* (1872), *Zawieszenie dzwonu Zygmunta* (1875 i przede wszystkim *Bitwa pod Grunwaldem* (1878) – eksponowana w wielu stolicach Europy i będąca w Polsce źródłem nieustających manifestacji patriotycznych. W rok później Matejko wystawia *Bitwę pod Warną*, a w roku 1882 *Hołd pruski*. W roku następnym Matejko składa papieżowi, jako dar, obraz *Sobieski pod Wiedniem*. W 1888 roku kończy wielkie płótno *Kościuszko pod Racławicami*, które – podobnie jak *Bitwa pod Grunwaldem* – staje się źródłem narodowych manifestacji. Obraz zostaje zaprezentowany w Wiedniu i Paryżu. W roku 1889 kończy prace nad *Dziejami cywilizacji w Polsce*. *Konstytucja 3 maja 1791 r.*, ofiarowana Sejmowi galicyjskiemu w 1892 roku, miała zdobić salę sejmową zamku warszawskiego w odrodzonej Polsce. Tak narodowa historia stawała się narodową przyszłością, a wizja dziejów minionych służyła nadziejom jutra.

Popularność Matejki w społeczeństwie była ogromna. Wystawienie każdego nowego obrazu stawało się wydarzeniem narodowym. Głosy krytyków formułujących zastrzeżenia dotyczące ideowej wymowy niektórych płócien lub poddających niezbyt życzliwej analizie ich walory artystyczne ginęły w fali powszechnego entuzjazmu społeczeństwa odnajdującego swą przeszłość. Znaczenie Matejki wykraczało poza krąg miejskiej inteligencji. Działacz ludowy Jakub Bojko notował w swoim pamiętniku: „Kiedy zrobiono odbitkę sławnego obrazu Matejki *Kościuszko pod Racławicami*, pewien proboszcz sprowadził 50 sztuk, a jeden z tych obrazków zawiesił na bramie kościoła, objaśniając jego znaczenie, to w lot ludzie rozchwytali".

Znaczenie Matejki nie tylko polegało na tym, że jego twórczość ukazywała wielkość Polski dawnej. Ale i na tym, iż poruszała narodowe sumienie. Stańczyk, któremu malarz nadawał cechy autoportretu, widział ostrzej niż ci, którzy Polską rządzili, jej słabości, i to nawet wówczas, gdy – jak podczas hołdu pruskiego – wielkość i świetność Rzeczypospolitej wydawały się niezachwiane. Stańczyk stawał się symbolem krytycznej narodowej samowiedzy. To tak właśnie widział go Leon Wyczółkowski w obrazie z roku 1898, przedstawiając rozpacz i żal królewskiego błazna siedzącego nad zejściem do grobu, przed którym szereg postaci dawnej Polski, niby kukiełki bezwolne, oczekiwało spełnienia swego losu. I w podobnym nastroju patriotyzmu i szyderstwa wprowadzał go Stanisław Wyspiański na scenę w *Weselu* i kazał mu mówić te słynne, matejkowskie słowa:

> *Byś serce moje rozkroił,*
> *nic w nim nie znajdziesz inszego*
> *jako te niepokoje:*
> *sromota, sromota, wstyd,*
> *palący wstyd,*
> *jakoweś Fata nas pędzą*
> *w przepaść*

Matejko jako malarz historyczny nie był osamotniony. Liczna grupa malarzy towarzyszyła mu w pracach nad przywołaniem do życia polskiej przeszłości narodowej, przedstawieniem swoistych polskich tradycji, zobrazowaniem polskich obyczajów i zwyczajów. W tym duchu malowali Wojciech Gerson, Kazimierz Alchimowicz, Juliusz i Wojciech Kossakowie, Józef Brandt, Maksymilian Gierymski i wielu innych. O tym, jak bardzo tematyka historyczna fascynowała malarzy, świadczyć może przykład Józefa Chełmońskiego, który zdradzając swe pasje krajobrazowe, stworzył wielkie obrazy przedstawiające bitwę pod Racławicami i walki Pułaskiego pod Częstochową.

Zasięg i znaczenie malarstwa historycznego i batalistycznego w społeczeństwie były duże. Zwłaszcza iż niektórzy twórcy występowali też jako ilustratorzy czasopism, czytywanych masowo przez ludzi starszych i młodzież. Rola ich wówczas nie była ograniczona ciasnymi murami okolicznościowych wystaw.

O znaczeniu Juliusza Kossaka pisał Stanisław Witkiewicz: „To pokolenie, do którego ja należę, przeżyło całe dzieciństwo pod wrażeniem jego rysunków. Od pierwszych kartek *Przyjaciela dzieci* do później widzianych ilustracji w *Tygodniku Ilustrowanym* wszystko budziło naszą wyobraźnię, uczyło, rozwijało, pobudzało do czynu".

Mimo iż sztukę wierną polskiej historii i będącą zarazem głosem narodowego sumienia tworzyli przez dwa ostatnie wieki artyści różnego talentu i różnej orientacji ideowej i artystycznej, sztuka ta akcentowała nieodmiennie te same tematy i te same wartości polskiej historii. W niezliczonych wariantach powracały wielkie bitwy – zwycięstwa, ale i klęski – walki z Tatarami, Grunwald, Orsza i Smoleńsk, Chocim i Wiedeń, Racławice; powracały dzieje Piastów, zwłaszcza zwycięstwa Bolesława Chrobrego, mądrość i sprawiedliwość Kazimierza Wielkiego, ale także i tolerancja Zygmunta Augusta, siła oręża Batorego i Jana Sobieskiego. Malowano chętnie Unię lubelską i Konstytucję 3 maja. Walki o niepodległość skupiały się na postaciach wodzów – Tadeusza Kościuszki i Józefa Poniatowskiego, obecnych dzięki sztuce niemal w każdym polskim domu. Fascynowała także malarzy polska kultura: Kraków i Wawel, Uniwersytet Jagielloński, wiek złoty, odrodzenie stanisławowskie.

Na przełomie XIX i XX wieku bardzo wzrosła intensywność przeżyć łączących teraźniejszość z przeszłością. Wielkie ogólnonarodowe obchody historycznych rocznic mobilizowały pisarzy, poetów, artystów. Obchodzono więc setną rocznicę Konstytucji 3 maja (1891) oraz Powstania Kościuszkowskiego i bitwy pod Racławicami (1894), rocznicę urodzin Słowackiego (1909) i Krasińskiego (1912), wielkim świętem narodowym było sprowadzenie prochów Mickiewicza na Wawel (1890). W roku 1910 obchodzono pięćsetną rocznicę zwycięstwa pod Grunwaldem.

Sztuka uczestniczyła w tych manifestacjach narodowej pamięci. W roku 1894 ofiarowano społeczeństwu wielką panoramę bitwy pod Racławicami – jej inicjatorem i jednym z wykonawców był Jan Styka – lekceważoną przez historyków sztuki, ale witaną entuzjastycznie przez całe masy Polaków, pielgrzymujących do Lwowa, by ją oglądać. W Krakowie, Lwowie i w Warszawie wznoszono pomniki Adama Mickiewicza. Konkurs na pomnik w Krakowie miał przebieg dramatyczny, odsłonięcie pomnika w Warszawie musiało dokonywać się w całkowitym milczeniu tłumów, które przybyły na tę uroczystość, aby złożyć hołd poecie. Kazimierz Wiwulski stworzył w Krakowie pomnik grunwaldzki fundowany przez Ignacego Paderewskiego.

Kraków był głównym ośrodkiem tej sztuki tworzącej plastyczną wizję narodowej historii. Twórczość Wyspiańskiego – poety, malarza, człowieka teatru – była wielką manifestacją ducha narodu idącego przez dzieje od prasłowiańskiego „dworca wawelskiego" aż po sny dręczące współczesnych, po historyczne zjawy weselne. Przekładając na język poetycki obrazy pierwszych jego gospodarzy – Kraka, Wandy i Piastów – inspirował raz jeszcze wyobraźnię malarską, zwłaszcza scenograficzną, własną i cudzą.

Oto obraz z *Legendy:*

> *Przed mnogim wiekiem na tej górze,*
> *przed mnogim, mnogim wiekiem*
> *Król mieszkał, starzec, zbrojny wój,*
> *co nosił prosty chłopski strój*
> *i na sękatym wspierał się kosturze.*

A przedstawiając losy Wandy żegnał ją nadzieją:

> Żegnaj królowo dawnych wieków,
> hej dawnych lat wesele
> bywajcie bory czarnych smreków
> królewscy przyjaciele!
> Tej dawnej wiary trza nam leków,
> w prastarych puszcz kościele.

Równocześnie jednak Wyspiański, bardziej niż ktokolwiek inny, przeżywał tragiczną dwoistość historii ciążącej nad narodem. Pisał z goryczą, iż

> Naród mój tak się we swą przeszłość weśnił,
> schodził we wszystkie grobowe piwnice,
> mniemając, że go to do życia wiodło,
> że brał te trupie piszczele za godło.

I wielbiąc przeszłość żywą podejmował równocześnie walkę z tym grobowym czarem wawelskich podziemi, do których wejścia miał wzbronić narodowi nowy Konrad. Wawel stawał się w twórczości Wyspiańskiego główną sceną narodowego życia, minionego i teraźniejszego. To z Wawelu miał się odezwać głos dzwonu Zygmunta, wołającego:

> Dziejów księgo
> rozewrzyj karty nad narodem,
> Narodzie, wróżę, zmartwychwstaniesz!

I Polska cała miała na Wawelu, przemienionym w polski Akropol, witać Apolla w dzień Wielkiej Nocy z radością tak,

> Jakby już szczęście swoje miała
> po wiekach, hej po latach
> i klęsk i krzywdy zapomniała
> przy dzwonach swoich swatach.

Ten Wawel, grobowy i triumfujący, ukazywany przez Wyspiańskiego w szkicach projektów przebudowy całego wzgórza, był także tematem dla wielu malarzy, zwłaszcza dla Leona Wyczółkowskiego, który powracał wielokrotnie do studiów nad zamkiem i katedrą, nad grobowcami królów. W ten sposób Wawel, stworzony przed wiekami przez artystów, stawał się przedmiotem artystycznego widzenia i artystycznych wizji, inspirujących pokolenia żywe. Była to sztuka rodząca się ze sztuki, sztuka „potęgi drugiej".

Było zrozumiałe, iż w tych warunkach Wacław Szymanowski zamierzał właśnie na Wawel wprowadzić długi orszak postaci polskiej historii – wielką wizję rzeźbiarza stworzoną w przededniu światowej wojny (1912). O tym dziele pisał Jacek Malczewski: „Pochód Szymanowskiego, jako ujęcie ducha polskiego, rytmu polskiego i dramatyczności, jaka leży w naszej historii, jest arcydziełem i powinien stanąć na Wawelu [...] Zjawia się wśród nas człowiek, co poważył się ducha Polski wznieść na poziom konstrukcji piękna plastycznego, co to piękno uczynił zrozumiałym w ogóle dla ludzkości całej". Ta ocena Malczewskiego przeciwstawiała się tym, którzy krytykowali Pochód na Wawel za jego charakter „literacki", opowiadający historię. Wyrażała odczucia społeczne.

Charakterystyczną repliką Warszawy na to krakowskie uroczysko historii był niezrealizowany projekt Oskara Sosnowskiego, noszący tytuł Archiwum Aspiracji Niepodległościowych Narodu Polskiego (1912). Potężna bryła przypominała surowe, wczesnoromańskie, obronne kościoły, a ogromna wieża centralna i dziesięć wież bocznych, zakończonych jak gdyby piórami organów, wznosiło ku niebu głos wolności.

Wszystkie te dzieła tak różnych twórców sprawiały, że gdy nadciągająca wojna światowa miała dopiero przynieść Polsce wolność i niepodległość, zdobytą i umocnioną rękami Polaków, sztuka polska zdobyła ją już zawczasu w wyobraźni narodu i wbrew realnym warunkom politycznego bytu. W trójkącie wielkich symboli – Wawel, Grunwald, Racławice – zamykała się świadomość tego, co było, i źródła polskich nadziei.

Odzyskanie niepodległości zmieniło klimat uczuciowy wspólnoty z przeszłością narodową. Ucichały dawne spory i niepokój sumienia. Schodził ze sceny Stańczyk pełen niepokoju i goryczy. Naród uwolniony szukał swej wielkiej tożsamości dziejowej. Xawery Dunikowski zaprojektował już w roku 1917 monumentalny grobowiec Bolesława Śmiałego.

W tym samym okresie kończył Tadeusz Pruszkowski symboliczny obraz *Śpiący rycerze* i malował – w roku 1918 – obraz *Piastuny*, przedstawiający trzech słowiańskich rycerzy idących przez knieje. Był on inicjatorem Bractwa św. Łukasza, które do swego programu artystycznego włączało malarstwo historyczne, ponieważ pozwalało ono na porozumienie sztuki i społeczeństwa w szerokim zasięgu. Jan Zamoyski wraz z Bolesławem Cybisem stworzyli ogromny fresk – dla Wojskowego Instytutu Geograficznego – przedstawiający Chrobrego, który wyznacza granice państwa.

Do epoki Piastów i czasów wcześniejszych nawiązała w inny sposób Zofia Stryjeńska w nastrojach radości i tańca. Ku czasom bliższym skierował uwagę Felicjan Szczęsny Kowarski, malując zbiorowy portret członków Rządu Narodowego z okresu Powstania Styczniowego. Czesław Wdowiszewski powracał raz jeszcze do pielgrzymki Ottona do Gniezna, Michał Bylina malował *Żółkiewskiego triumfującego*, a *Żółkiewskiego pod Cecorą* malował Wacław Boratyński. Należał on do Szczepu Rogate Serce, założonego przez Stanisława Szukalskiego, który w swoisty sposób rekonstruował polską tradycję czasów lechickich i piastowskich. Znamiennym osiągnięciem malarstwa historyczne-go był cykl siedmiu wielkich kompozycji, przeznaczonych dla pawilonu polskiego na Wystawie Światowej w Nowym Jorku. Jedenastu malarzy – wśród nich Cybis, Frydrysiak, Pruszkowski, Zamoyski – stworzyło dzieje Polski w obrazach, od czasów Bolesława Chrobrego po Konstytucję 3 maja.

Polska Ludowa skierowała na nowe drogi historyczną świadomość narodu. Społeczeństwo polskie dokonywało nowego obrachunku z przeszłością najbliższą i ze szczególnym hołdem zwracało się do tych wszystkich patriotów-rewolucjonistów, którzy w trudnych warunkach budowali tę nową drogę. Większości nie było już wśród żywych, ale grupa weteranów ruchu rewolucyjnego była jeszcze w latach czterdziestych dość liczna. Artyści sięgali więc po tematy z pierwszego okresu ruchu robotniczego, przedstawiając działalność Waryńskiego w Warszawie i Krakowie, pierwsze strajki w Zagłębiu i w Łodzi; walki robotników na ulicach miast w roku 1905, a także losy ruchu robotniczego i rewolucyjnego w okresie międzywojennym. To ukazywanie drogi do Polski Ludowej służyło tym samym prawdom narodowym, którym służyła poezja lat powojennych. Nikt lepiej od Leopolda Staffa nie wyraził tych prawd. Oto wiersz rachunku sumienia i nadziei:

> *Bić pięścią w własną pierś, jak w dzwon spiżowy,*
> *Aby nabrzmiała straszliwymi słowy:*
> *Ucisk, niewola, tyrania, więzienie!*
> *Aż buchnie z bladych ust pieśń, jak krwi rzeka,*
> *Niby chorągiew, co krzyczy w przestrzenie:*
> *Wolność człowieka i miłość człowieka!*

Równocześnie Polska Ludowa skierowała świadomość historyczną i ku czasom dawniejszym. Głębokie przemiany społeczne i nowe granice kraju stały się źródłem nowego widzenia odległej przeszłości. Rozróżniano tradycje postępowe i wsteczne, rekonstruowano tradycje królestwa Piastów ze szczególnym uwzględnieniem Śląska i Pomorza, odkrywano plebejskie i ludowe, a następnie robotnicze tradycje polskich dziejów nowszych, a także ich narodowo-wyzwoleńczych i rewolucyjnych nurtów. W szerokim zakresie służyła tym potrzebom nauka historyczna – zwłaszcza w zakresie badań nad początkami państwa polskiego, a następnie w ramach wielkiego programu Tysiąclecia Państwa. Podobnie literatura piękna współdziałała w kształtowaniu nowych więzi z tradycją.

Sztuka współdziałała w mniejszym stopniu. Felicjan Szczęsny Kowarski stworzył wielki, zbiorowy portret *Proletariatczyków*, a grupa sopockich malarzy – Krystyna Łada-Studnicka, Teresa Pągow-ska, Juliusz Studnicki, Stanisław Teisseyre, Józefa Wnukowa, Hanna Żuławska i Jacek Żuławski – stworzyła zbiorowymi siłami – co było niezwykłym wydarzeniem artystycznym – kompozycję *Pierwszomajowa manifestacja z roku 1905.*

Gdy artystyczna twórczość oryginalna rozwijała się raczej na innych drogach niż te, które były

wyznaczane przez przemiany historycznej świadomości, to ogromne tereny działań otwierały się dla twórczej pracy rekonstruującej dawne zabytki. Nigdy dotychczas w dziejach Polski nie podejmowano na taką skalę zabezpieczenia, naprawy, odbudowy nieraz od fundamentów dawnego piękna budowli kościelnych i świeckich, pałaców i zamków, dworów i szkół, a także całych kompleksów miejskich i całych miast. I na obliczu architektonicznym Polski Ludowej, Polski fabryk i bloków mieszkalnych, wielkich linii komunikacyjnych pojawiały się coraz częściej sylwetki starych ratuszy i dawnych kamieniczek mieszczańskich, kościoły i pałace zdobiły stare place i rynki, na których – jak na obrazach Canaletta, chociaż już w innych strojach i bez wspaniałych powozów – toczyło się życie powszednie i świąteczne tego samego narodu.

Piękno dawne jest znowu wśród ludzi.

119. Brązowe Drzwi Gnieźnieńskie
w katedrze w Gnieźnie. 2. poł. XII w.

121. Tryptyk z Pławna z legendą św. Stanisława z kościoła parafialnego
w Pławnie, 1514–18

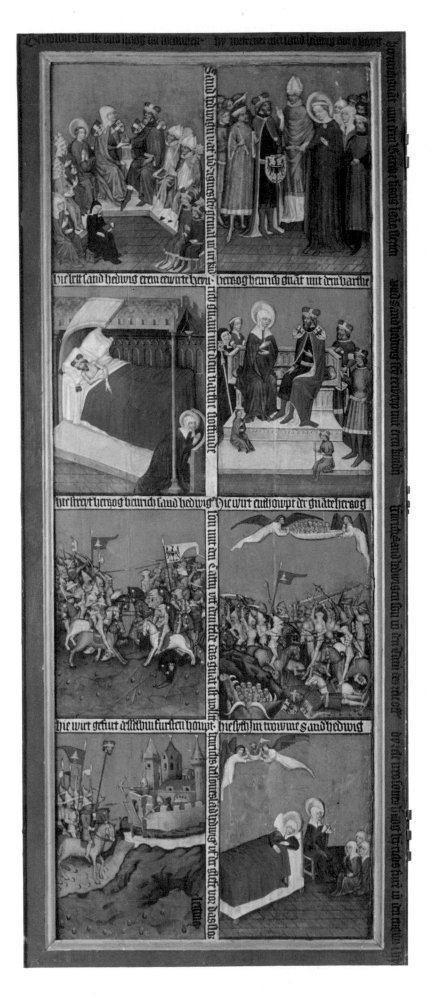

122. Mistrz tryptyku z Wielowsi, Legenda św. Jadwigi śląskiej, dwa skrzydła dawnego tryptyku, ok. 1430

123. Ornat ze scenami z życia św. Stanisława, fundacja Piotra Kmity, 1501–05

124. Stanisław Samostrzelnik, Św. Stanisław, patron Królestwa Polskiego, Katalog arcybiskupów gnieźnieńskich, 1530–35

125. Fragment dawnego wielkiego ołtarza w katedrze we Fromborku, 1504

126. Bitwa pod Grunwaldem, z: B. Paprocki, Ogród królewski, 1599

127. Szkoła Tomasza Dolabelli, Św. Stanisław prowadzi Piotrowina przed sąd królewski – fragment, ok. 1625–30

128. Marceli Bacciarelli, Sobieski pod Wiedniem, szkic, 1782–83

129. Marceli Bacciarelli, Nadanie przywilejów Akademii Krakowskiej
przez Władysława Jagiełłę, 1784

130. Marceli Bacciarelli, Kazimierz Wielki słucha próśb chłopów, 1785–86

131. Rasp wg Franciszka Smuglewicza, Bolesław Chrobry wyznaczający na Łabie granice swego państwa, 1791

132. Marceli Bacciarelli, Pokój chocimski, 1782–83

133. Franciszek Smuglewicz, Mieszko II przyjmuje hołd Pomorzan, 1791

134. Jan Piotr Norblin, Ofiarowanie korony Piastowi, 1776

135. Jan Piotr Norblin, Oblężenie Chocimia przez wojska Rzeczypospolitej pod dowództwem hetmana Jana Sobieskiego, 1794

136. Aleksander Orłowski, Walka wojsk pancernych z Tatarami, 1798

137. Piotr Aigner wg Zygmunta Vogla, Świątynia Sybilli w Puławach

138. Fryderyk Krzysztof Dietrich, Stanisław August Poniatowski odwiedza groby królewskie na Wawelu, Monumenta Cracoviensia Regum Poloniae, 1822–27

139. January Suchodolski, Wjazd generała Henryka Dąbrowskiego do Rzymu na czele legionu, przed 1850

140. Piotr Michałowski, Wjazd Bolesława Chrobrego do Kijowa,
1824–30

141. Piotr Michałowski, Stefan Czarniecki na koniu

142. Piotr Michałowski, Bitwa pod Somosierrą, 1835–37 (?)

143. Wg Cypriana Kamila Norwida, Kordecki na wałach Częstochowy, 1851

144. Artur Grottger, Modlitwa konfederatów barskich przed bitwą pod Lanckoroną, 1860

145. Aleksander Lesser, Śmierć Wandy

146. Henryk Rodakowski, *Wojna kokosza*, 1872

147. Juliusz Kossak, *Rewera Potocki przyjmuje wyoraną buławę*, 1873

148. Henryk Rodakowski, *Hrabia Jan Wilczek u Jana III Sobieskiego
z prośbą o pomoc dla Wiednia przeciw Turkom*, ok. 1860

149. Jan Matejko, Kazanie Skargi, 1864

150. Jan Matejko, Jan Zamoyski – fragment Kazania Skargi

151. Jan Matejko, Rejtan na sejmie warszawskim, 1866 – fragment

152. Jan Matejko, Tadeusz Rejtan – fragment Rejtana na sejmie warszawskim

153. Jan Matejko, Batory pod Pskowem, 1872

154. Jan Matejko, Batory pod Pskowem – fragment

155. Jan Matejko, Zawieszenie dzwonu Zygmunta, 1874 – fragment
156. Jan Matejko, Zawieszenie dzwonu Zygmunta – fragment

155. Jan Matejko, Zawieszenie dzwonu Zygmunta, 1874 – fragment
156. Jan Matejko, Zawieszenie dzwonu Zygmunta – fragment

157. Jan Matejko, Bitwa pod Grunwaldem, 1878

158. Jan Matejko, Wielki książę Witold – fragment Bitwy pod Grunwaldem

159. Jan Matejko, Hołd pruski, 1882

160. Jan Matejko, Hołd pruski – fragment

161. Jan Matejko, *Dzieje cywilizacji w Polsce – Wpływ Uniwersytetu na kraj w wieku XV*, 1888

163. Jan Matejko, Konstytucja 3 maja 1791 r. – fragment

164. Jan Matejko, Konstytucja 3 maja 1791 r., 1891

165. Józef Brandt, Bitwa pod Chocimiem, 1867

166. Józef Chełmoński, Pułaski pod Częstochową, 1875

167. Józef Chełmoński, Racławice, 1906

168. Leon Wyczółkowski, Łuk bramy wjazdowej na dziedziniec wawelski, 1917

169. Leon Wyczółkowski, Stańczyk, 1898

170. Stanisław Wyspiański, Rapsod z dramatu Bolesław Śmiały, 1904

171. Wacław Szymanowski, Pochód na Wawel, 1912 – fragment

172. Xawery Dunikowski, Grobowiec Bolesława Śmiałego, 1916–17

173. Stanisław Szukalski, Bolesław Śmiały, ok. 1930

174. Felicjan Szczęsny Kowarski, Projekt polichromii sali Jazdy Polskiej na Wawelu, 1939 – fragment

175. Felicjan Szczęsny Kowarski, Rząd Narodowy 1863, 1937

176. Felicjan Szczęsny Kowarski, Proletariatczycy, 1948

177. Krystyna Łada-Studnicka, Teresa Pągowska, Juliusz Studnicki, Stanisław Teisseyre, Józefa Wnukowa, Hanna Żuławska, Jacek Żuławski, Pierwszomajowa manifestacja w 1905 roku, 1951

178. Bogusław Szwacz, Krwawy strajk (1923 r.)

179. Tymon Niesiołowski, Manifestacja pierwszomajowa 1899 roku, 1951

180. Oskar Sosnowski, Projekt Archiwum Aspiracji Niepodległościowych Narodu Polskiego, 1912

181. Julian Brzozowski (Staniów, gmina Nieborów), Figurki królów polskich z pochodu tysiąclecia Polski, ok. 1962

ZIEMIA OJCZYSTA –
OJCZYSTY KRAJ

Kto mi powiada, że moja ojczyzna:
Pola, zieloność, okopy,
Chaty i kwiaty, i sioła – niech wyzna,
Że to jej stopy.

Ten wiersz Norwida otwiera problematykę kolejnego rozdziału. Po przedstawieniu sztuki w służbie dla Rzeczypospolitej i roli sztuki w procesach integracji narodu, a wreszcie sztuki we wzbogacaniu historycznej świadomości i wyobraźni, dzięki którym buduje się narodowa tożsamość, kierujemy teraz naszą uwagę na ziemię ojczystą. A więc na rzeczywistą podstawę narodowego bytu, na jego korzenie, na miejsce na ziemi.

Miłość ziemi ojczystej – na równi z wiedzą historyczną – kształtuje narodową świadomość. Oba te czynniki splatają się razem: Wisła jest w równym stopniu elementem polskiego krajobrazu, co i rzeką polskiej historii.

Ale sposób, w jaki oba te czynniki działają, jest różny. Świadomość historyczna tworzy się przede wszystkim przez wiedzę – intelektualną i obrazową – o przeszłości. Ziemia jest dana w bezpośrednim doświadczeniu istnienia. Horyzonty takiego doświadczenia mogą być jednak różnorakie: bardziej lokalne i bardziej uniwersalne; jego intensywność może wzrastać lub maleć, jego treść uczuciowa może być uboga lub bogata.

Czy było potrzebą dawnych Polaków widzieć ich kraj ojczysty w czasach, w których nie ukazywała go ani fotografia, ani malarstwo krajobrazowe? Trudna jest odpowiedź na to pytanie, ponieważ ani sztuka, ani literatura nie pozostawiły świadectw, pozwalających rekonstruować takie potrzeby. Czasami w tle średniowiecznych obrazów religijnych i rzeźb pojawiał się krajobraz, przeważnie jednak był to krajobraz daleki i obcy, krajobraz „niczyj", który tylko powoli i w dalszej ewolucji sztuki zyskiwał piętno ojczyste. Podobnie rękopisy iluminowane i witraże ukazujące prace rolników pozwalały niekiedy zobaczyć, przez chwilę, szerszy krąg ziemi i nieba, zawieszonego ponad polami. Literatura polska nie wykraczała poza te granice. Nawet w wieku XVI, gdy była już literaturą dojrzałą i bogatą, rzadko podejmowała problematykę ziemi ojczystej. Hussowczyk wprowadził do literatury polską puszczę i żubra, Rej widział przyrodę okiem dobrego gospodarza, Kochanowski, patrząc na „wysokie góry i odziane lasy", wspominał swe życie i sądził, iż tylko człowiek, który „nie czuje w sercu żadnej wady", cieszyć się może z pięknej przyrody. Ale ziemia ojczysta jako całość i ojczysty krajobraz to inne kategorie przeżyć.

Być może ludzie tamtych czasów nie szukali takich wzruszeń. Może wystarczało im przelotne spojrzenie podczas podróży ze wsi do miasta na targ czy w święto, w pielgrzymce, podczas podróży do stolicy, do Gdańska ze zbożem, na zjazdy szlacheckie czy też w toku uczestniczenia w pochodach pospolitego ruszenia, powoływanego do obrony kraju? Może ziemia ojczysta zamykała się w widoku z okien magnackiego pałacu i szlacheckiego dworu? Może w doświadczeniach myśliwego „polującego z ogary"?

Tylko geografowie i historycy, także i obcy, umieli dostrzec Polskę jako całość i usiłowali ją pokazać zarówno w abstrakcyjnej lokalizacji na mapie Europy, jak i w obrazach wybranych miejscowości. Już Gall rozpoczynał taki opis ziemi polskiej, stwierdzając, iż jest to „kraj, gdzie powietrze zdrowe, rola żyzna, las miodopłynny, wody rybne, rycerze wojowniczy, wieśniacy pracowici, konie wytrzymałe, woły chętne do orki, krowy mleczne, owce wełniste". Jan Długosz w monumentalnej *Chorografii* przedstawił szczegółowy opis ziem polskich, ich krajobrazu i ludności, gór, a zwłaszcza jezior i rzek. Nieco później Bernard Wapowski opracował wielką mapę kraju. Te studia globalne zyskiwały dopełnienie w obrazach miast i miasteczek. Tak czynił Schedel, Braun, Puffendorf. Nie przekazywali oni polskiego krajobrazu, ale ukazując widoki ważniejszych miast pozwalali w pewnym stopniu „zobaczyć" całość kraju – taka oto jest Polska.

W tej obojętności na krajobraz pewnym wyjątkiem jest Gdańsk, do którego sięgały wpływy sztuki holenderskiej, sztuki pejzażu. W Gdańsku właśnie Heweliusz, astronom, głośny dzięki temu, iż stworzył mapę Księżyca, oddawał się malarstwu. Ostał się do naszych czasów jeden jego piękny miedzioryt, przedstawiający pejzaż.

Zmiana postawy wobec ziemi ojczystej i polskiego krajobrazu poczęła się dokonywać w wieku

XVIII. Rzecz znamienna, iż zamanifestowała się ona przede wszystkim w publicystyce. Stanisław

Staszic dokonał dramatycznego i lirycznego przeciwstawienia – po pierwszym rozbiorze – ziemi ojczystej w niewoli i jeszcze wolnej. „Polskiego oddech powietrza – pisał Staszic, patrząc przez nową granicę – zdawał mi się wonniejszym i wiatr stamtąd niósł w sobie coś miłego. Niebo nad tym krajem było czystsze i jaśniejsze, drzewa i łąki zieleńsze [...] ptastwo z południa na północ przenosząc się, dopokąd nad innymi krajami leci, bojaźliwe i posępne bywa [...] skoro na polskiej stawa granicy, natychmiast krzyczy wesoło". A za granicą „po ziemi, jak gdyby na postrach, okropne cienie łażą [...] każdy nie widząc, wszystkiego się lęka. Człowiek bez zaufania przed człowiekiem stroni. Tak właśnie jak teraz ten jastrząb ową niezliczoną ptaków gromadę przed sobą pędzi, tak jeden tam człowiek wszystkich ludzi w bojaźni trzyma".

To urocze w swym patriotycznym sentymentalizmie wyznanie stało się jedną z dewiz poezji owego wieku, zwłaszcza Karpińskiego i Kniaźnina.

Inny nowy akcent w dziedzinie stosunku do ziemi ojczystej położył Franciszek Salezy Jezierski. Pisał on: „Ziemia dla człowieka jest jego siedliskiem, a tej część ta, na której się kto urodził, jest jego ojczyzną [...] Ziemia ojczysta jest ziemią, z której pożywienia utworzone jest ciało moje, która zakropiona jest krwią przodków moich, której powierzchnia zroszona jest znojem i potem ziomków moich, których części zmieszane są z prochami ojców moich, i gdyby przyrodzenie cofnęło się z granic swoich, a ja gdybym ścisnął garść ziemi ojczystej, wytrysnęłaby z niej krew, ta sama, która płynie w moich żyłach". Odtąd to „garść ziemi ojczystej" stała się szczególną kategorią patriotyzmu Polaków w niewoli, a zwłaszcza tych wszystkich, którym los żyć kazał poza krajem.

Sztuka powoli wstępowała na te nowe drogi widzenia ziemi ojczystej. Canaletto, Norblin, Smuglewicz, Orłowski, Vogel, kontynuując dawne tradycje, malowali różne widoki miast, zwłaszcza Warszawy. Ale równocześnie liczne akwarele i rysunki przedstawiały rezydencje w wielkich parkach i na tle rozległego krajobrazu, choć ten jeszcze rzadko uzyskiwał samoistne znaczenie. Z tego punktu widzenia godny uwagi był *Krajobraz* namalowany przez Józefa Ściślę już w roku 1768.

Dopiero gdy zginęła Rzeczpospolita, jej ziemie stały się szczególnie bliskie sercu i oku artystów. Skierowali oni serdeczną wrażliwość społeczeństwa ku ojczystemu krajobrazowi, który na równi z tradycją i językiem miał być ostoją narodowego bytu. Polska, skreślona z mapy Europy, ostawała się wśród tych pól, lasów i łąk, wśród gór – a zwłaszcza w Tatrach, nad rzekami, a szczególnie nad Wisłą, płynącą ku morzu przez cały kraj. Ku takiemu malarstwu, jak o tym świadczy choćby *Krajobraz z wiatrakiem*, skłaniał się już w początkach XIX wieku Aleksander Orłowski. W podobnym kierunku rozwijała się twórczość Karola Chrystiana Breslauera i Jana Feliksa Piwarskiego, a zwłaszcza Jana Nepomucena Głowackiego, który wśród polskiego pejzażu odkrył piękno gór: małych gór Ojcowa i wielkich gór – Tatr. Właśnie w tym samym czasie ich piękno i narodowe znaczenie odkrywał Seweryn Goszczyński.

Filozof Karol Libelt w głośnej rozprawie *O miłości ojczyzny* (1844) rozwinął i uzasadnił ten romantyczny – ale zarazem i trwalszy niż romantyzm – program krzepienia miłości ziemi ojczystej przez przeżycia jej piękna. Miłość ojczyzny będzie wzrastać – zdaniem Libelta – gdy człowiek „wszystkie malowane obrazy natury z niej zdejmie i w wyobraźni i w pamięci swojej wiernie zachowa, gdy się napije pełnymi piersiami ojczystego powietrza z różnej jego krynicy – i tam, gdzie szumią puszcze czarne, i tam, gdzie porohami woda sina się rozbija, i gdzie szerokie łany złotym kłosem powiewają, i tam na turniach gór ojczystych, strażnicach odwiecznych jego ziemicy".

W drugiej połowie wieku XIX działała już cała grupa wybitnych malarzy-pejzażystów: Józef Szermentowski, Aleksander Kotsis, Władysław Malecki, Wojciech Gerson. Pod koniec stulecia rozwinęli swą twórczość najwięksi: Józef Chełmoński, Jan Stanisławski, Ferdynand Ruszczyc, Jacek Malczewski. Każdy z tych malarzy był odrębną indywidualnością, niemal każdy należał do innej szkoły artystycznej, niektórzy byli związani bezpośrednio z polską wsią, inni tylko z miastem. Ale wszystkich fascynował polski pejzaż.

Ziemia ojczysta zyskiwała w tej twórczości wielorakie oblicze: bywała sentymentalnym uosobieniem spokoju i ciszy szerokich pól i łąk, ale także dramatycznym niebem chmur zawieszonych nad zagubionymi w przestrzeni chłopskimi chatami, bywała przedstawiana jako teren chłopskiej pracy i nędzy, ale także jako środowisko barwnego wesela i tanecznego korowodu obrzędów i zwyczajów, kapliczek przydrożnych i cmentarzy wysoko w górach. Przebogata skala barw służyła przedstawianiu świtów i zmierzchów, przepychu kwitnących sadów, barwnych bodiaków, wielkich i ciemnych rosochatych drzew, połyskliwych potoków i mrocznych ostępów leśnych, srebrzystych świerków, mostów na bezdrożach i ciemnych młynów nad spiętrzoną wodą.

Inne obrazy przedstawiały krajobraz polski, stworzony przez człowieka w jego naturalnym środowisku życia. Ukazywano miasta i miasteczka, rozpostarte u stóp wzgórz nad rzekami, skupione wokół starych ratuszy lub kościołów farnych, otwarte ku widzom targowymi placami; ukazywano stare zabytki, zniszczone wieże, fragmenty murów obronnych, wielkie sklepione bramy, strzegące przed wrogami i witające przyjaciół, pałace i rozległe parki, izolujące od zgiełku życia, otulone mgłami podnoszącymi się z ogrodowych stawów, trakty podróżne prowadzące w dal, drogi wiodące przez wsie.

Obrazy te – idące w setki – udostępniane społeczeństwu przez wystawy i coraz liczniejsze reprodukcje, stanowiły rzeczywistość wyobrażoną, ale powiązaną z ojczystą ziemią i krajobrazem i w ten sposób zwielokrotniającą przeżycia Polaków.

W takim obrazie ziemi ojczystej miejsce szczególnie ważne zajmowała Wisła i Tatry. Wisła, która jeszcze w wieku oświecenia ujmowana była jako „zbożopławna woda", stawała się w świadomości społecznej rzeką polskiej nadziei. Antoni Malczewski pisał:

> Ojczysta rzeko, polskich wód przestrzeni
> Nad twym brzegiem nadzieja się zieleni.

I nie było niemal poety w wieku niewoli, który by nad brzegami tej rzeki – jak „super flumina Babilonis" – nie wyrażał skargi, nie szukał nadziei, nie przeżywał żalu i wzruszenia. Zamykał te dzieje Stanisław Wyspiański ukazujący Wisłę zrazu jako rzekę piastowskich dziejów; później, w *Akropolis*, zastąpił dawniejsze biblijne analogie słynnym obrazem ukazującym, jak *Skamander połyska wiślaną świetląc się falą*, obrazem, który stał się wyznaniem wiary poetów następnego pokolenia. W roku 1918, u progu niepodległości, Stefan Żeromski zamykał dzieje Wisły słowami: „O Wisło, Wisło, żywa pieśni ludu polskiego i wieczny pozwie ku przyszłości bez końca". Podobne odczucia znalazły odbicie w twórczości Władysława Broniewskiego.

Malarze spoglądali raz po raz ku Wiśle. Inicjował to spojrzenie już w wieku XVII Izaak van den Blocke w Gdańsku, ale dopiero pod koniec XVIII wieku Wisła stała się ważnym elementem polskiego pejzażu. Canaletto malując widok Warszawy przedstawiał Wisłę, podobnie Vogel i Norblin. Nawiązywali do tej tradycji malarze XIX wieku, jak Wincenty Kasprzycki, autor *Ponadwiśla*, Wojciech Gerson (*Widok Płocka*), Józef Szermentowski (*Widok Sandomierza i Wisły*), Aleksander Gierymski (*Brzeg Wisły pod Puławami*), Maksymilian Gierymski (*Pejzaż nadwiślański*) i wielu innych.

Leon Wyczółkowski w ostatnich latach życia zaprojektował wielki cykl tek litograficznych, które miały zilustrować cały bieg Wisły, od źródeł aż do morza. Wisła – jak zapowiadał – miała „stanowić kościec do krajobrazów, wzdłuż jej biegu rozłożonych". Cykl ten, pomyślany jako wizualne dopełnienie dzieł poetyckich i etnograficznych – Klonowicza, Glogera, Żeromskiego – zrealizowany został jedynie częściowo. Liczne rysunki, akwarele, litografie objęły zwłaszcza miasta pomorskie – Toruń, Chełmno, Świecie, Grudziądz, Gniew – i rozległe widoki samej Wisły.

Znaczenie większe niż Wisła miały dla kultury narodowej Tatry. Staszic patrzył na nie jeszcze raczej okiem geologa i etnografa, ale romantycy umieli dostrzec ich siłę duchową, inspirującą ludzi, chociaż nie wprowadzili jeszcze Tatr do poezji. Uczynili tylko pierwszy krok na tej drodze. Ale w drugiej połowie wieku rozpoczęło się niezwykłe tatrzańskie zwycięstwo. Poezje Adama Asnyka i Franciszka Nowickiego, a następnie Kazimierza Tetmajera, Jana Kasprowicza i wielu innych wraz z różnorodną i bogatą działalnością grupy „zakopiańczyków", od Witkiewicza i Chałubińskiego poczynając, uczyniły z Tatr wciąż żywy element polskiej świadomości narodowej.

Miał on wielorakie znaczenie. Szczególnie znamienne było to, iż Tatry urastały do symbolu polskiej wolności, zniszczonej na ziemi. „Odwiecznych Tatrów strażnice Piastowe" – pisał o nich Wincenty Pol. Nadzieją tej wolności mieli być – wedle legendy – „śpiący rycerze", którzy oczekiwali wśród gór na apel do walki o niepodległość. Ta legenda, znana już w pierwszej połowie wieku, była punktem wyjścia wizji, jaką w wierszu *Patrzę w Tatry* (1887) przedstawił Franciszek Nowicki – nauczyciel i działacz socjalistyczny:

> W dali [...] jakby ciągnący ławą huf kresowy,
> z gwiazdami na szyszakach, z proporcem obłoków
> zakamieniał, dotarłszy aż do nieba stoków,
> tak Tatry ciemnym murem zwarły dumne głowy!
> [...] O pustyni tatrzańska! Bo na tym obszarze
> całej mojej ojczyzny – o skalna świątyni –
> tobie jednej są jeszcze swobody ołtarze.

Artyści dość wcześnie zwrócili się ku Tatrom. Po serii drobnych i mało ważnych szkiców Jan Nepomucen Głowacki obrazem *Morskie Oko* (1837) otworzył sztuce drogę w głąb Tatr. W latach sześćdziesiątych poszli tą drogą Wojciech Gerson, Aleksander Kotsis, Walery Eljasz, a następnie – od Witkiewicza aż po Wyczółkowskiego – wędrowali nią niemal wszyscy polscy malarze. O stopniu intensywności tych zainteresowań świadczyło ogromne i niezwykłe przedsięwzięcie, jakim była wielka *Panorama Tatr* – nieco większa od *Panoramy racławickiej* – namalowana w Monachium przez grupę polskich malarzy, z inicjatywy Henryka Ligockiego, Włodzimierza Tetmajera i Wojciecha Gersona, wystawiona w Warszawie w roku 1896. Tatry i Wisła, tak różne jako pejzaż, weszły do świadomości narodowej jako ten sam symbol wolności.

Włodzimierz Wolski, autor libretta *Halki*, pisał:

> Bo me marzenia – to szczyty Tatrów,
> A moje myśli – to Wisły fale.

I ze szczytów Tatr patrzył na ziemię, jak ,,na skład prochu, na który piorun mój chciałbym zwalić''. Ale ziemia ta pozostawała w niewoli. Toteż spojrzenie na nią nie mogło pominąć tego wszystkiego, co było dawnym środowiskiem polskiego życia. Artyści przekraczali więc granice charakterystyczne dla malarstwa pejzażowego. Pokazywali nie tylko ziemię ojczystą, ale po prostu polski kraj – jego wsie i miasteczka, kościoły i ratusze, place targowe i stare kamieniczki, ruiny zamków, dwory i pałace. Tak malowali w wieku XVIII Canaletto i Franciszek Smuglewicz, a zwłaszcza – przeważnie już po upadku państwa – Zygmunt Vogel. On to projektował wielkie wydawnictwo *Podróż malarska po Polsce*. To obrazowe ,,przedstawienie znakomitych pamiątek i zabytków starożytności narodu polskiego'' pragnął dedykować warszawskiemu Towarzystwu Przyjaciół Nauk. Monumentalny projekt Vogla zrealizowany został tylko w części, ale i tak ukazał on w setkach rysunków i akwarel polski kraj, inspirując wielu późniejszych malarzy i grafików – aż po działalność Napoleona Ordy, twórcy *Albumu widoków historycznych Polski* liczącego 240 litografii, a wydanego w latach 1873–1883.

Ten podwójny kierunek malarstwa pejzażowego, zwrócony bądź ku obrazom ziemi ojczystej, nie przetworzonej ręką ludzką, bądź ku widokom miast, miasteczek, wsi, a także i zabytków, stał się tematem sporów, jakie prowadzili Malczewski i Wyspiański. ,,Często prowadził mnie na Wawel – opowiadał Malczewski – i mówił: To jest Polska. Tymczasem ja mu zawsze tłumaczyłem, że Polska – to te pola, miedze, wierzby przydrożne, nastrój tej wsi o zachodzie słońca, ta chwila, tak jak teraz – to wszystko jest bardziej polskie, niż Wawel; to jest to, co artysta-Polak powinien się przede wszystkim starać wyrazić''.

Spór nigdy nie został rozstrzygnięty. Artyści wybierali tę lub tamtą drogę. Ale najwięksi triumfowali na obu. Tak np. Wyczółkowski rozpoczynał jako twórca wielkich obrazów z Ukrainy, Jaremcza, Połągi, ale już wcześnie zafascynowała go architektura Krakowa, widok na Wawel, wnętrze katedry. Wielka *Teka tatrzańska* (1906), *Teka litewska* (1907), *Teka huculska* (1910), *Teka ukraińska* (1912) zawierały plansze krajobrazowe, ale także i dokumentujące zabytki architektury, kościoły, karczmy. W tym samym czasie powstały *Teka gdańska* i dwie *Teki wawelskie* (1911/1912) zawierające 18 litografii. A później litografie przedstawiające Warszawę (1915), raz jeszcze Kraków (1915), a także Lublin (1918/1919) i znowu Kraków, tym razem kościół Mariacki (1926/1927).

Krajobraz naturalny pozostawał jednak zawsze tematem pasjonującym. Świadczyła o tym *Teka białowieska* (1922) i liczne studia wspaniałych drzew, zwłaszcza dębów. Nie porzucając pracy nad obrazami architektury, zwłaszcza pomorskiej, skupiał w późniejszym okresie twórczości swą artystyczną uwagę na piękne przyrody, na kwitnących jabłoniach, ciemnych świerkach, potężnych cisach, uroczyskach leśnych. To były doświadczenia Gościeradza, w którym zamieszkał u schyłku życia i z którego widział świat – dzieła przyrody i człowieka.

Innym przykładem tworzenia krajobrazu integralnego była działalność Stanisława Noakowskiego. Związany przede wszystkim z architekturą Noakowski nie dokumentował jej obiektów, ale ujmował je wizyjnie i syntetycznie. Miał niepowszednie wyczucie stylu i nastroju polskiej architektury, zarówno klimatu, jaki panował wewnątrz pałaców i dworów, jak i lokalizacji tych budynków w przestrzeni.

Noakowski wierzył, iż w architekturze polskiej, „począwszy od najskromniejszych do zamożnych zagród wieśniaczych, słomą poczciwą lub dachówką krytych, ze stodółką i stajenką – do dworków i dworów ziemiańskich, w obudowie miasteczek, miast i stolic, nie mówiąc już o niezliczonych, a tak wdzięcznych i miłych kościołach, kościółkach drewnianych lub murowanych, wreszcie w figurach i krzyżach przydrożnych, którymi lud polski tak obficie i pięknie oblicze poważne a dobrotliwe matki swej Polski upiększył – skupione są skarby przeczyste duszy polskiej". Noakowski rekonstruował te skarby w tysiącach rysunków i szkiców, składających się na rzeczywistą i wizyjną historię polskiej architektury, powiązanej nierozerwalnie z polskim krajobrazem. „Topole smutne, wiecznie szemrzące – pisał Noakowski – topole śrebrne, topole nasze [...] to melancholijna straż starych siedzib naszych" i bez nich nie ma polskiego pejzażu. Podobnie bez chmur i obłoków. Obłokom poświęcił Noakowski cały cykl akwarel, a także i poemat prozą *Anioł Pański*.

Malarstwo przedstawiające naturalne i architektoniczne oblicze Polski zyskiwało w opinii i doświadczeniach społeczeństwa ogromne uznanie. Organizowano dziesiątki wystaw, wydawano wielkie albumy, jak Józefa K. Wilczyńskiego *Teka wileńska* (1857) lub wspomniany *Album widoków historycznych Polski* Napoleona Ordy, przygotowywano liczne reprodukcje dostępne w taniej prenumeracie. Malarstwo to odpowiadało narodowym potrzebom na różnym poziomie i w różnoraki sposób. W szerokim zasięgu miało ono wartość historycznego dokumentu krajobrazowej relacji. Przynosiło informacje, budziło uczucia i nastroje tradycjonalne i sentymentalne. Ruiny polskiej wielkości, świetność dawnego życia, polskie topole i rosochate wierzby, polskie obłoki i mgły włóczące się po polach, rozlewiska wód, ptactwo rodzime, a zwłaszcza bociany – ptaki polskiego nieba i polskich łąk, fujarki pastuszków, rybackie łodzie o świcie, nabożne gesty oracza i siewcy, gospodarzy tej ziemi, polskie konie na swobodzie i w pracy – wszystko to budziło odzew uczuciowy. Ale sens tego malarstwa bywał jeszcze głębszy. Seweryn Goszczyński, snując u schyłku życia rozważania o poetyczności ziemi polskiej i polskiej historii, pisał: „Nie byłoby poezji pisanej, gdyby nie było poezji samorodnej [...] nie poeta tworzy poezję, ale poezja tworzy poetę". Z tego punktu widzenia Goszczyński wskazywał na różne rejony kraju od gór aż do morza i ich „poetyczność", stwierdzając równocześnie, iż taka „poetyczność naszej ziemi nie jest jedyna i najważniejsza"; istnieje bowiem poetyczność głębsza, polegająca na tym, że „każda niemal stopa tej ziemi przeorana jest pracą i trudem wiekowych pokoleń, zroszona ich potem lub łzami i krwią, ugwieżdżona, że tak powiem, spomnieniami walk o święte prawa człowieka i narodu". Do tej poetyczności sięgnąć powinni artyści. Goszczyński nie mylił się – tak się właśnie działo.

Ziemia polska nie była wyłącznie tematem pejzażowym.

Była ujmowana w kategoriach ojcowizny, stającej się ojczyzną, i pracy, stającej się powołaniem człowieka. Obraz przyrody był obrazem chłopów żyjących wśród niej, uległych wymaganiom roli uprawnej i potrzebom zwierząt domowych na łąkach i pastwiskach, zespolonych z całą przyrodą w rytmie jej pór roku, będących także i rytmem ludzkiego czasu. W takich przeżyciach ziemia nie była tylko miejscem zamieszkania. I nie była jedynie warsztatem pracy zarobkowej. Była środowiskiem życia, źródłem egzystencji – w wielorakim i głębokim sensie tego słowa – materialnej i duchowej, indywidualnej i narodowej. Człowiek ginął bez ziemi nie dlatego, iż nie umiał inaczej zarobić na życie, ale dlatego, że tracąc ziemię, tracił korzenie swego życia. Dlatego ginął w mieście, dlatego ginął na obczyźnie. To ojczysta ziemia dawała życie, obca – tylko pracę. Maria Konopnicka wyrażała doskonale siłę tych więzów uczuciowych. Patriotyczna litania, zamykająca dzieje polskich chłopów-emigrantów, rozpoczynała się od serdecznej inwokacji:

> Idziem do ciebie, ziemio, matko nasza,
> Coś z pierworodnej zrodziła nas gliny,
> Idziem do ciebie, rzesza twoja ptasza,
> Powracające do gniazd swoich syny.

W takim nastroju przedstawiali także i artyści ziemię ojczystą i jej gospodarzy. To malarstwo, pozornie realistyczne, wyprowadzało poza bezpośrednio dany krąg rzeczywistości i detale powszedniego życia. Prowadziło w głąb, do przeżyć wewnętrznych, potrzeb duchowych i tęsknot, uczuć wspólnoty, łączącej człowieka z ziemią.

To malarstwo nie dawało też realistycznych widoków chłopskiej pracy; dawało jej alegoryczną wizję, ukazywało jej symboliczną potęgę. Taki charakter miała *Orka* Chełmońskiego malowana w roku 1896, a przede wszystkim *Ziemia* Ruszczyca (1898).

Orka w ujęciu Chełmońskiego nie jest ciężkim trudem przyziemnym; jest pełnym wysiłku, ale śmiałym pochodem człowieka, którego siły wzmacniane są siłami wołów i narzędzi rolniczych. Jest w tej orce ten sam pęd, który zawsze tak fascynował Chełmońskiego, malarza rozhukanych koni i słynnej *Czwórki*, pęd przeciwstawiony spokojowi nieba i ciszy dalekiej wsi.

Inną była wersja Ruszczyca. Człowiek orzący – tak samo z pomocą wołów – ukazany został samotnie na łuku wzgórza i na tle dramatycznych obłoków schodzących aż na ziemię. W pustce ogromnej, jaką ukazuje Ruszczyc, między niebem i ziemią urzeczywistniał się los człowieka-oracza.

Inny wymiar obrazu ziemi ojczystej miał charakter historyczny i heroiczny. Tak pisał Juliusz Słowacki:

> *Gdy warstwy ziemi otwartej przeliczę*
> *I widzę kaście, co jako sztandary*
> *Wojsk zatraconych, pod górnymi grzbiety*
> *leżą – i świadczą o Bogu – szkielety.*

Patrzeć na ziemię ojczystą jako na wielkie pobojowisko narodowej historii, znaczyło widzieć ją jako bliską ludziom żyjącym, potomkom rycerzy tamtych wieków, widzieć ją w cmentarzach i kurhanach, a także w najświeższych wspomnieniach walk leśnych, prowadzonych przez powstańców roku 1863. Tak właśnie malował ich Maksymilian Gierymski – na tle drzew, na drogach prowadzących przez pola i łąki, przez wsie.

Także Grottger ukazywał *Walkę* na tle pejzażu, a w *Pojednaniu* ukazywał leżących na śniegu wśród lasu tych, co walczyli przed chwilą na śmierć i życie. Juliusz Kossak wielokrotnie przedstawiał życie rycerskie i zdarzenia bojowe na tle pejzażu; tak właśnie przejeżdżał przez pola Rewera Potocki, któremu wieśniak podawał buławę hetmańską wyoraną właśnie z ziemi, chroniącej groby przeszłości. Podobnie życie rycerskie Mohorta związane było nierozerwalnie z pejzażem, który był terenem historii.

Jeszcze innym, głębszym wymiarem malarstwa krajobrazowego była problematyka ludzkiego losu. Takim pejzażem były obrazy przedstawiające naturę groźną, dramatyczne obłoki i chmury schodzące na ziemię, burze, wicher i błyskawice, porażające ludzi i zwierzęta. W ten sposób malował Jan Stanisławski w różnych wersjach *Wiatraki*, a także *Stodołę* – tematy na pozór banalne, a przecież urastające do metafizycznych wymiarów. Podobnie malował ruiny polskich zamków, samotnych w rozległym pejzażu, wśród mrocznego nieba i białych chmur. Tam samo malował i Tatry w ich całej grozie, a nawet wydobywał dramatyczny nastrój z chwiejących się na wietrze topoli, z kwitnących jabłoni, z malw.

Innym wariantem pejzażu ludzkiego losu były obrazy przedstawiające polne kapliczki i święte figury stawiane na rozdrożach, aby czuwały nad tymi, którzy idą przez świat, także kościółki zagubione wśród pól, na skraju lasów lub gdzieś wysoko na górskich połoninach, wśród obłoków. Wiele takich obrazów wiązało się z metafizyczną, niemal mistyczną interpretacją Tatr, jaką wnosiła do świadomości społecznej ówczesna poezja. Inicjował ten nurt Asnyk, który w *Nocy pod Wysoką* opisywał, jak duch ludzki „wstępował na gwiaździste wozy" i – dzięki temu – „już opuszczenia nie czuł i niemocy".

Tetmajer pisał o „cichych, mistycznych Tatrach", w których „pustka nieskalana" woła ku sobie „błędną ludzką duszę". W tym nastroju przedstawiał Wojciech Gerson *Cmentarz w górach*, po którym, na tle rozległej panoramy Tatr, idzie postać w czerni z małym chłopczykiem, ucząc go praw życia i śmierci.

Stanisława Witkiewicza *Wiatr halny* był wizualnym odpowiednikiem poezji Kasprowicza mówiącej o wietrze halnym i „limbie zwalonej tchnieniem burzy".

Obraz Morskiego Oka malowany przez Wyczółkowskiego był właśnie tym obrazem, który ukazywała poezja Tetmajera:

> Widziałem to jezioro, gdy po nieba sklepie
> Wicher gnał czarne chmury
> [...] Woda bijąca o skały
> Była jak duch, co więzy targa, a nie kruszy.

To powiązanie poezji tatrzańskiej i tatrzańskiego malarstwa stwarzało w świadomości narodowej wizję tych wielkich polskich gór szczególnie bogatą i trwałą. Ale nie jedyną. Szczytowym bowiem osiągnięciem malarstwa, w którym krajobraz staje się tłem i treścią ludzkiego losu, była twórczość Jacka Malczewskiego; nadawał on niemal zawsze metafizyczną perspektywę swym obrazom, które były widokami Polski nizinnej i Polski małych gór. Ale i nad taką Polską rozciągał się urok poetyckiego widzenia świata. Dzięki temu Słowacki stawał się towarzyszem Malczewskiego w jego opowieściach o aniołach, wędrujących po polskiej ziemi. We wspomnieniach osobistych w roku 1882 pisał Malczewski: ,,Dziecinny umysł mój karmił się wtedy naturą wsi polskiej i umiał, powoli patrząc i codziennie, zrozumieć tę naturę mnie okalającą, bo pod jej wrażeniami się urabiał [...] Różowe szkła dzieciństwa pozostały dla tego miejsca aż po dziś dzień w moich oczach i przez te same tylko na nie patrzę''. Malarskim bezpośrednim potwierdzeniem tego wyznania był obraz malowany niemal czterdzieści lat później, przedstawiający Jacka nad stawem w Wielgiem.

A u schyłku życia powiedział w wierszu:

> Niech przed śmiercią z dziecinną prostotą
> Spojrzeć zdołam na powaby rodzinnego kraju,
> I odczuję, że sztuką moją była oto
> Polska, widziana przez pryzmat dziecięcego raju.

W ten krąg widomy wspomnień wstępowały różne zjawy, chimery i fauny, rusałki i wodniki, dziwożony, a także i wspaniałe w swej wielkości anioły zaludniające krajobraz i krążące wśród ludzi. Na jednym z takich obrazów mówił, w błaganiu i zachwyceniu, wiejski pastuszek, strzegący na łące stada gęsi, Aniele, pójdę za Tobą, na innym faun grał melodię ojczyzny, na jeszcze innym zjawy czuwały nad wiejskimi zagrodami.

Rozległa i daleka przestrzeń krajobrazu stawała się tłem dla metafizycznych zdarzeń i prawd. Taki charakter miał obraz W tumanie, malowany w latach 1893–94, Krajobraz z Tobiaszem z roku 1904 i Święta Agnieszka z lat 1920–21; każdy z tych obrazów wierny innej symbolice, malowany był w innej tonacji, w innym kolorze naczelnym, w innym nastroju, jak i najbardziej przejmujący obraz z tego cyklu – tryptyk Mój pogrzeb z roku 1923 przedstawiony na tle śnieżnej zimy z dalekim lasem na horyzoncie. Krajobraz, człowiek, zjawy jego wyobraźni czy – może – wielkie archetypy ludzkiego życia stanowią tu wszędzie jedną całość. I na tym polega piękno, wartość i tragizm istnienia. Żaden z tych trzech członów nie powinien zaginąć. ,,Ale najgorzej jest – powiedział Malczewski w jednym z wywiadów na schyłku życia – gdy zaczynają się kończyć widzenia''. A właśnie ,,widzenie'' było wielkim wkładem Malczewskiego w polskie malarstwo zwrócone do rodzimego krajobrazu i ku ziemi ojczystej.

Odzyskanie niepodległości w roku 1918 uwolniło pejzaż od tych uczuć miłości, żalu, wspomnień i tęsknoty, jakimi spowity był dotychczas krajobraz Polski w świadomości narodowej i widzeniu malarzy. Ich spojrzenie stało się teraz proste i jasne, raczej radosne, ponieważ skierowane ku ziemi, nad którą czuwało państwo, i ku tradycji, która mogła otwierać drogę prowadzącą do przyszłości, a nie do muzealnego schronienia.

Uroda ziemi ojczystej stała się wyłączną podnietą dla twórczości. Tak właśnie Żeromski wprowadzał w świadomość ogólnonarodową pejzaż kielecki, a zwłaszcza jego jodłową puszczę, a następnie świadomości tej przywrócił pamięć o bałtyckim pobrzeżu i skierował ku stolicy i głównym ośrodkom polskiego życia ,,wiatr od morza'' przez wieki zapomniany. Podobnie postępowali inni pisarze tych lat. Malarstwo wstępowało także na te drogi. W dziesiątkach obrazów i akwarel odkrywano pejzaż morski. Nie osiągnął on wprawdzie tej rangi, jaką zdobył w poprzednim okresie krajobraz tatrzański, ale stanowił stosunkowo nowy element oblicza kraju, który, chociaż zawsze związany z Gdańskiem, niewiele poświęcał uwagi widokowi morza.

Przekraczano też – chociaż nieśmiało – dotychczasowe konwencje polskiego pejzażu: obok obrazów przyrody, wsi, miasteczek i zabytków historycznych pojawiały się obrazy Polski przemysłowej, Łodzi, a zwłaszcza Śląska, obrazy wielkomiejskiego życia. Nowe kierunki literackie sprzyjały powstawaniu tej nowej wizji rzeczywistości.

Tadeusz Peiper formułował hasło trzech „M" – Miasto, Masa, Maszyna. I wierzył, iż „spośród elementów miasta, które będą musiały oddziałać na sztukę, najważniejszymi są może masa i maszyna". Ale równocześnie w wierszu o Górnym Śląsku pisał:

> Będziemy węgiel tłomaczyć na złoto,
> złoto na bajkę.

Przekłady te nie były jednak łatwe. Rzeczywistość okazywała się okrutna i przerażająca. Anatol Stern tworzył poemat pod tytułem *Nagi człowiek w śródmieściu*, Tytus Czyżewski swój wiersz *Miasto w jesienny wieczór* nazwał „niesielanką", ponieważ właśnie w mieście „purpura zorzy świeci łachmanom ludzkiej doli". Leon Chwistek przekładał na język plastyczny te niepokoje, rysując w wielu wersjach *Miasto*, a zwłaszcza *Miasto fabryczne*.

Te niepokoje nowoczesności nie niszczyły jednak tradycyjnej wizji krajobrazu. Artyści pozostawali wrażliwi na jego piękno, chociaż przeżyciom tym dawali wyraz w formie zupełnie nowej. W taki sposób zobaczył Polskę Witkowski w pięknym kubistycznym obrazie *Krajobraz*, malowanym w roku 1917. Podobnie widział ją Zbigniew Pronaszko w *Motywie z miasteczka* (1930) i w *Krajobrazie ze Strzyżowa* (1921).

O tym, jak bardzo w nowej postaci jawiła się Polska od wieków ta sama, świadczył obraz Stanisława Matusiaka *Pasterz z trzodą owiec*, który możemy zestawić – ponad różnicą wieków – z fragmentem, przedstawiającym pasterza z owcami, średniowiecznego obrazu z roku 1495 w kościele św. Jana w Toruniu.

W szerokim zakresie – od gór do Śląska – przedstawiał Polskę Rafał Malczewski. W ówczesnej twórczości Felicjana Szczęsnego Kowarskiego, zwłaszcza w obrazach *Suche drzewo* i *Wędrowcy* – z lat trzydziestych – pojawiły się nieoczekiwanie akcenty egzystencjalne: krajobraz został zawężony do kręgu zmęczenia, samotności, smutku i śmierci – wspólnego losu ludzi i drzew.

Polska Ludowa rozszerzyła horyzonty polskiego krajobrazu. Warmię i Mazury, Pomorze Szczecińskie, Ziemię Lubuską, Dolny Śląsk i Śląsk Opolski wprowadzono w krąg tego widzenia. Ku starym ziemiom piastowskim skierowały się grupy malarzy, aby zarejestrować piękno tych ziem odzyskanych i wartość ich zabytków. Stare mury obronne, bramy i wieże zamków, wielkie kościoły gotyckie i małe barokowe kaplice, stare mieszczańskie domy i ratusze, pamiętające dni dawnej chwały i – równocześnie – urok gór tak innych niż Tatry, niepowtarzalne piękno jezior lubuskich i mazurskich, długi brzeg morza – cały ten obszar ziemi utraconej przed wiekami i teraz odzyskanej stawał się tematem opowieści plastycznej o kraju w jego nowych granicach.

Ale przemiany malarstwa pejzażowego nie wyczerpywały się w jego geograficznej orientacji i odkrywczej pasji dokumentacyjnej. Zyskiwało ono – w znacznym stopniu – nowy charakter ideowy i artystyczny. Ukazywano po raz pierwszy z taką intensywnością Polskę przemysłową, Polskę kopalń i hut, wielkich fabryk, nowych robotniczych miast. Był to nowy pejzaż, w którym las kominów zastępował tradycyjny las drzew, dymy i opary przesłaniały niebo, na którym nie sposób już było widzieć obłoki. Płomienie i błyski fabrycznych hal, ostre światła neonów kładły kres tradycyjnym obrazom kwitnących łąk, szarych zmierzchów, księżycowych nocy. Był to nowy pejzaż, być może pejzaż smutny i obcy temu, co przywykło się określać mianem polskości, ale pejzaż nowoczesny, znaczący drogę, na którą wchodzić musiał kraj i przywłaszczać go sobie jako własny. Jednak niełatwo go było włączyć do świadomości narodowej i niełatwo przyswoić artystycznie.

Niepokój budziły zawsze te same pytania: co w tej nowoczesności jest konieczną strategią wyzwolenia człowieka z biedy i niewoli materialnej, co jest jedynie słuszną drogą w przyszłość, a co jest w tej industrialnej cywilizacji maszynowej degradacją człowieka, źródłem jego samotności i przerażenia? Tradycję tych niepokojów manifestujących się już w okresie międzywojennym w twórczości Leona Chwistka podjęli różni artyści. Jerzy Nowosielski ukazał w *Pejzażu miejskim* przeraźliwą pustkę długich, bezludnych ulic miasta odczłowieczonego, chociaż przeznaczonego dla ludzi. Bronisław Wojciech Linke stworzył kilka wizji tej nowoczesnej cywilizacji, będącej, wedle określenia Tadeusza Borowskiego, ,,kamiennym światem''. Taki charakter miały obrazy *Kamienna pięść, Kamienne oczy*, a zwłaszcza *Nowoczesność*, ukazana jako ręce splecione błagalnie i zagrożone brutalną siłą zaciśniętych pięści. Ta dramatyczność sztuki Linkego zaostrzona została przez doświadczenia wojenne.

Pisał o tych latach Krzysztof Kamil Baczyński:

> *Niebo złote ci otworzę*
> *[...] Jeno wyjmij mi z tych oczu*
> *Szkło bolesne – obraz dni,*
> *które czaszki białe toczy*
> *przez płonące łąki krwi.*

To ,,szkło bolesne'' pozostało w oczach Linkego na zawsze. I poprzez nie widział świat, widział przyrodę. W obrazie *Kamienne niebo* na wpół zniszczone drzewo stoi samotnie na ogromnej płaszczyźnie ziemi, pod deszczem bomb lotniczych. Oto ogromna nadmorska plaża zapełniona ludźmi, którzy się wzajemnie mordują, a obraz nosi tytuł *Ciągle ktoś do kogoś strzela;* inny widok morza przedstawiony jest jako *Morze krwi*, zalewające swą krwawą falą martwy brzeg, nad którym ciąży krwawa, ciemna chmura zniszczenia.

Zupełnie inną wizję krajobrazu dał Władysław Strzemiński. Jego twórczość, rozpoczęta w Polsce międzywojennej, zmierzała konsekwentnie ku realizacji własnych koncepcji artystycznych, określanych jako unizm. Liczne pejzaże morskie, malowane w latach trzydziestych i czterdziestych były wyrazem tych poszukiwań. Pejzaż, wolny od obowiązku odwzorowywania natury, stawał się układem linii i szarych cieni, dynamicznych i niespokojnych.

Jeszcze inną wizję artystyczną polskiego krajobrazu realizował Piotr Potworowski. Wyznawał w jednym z listów, iż szukał z trudem nowego sposobu, aby zobaczyć ten kraj jako całość, bo wiedział, że ,,kościołek z czerwonym dachem nic tu nie rozwiązuje, ani grusza na miedzy''. Z tych poszukiwań powstawały pejzaże tak różne od wszystkiego, co dotychczas miano takie nosiło: pejzaże z Łagowa, z Kazimierza, z Niedzicy, znad morza. Tak pojawiły się zupełnie nie znane dotychczas wizje *Zachodu słońca obserwowanego w Kazimierzu*, podobnie *Brzeg morski z niebieską łódką* oraz *Twarz morza* i *Port w Rewie* ukazały nowe oblicze Bałtyku. *Wodospad w Niedzicy* i *Zielone Podhale* stanowiły całkowity przewrót w widzeniu tego rejonu, który w obrazach dotychczasowych, mimo ich wielkiej różnorodności, ukazywany był realistycznie. Podobnie obrazy Wisły – a zwłaszcza *Zielona Wisła*, malowana w roku 1960 – była Wisłą nieznaną, chociaż w tej nowej postaci malarskiej pozostawała rzeką polską, rzeką ,,całości'' kraju.

Także i wielu innych artystów, przeciwstawiając się tradycjom realistycznym malarstwa figuralnego, widziało pejzaż zupełnie inaczej. Tak malowała Maria Jarema *Pejzaż* (1948). Tak malował Antoni Marczyński krajobraz *Nad wodą*, podobnie Bogusław Szwacz *Pejzaż górski*. W taki sposób zobaczył rybackie sieci w kilku gwaszach Stefan Gierowski.

Jeszcze innym wariantem były pejzaże Rajmunda Ziemskiego *Słońce nad miastem, Pejzaż rytmiczny, Pejzaż w fioletach i zieleniach*. Jeszcze inaczej inspirował krajobraz twórczość Jerzego Tchórzewskiego. Przywoływał wspomnienia z lat młodości i wizje fantastyczne.

Ta wielorakość indywidualnego widzenia artystycznego wyłamywała się z klasyfikacyjnych oznaczeń wedle szkół czy kierunków artystycznych. Ale wspólne przeświadczenie artystów wypowiedział w roku 1957 Tymon Niesiołowski w słowach: ,,Świat widzialny czy wyobrażalny jest tylko pretekstem dla mnie do stworzenia obrazu''. Potwierdził to w innych słowach Henryk Stażewski: ,,Motywem sztuki staje się to, co kryje się pod zewnętrzną powłoką przedmiotu. Dochodzimy do metafory i parabolicznego sposobu myślenia''.

W latach ostatnich powraca – jak się wydaje – nowa potrzeba widzenia krajobrazu. Cywilizacja urbanistyczna i przemysłowa, wyniszczająca środowisko, osłabiająca więź człowieka z przyrodą, budzi tęsknotę ku temu, co bezpośrednie, naturalne, nie przetworzone – ku samym źródłom życia, ku wyzwoleniu z więzów utylitaryzmu i instrumentalizmu, ku marzeniom o wolności. Przyroda przestaje być terenem eksploatacji, nasycamy ją znowu treścią ludzką, odnajdując spokój w szumie drzew, radość w barwie kwiatów, wzniosłość w dalekich łukach gór, świeżość oddechu w wietrze wiejącym ,,od morza'' i ponad wodami rzek i jezior.

Być może sztuka będzie znowu z nami w tych przeżyciach kruchych i lękliwych. Pojawia się w najnowszym malarstwie – jak nadzieja – krajobraz autentyczny, chociaż surrealistyczny, w którym człowiek poszukuje siebie w zagadce istnienia i bezsensie rzeczywistego życia. Pojawia się – znowu – krajobraz realistyczny, usiłujący zachować od zniszczenia uroki dawnych wsi, rozległych pól, leśnych ostępów. Któż wie, jaka będzie jego przyszłość?

182. Nysa, widok panoramiczny, z: E. Schedel, Liber chronicarum... Norymberga 1493

183. Wit Stwosz, Krajobraz z zamkiem – fragment kwatery Złożenie do grobu z Ołtarza Mariackiego w kościele NM Panny w Krakowie, 1489

184. Monogramista „SB", Widok kaplicy na Świętej Górze w Gostyniu – fragment obrazu Madonna z Dzieciątkiem z kościoła Filipinów w Gostyniu, 1540

185. Malarz toruński (?), Pasterz z owcami na tle krajobrazu – fragment Zdjęcia z krzyża z kościoła św. Jana w Toruniu, 1495

186. Warszawa, widok panoramiczny, z: J. Braun, F. Hogenberg, Civitates orbis terrarum, Kolonia 1596–1618

187. Warszawa, widok panoramiczny – fragment

VARSOVIA.

VIS TVLA FLV VIVS

MILES POLONVS NOBILES PO LONIAE

MILES POLONVS NOBILES PO LONIAE

CRACOVIA
MINORIS POLONIAE METROPOLIS.

VISTVLA FL. REGNVM DIVIDENS

A. *Aula Regia.*
B. *T. S.ti Stanislai.*
C. *T. S.ti Georgÿ.*
D. *T. Corporis Chri.sti.*
E. *Monast. Bernardinorum.*
F. *Prætorium.*
G. *T. S.tæ Trinitatis.*

H. *T. S.tæ Mariæ.*
I. *Porta Vielizka.*
K. *Porta Bognizka.*
L. *Porta Sceuinski.*
M. *T. S.ti Leonardi.*
N. *T. S.ti Andreæ.*
O. *T. S.ti Iacobi.*

Depictum ab Egidio vander Rye,
communic. Georgius Houfnaglius.

188. Kraków, widok panoramiczny, z: J. Braun, F. Hogenberg, Civitates orbis terrarum, Kolonia 1596–1618

189. Kraków, widok panoramiczny – fragment

191. Pułtusk, widok panoramiczny wg S. J. Dahlberga, z: S. Puffendorf, De rebus a Carolo Gustavo..., Norymberga 1696

192. Przemyśl, widok panoramiczny, z: J. Braun, F. Hogenberg, Civitates orbis terrarum, Kolonia 1596–1618

193. Jan Ścisło, Krajobraz, 1768

194. Jan Heweliusz, Krajobraz

195. Bernardo Bellotto zwany Canaletto, Widok ogólny Warszawy od strony Pragi, 1770

▷

203. Józef Chełmoński, Żurawie (Klucz ptaków), 1905
204. Juliusz Kossak, Stadnina, 1886
205. Józef Szermentowski, Studium wioski polskiej, ok. 1866–68

209. Julian Fałat, Kraków rankiem, 1897
210. Jan Stanisławski, Tyniec, ok. 1904

211. Jan Stanisławski, Noc

212. Władysław Podkowiński, Mokra Wieś, 1892

214. Wincenty Kasprzycki, Ponadwiśle, 1847
215. Władysław Malecki, Widok na Białogon, 1870
216. Wojciech Gerson, Widok Płocka, 1852
217. Napoleon Orda, Płock (widok od strony Wisły), 1830

218. Wojciech Gerson, Ruiny zamku Bobrowniki nad Wisłą, 1856

219. Leon Wyczółkowski, Wawel od strony Zwierzyńca zimą, 1910

220. Jacek Malczewski, Krajobraz znad
Wisły, 1904

221. Józef Rapacki, Wisła pod Bielanami, 1903
222. Piotr Potworowski, Zielona Wisła, 1960
223. Jan Nepomucen Głowacki, Morskie Oko

224. Jan Nepomucen Głowacki, Potok górski, ok. 1845

225. Wojciech Gerson, Śród przepaści (Widok na szczyt Rysów w Tatrach), 1893

226. Wojciech Gerson, Czarny Staw pod Kościelcem w Tatrach, 1888

227. Józef Szermentowski, Pieniny, 1868
228. Leon Wyczółkowski, Mnich nad Morskim Okiem, 1904

229. Stanisław Witkiewicz, Wiatr halny, 1895

230. Stanisław Noakowski, Krajobraz zimowy z domkami góralskimi
(Krynica), 1928

231. Bogusław Szwacz, Pejzaż górski

237. Stanisław Wyspiański, Motyw zimowy, 1905
238. Władysław Skoczylas, Rynek w Kazimierzu nad Wisłą, ok. 1930
239. Ferdynand Ruszczyc, Ziemia, 1898

240. Stanisław Noakowski, Zamek piastowski

241. Stanisław Noakowski, Drewniany kościół na wzgórzu, 1922

242. Stanisław Noakowski, Chata, 1922

243. Leon Chwistek. Miasto fabryczne, ok. 1920

244. Eugeniusz Arct. Huta Piłsudski (obecnie Kościuszko) w Chorzowie. 1935

245. Jacek Mierzejewski, Krajobraz formistyczny (Ogród w Zakopanem), 1915

246. Kamil Romuald Witkowski, Pejzaż formistyczny, 1917

247. Tytus Czyżewski, Pejzaż polski, ok. 1935

248. Stanisław Matusiak, Pasterz ze stadem owiec, ok. 1918

249. Felicjan Szczęsny Kowarski, Zagroda wiejska, 1941

250. Felicjan Szczęsny Kowarski, Pejzaż z uschniętym drzewem, 1930

251. Rafał Malczewski, Pejzaż górski, 1932

252. Michał Rouba, Młyn w lesie, 1935

253. Hanna Rudzka-Cybisowa, Kraków, wieża ratuszowa, 1933
254. Konstanty Mackiewicz, Kominy dymią, 1949
255. Edward Matuszczak, Port, 1935

256. Marek Włodarski, Ogród
257. Stanisław Fijałkowski, Pejzaż, 1956

258. Maria Jarema, Pejzaż, 1948

259. Władysław Strzemiński, Powidok słońca, 1948

260. Jan Cybis, Sopot

261. Andrzej Strumiłło, Nasza ziemia, przed 1954

262. Piotr Potworowski, Krajobraz z Łagowa, 1958

263. Piotr Potworowski, Zachód słońca w Kazimierzu, 1958–59

264. Stanisław Teisseyre, Spotkanie dnia z nocą, 1964–65

265. Adam Marczyński, Nad wodą, 1946

266. Jerzy Nowosielski, Pejzaż miejski

267. Jerzy Tchórzewski, Krajobraz z ptakiem, 1954

268. Barbara Jonscher, Pole, 1973

269. Rajmund Ziemski, Pejzaż w fioletach i zieleniach, 1958

SŁUŻBA OJCZYŹNIE

SŁUŻBA OJCZYŹNIE

Cztery kręgi rzeczywistości składały się na to, co nazywano ojczyzną: państwo, naród, historia i ziemia. W tych czterech kręgach kształtowała się miłość ojczyzny i obowiązki wobec niej. W ciągu wieków, gdy zmieniała się struktura państwa i jego losy, gdy proces integracji narodu pozwalał na przezwyciężenie społecznych konfliktów, gdy rozszerzały się w entuzjazmie i krytycyzmie horyzonty narodowej tradycji, gdy w świadomości społecznej ziemia ojczysta zyskiwała szczególny walor – w ciągu tej długiej historii kształtowało się, jako wynik tych przemian, a zarazem i jeden z ich czynników, pojęcie służby ojczyźnie i jej różnoraki program.

Najwcześniejsze i najważniejsze miejsce w tym programie miała służba rycerska. Jej konieczność rozumiał trafnie Norwid, gdy pisał:

> O! dzięki Tobie, Ojcze ludów – Boże,
> że ziemię wolną dałeś nam i nagą;
> ani oprawną w nieprzebyte morze,
> ni przeciążoną gór dzikich powagą,
> lecz jako pierś otworzoną, Boże...

Polscy kronikarze średniowieczni dobrze rozumieli tę sytuację i właśnie dlatego opisy walk obronnych przekształcali w modele patriotycznej służby. Tak na przykład Gall, wskazując na niemieckie zagrożenie, przypominał, jak Krzywousty apelował do mieszkańców Głogowa: ,,Będzie lepiej – mówił – jeśli mieszczanie i zakładnicy zginą od mieczy za ojczyznę, niż gdyby kupując zhańbiony żywot za cenę poddania grodu, służyli obcemu narodowi''. Wincenty Kadłubek, skłonny zawsze do patriotycznych i moralizujących sentencji, stwierdzał: ,,Co się z miłości ku ojczyźnie podejmuje, miłością jest, nie szałem, walecznością, nie zuchwalstwem, mocna bowiem jak śmierć jest miłość, która im trwożliwsza o to, co kocha, tym jest odważniejsza''.

Po wiekach napisze Jan Kochanowski słowa, które trwać będą w narodowej świadomości przez wieki następne:

> A jeśli komu droga otwarta do nieba,
> Tym, co służą ojczyźnie. Wątpić nie potrzeba,
> Że co im zazdrość ujmie, Bóg nagradzać będzie,
> A cnota kiedykolwiek miejsce swe osiędzie.

Literatura piękna i literatura polityczna przedstawiały tych właśnie, którzy ,,służyli ojczyźnie''. Ukazywały wzory rycerza, obywatela, człowieka poczciwego. Artyści mieli mniejsze możliwości takiego działania wychowawczego. Najbujniej – aż po wiek XVIII – rozwijało się malarstwo portretowe, z którego wyczytać można było nie tylko gloryfikację rodu, ale także i indywidualne cechy portretowanych osób, godne uwydatnienia. Magnaci i szlachta fundowali sobie liczne portrety. Widzieli się chętnie w stroju uroczystym, bogatym, niekiedy rycerskim. Niekiedy można było wyczytać z tych twarzy mądrość polityczną, sumienie obywatelskie czy odwagę, potrzebną na polu walki. Taki charakter miał np. portret Jerzego Ossolińskiego, który ,,piękne z przyrodzenia wzięte przymioty rozumu i serca starownym wychowaniem wykształcił'', czy Stanisława Krasińskiego, kasztelana płockiego, który ,,ze spokojnym nauk zamiłowaniem ducha rycerskiego łączył'', czy wreszcie Jana Karola Chodkiewicza, o którym pisano, że ,,miał od Boga urodę taką, jaką miał mieć wielki Hetman; twarz jego surowa na pierwszym wejrzeniu była. Majestatu pełna, prawie Marsowa: czoła był wysokiego, nosa orlego, znak dostojeństwa Hetmańskiego''. Ale znacznie częściej manifestowała się na portretach pycha, zadowolenie z życia pełnego bogactw i rozkoszy, zawziętość i bezwzględność w stosunkach z innymi ludźmi, a zwłaszcza wobec poddanych. Nie nosili oni zbroi, nie pozowali na rycerzy.

Kochanowski z goryczą stwierdzał:

> A rycerskie rzemięsło, którym Polska stała,
> Tak, że się nieprzyjaciół swych nigdy nie bała,
> Staniało między ludźmi: zbroje zardzewiały,
> Drzewa prochem przypadły, tarcze popleśniały,
> Wszystkie granice puste...

Gdy czyszczono te zbroje, to tylko po to, aby służyły dekoracji portretowej; czasami – w wieku XVIII – pojawiały się na takich portretach postacie, których piersi okrywał wprawdzie pancerz, ale głowy były przybrane w piękne peruki. Prawdziwy, heroiczny portret rycerski pozostawał raczej domeną monarchy – pasjonował się nim zwłaszcza Sobieski, naśladowali go niektórzy magnaci. W opinii szlacheckiej nie miał on większego uznania.

Cnoty rycerskie ceniono wysoko po śmierci. Gdy portret trumienny uwydatniał raczej małość człowieka, rzeźba nagrobkowa ukazywała jego wielkość. Zwłaszcza wiek XVI był wiekiem wznoszenia wspaniałych nagrobków – pomników rodowej chwały. Czyniły to nie tylko możne rody w katedrach i wielkich kościołach. W całej Polsce: w Tarnowie, w Brzezinach, w Sobocie, w Kościelcu, w Szamotułach, w Janowcu, w Kościanie, w Łomży, w Uchaniu, w Radlinie, w Kobylnikach i w innych miejscowościach spoczywali w spokoju śmierci w rycerskich zbrojach, lekko oparci na prawej ręce, możni tego kraju, służący mu ofiarnie. Ich życie stawało się modelem dla żywych, odwiedzających kościoły i przejętych świetnością tego grobowego hołdu. Hołdu, który stawał się faktem społecznym o szerokim zasięgu oddziaływania.

Mimo tych tradycji Polska wieku oświecenia stawała się Polską „życia zniewieściałego", zwłaszcza w tych kręgach społecznych, które kierowały – z wyżyn dworu – modą i stylem życia. Stronnictwo patriotyczne usiłowało przywrócić ducha rycerskiego, ale starania w tym kierunku idące – zarówno w sejmie, jak i wśród szlacheckiego społeczeństwa – nie zyskiwały większego powodzenia, chociaż publicystyka i literatura piękna współdziałała w tych dążeniach. Pisał z wyrzutem Adam Naruszewicz, przypominając wielkość i siłę dawnej Polski:

> Dziś ni rycerstwa ni wojennej sławy
> Chociaż się liczne podniosły buławy.

Inną próbę obrony ducha rycerskiego podjęła Konfederacja Barska. I to nie w publicystyce, lecz w praktyce bojowej, w szerokiej, choć nieskoordynowanej akcji zbrojnej przeciwko wojskom rosyjskim na różnych terenach Rzeczypospolitej. Program polityczny Konfederacji był zachowawczy, ale nawoływanie do patriotycznego oporu, połączonego z obroną wiary katolickiej, pozyskiwało zwolenników akcji zbrojnej, mającej charakter pierwszego polskiego powstania w obronie suwerenności państwa i jego niepodległości.

W tych kręgach tworzył się model patrioty-żołnierza służącego ojczyźnie i Bogu, a zwłaszcza opiekunce kraju – Matce Boskiej. Bogata literatura barska – zwłaszcza liczne pieśni – eksponowała ten model życia. W jednej z nich, może najbardziej znanej, czytamy:

> Stawam na placu z Boga ordynansu,
> Rangę porzucam dla nieba wakansu.
> Dla wolności ginę, wiary swej nie minę.
> Ten jest mój azard.

Liczne pieśni marszowe wzywały do walki, obiecując pomoc „Maryi, królowej polskiego narodu", u której barscy żołnierze mieli „być w komendzie", a także pomoc Chrystusa i polskich świętych. Wśród nich – w nawiązaniu do średniowiecznej tradycji – ważne miejsce zajmował św. Stanisław. Do niego zwracano się w pieśni modlitewnej:

> Opiekuj się ojczystym żołnierzem,
> Bądź w utarczce tarczą i puklerzem.

Polityczne błędy Konfederacji Barskiej nie przekreśliły wartości jej patriotyzmu walki w opinii późniejszych pokoleń. Polski romantyzm, zwłaszcza emigracyjny, zwracał się z sentymentem do tych pierwszych polskich powstańców, zagubionych w ówczesnych układach i grach politycznych, ale walczących.

Mochnacki wielbił tych „rycerzy narodowej wolności"; Mickiewicz w prelekcjach paryskich stwierdzał, iż w ruchu tym „brała górę starożytna idea polska, idea szlachetności, poświęcenia się i zapału, która odrzuca wszelkie rachuby i łamie wszelkie trudności".

Ale mit Polski rycerskiej był bogatszy i bardziej zróżnicowany niż model barskiego żołnierza. Rodził się ten mit z polskiej tęsknoty za wielkością w czasach słabości i klęski. W dobie oświecenia zwracano się do wielkich wzorów patriotycznego życia wielkich polskich rycerzy. Czyniła to zwłaszcza literatura i poezja przypominająca czyny Zawiszy Czarnego, Karola Chodkiewicza, Stanisława Żółkiewskiego, Stefana Czarnieckiego, a także wielkość polskich królów. W Szkole Rycerskiej, założonej przez Adama Czartoryskiego, obowiązywał *Katechizm moralny*, w którym na pytanie: 236

jakim powinien być kadet, odpowiadano: „powinien ojczyznę swą kochać i jej dobro nade wszystko, i sposobić się do tego, aby się mógł poświęcić na jej usługi". Ignacego Krasickiego *Hymn o miłości ojczyzny* stawał się wyznaniem wiary tej młodzieży:

> *Święta miłości kochanej ojczyzny*
> *Czują cię tylko umysły poczciwe!*

Hymn kończył się wyznaniem gorliwości i ofiarności, oświadczeniem, iż jeśli tylko można ojczyznę „wspierać, nie żal żyć w nędzy, nie żal i umierać".

Sztuka współdziałała w patriotycznym wychowaniu społeczeństwa. Artystów zachęcał do pracy w tym kierunku Stanisław August, który – w porozumieniu z Adamem Naruszewiczem – tworzył cały program edukacji obywatelskiej, oparty na żywej łączności z tradycją. W tym duchu były zdobione sale Zamku i sale Łazienek; temu miał służyć pomnik Sobieskiego, którego odsłonięcie stało się ogromną manifestacją narodową.

Upadek państwa – wydawałoby się – zamknął na zawsze dzieje służby rycerskiej i obywatelskiej. Pierwszy prezes warszawskiego Towarzystwa Przyjaciół Nauk Jan Albertrandi stwierdzał, iż życie polityczne i czyny wojenne nie są już Polakom dostępne – zostały im zajęcia naukowe. Inni, jak Stanisław Staszic czy Ksawery Drucki-Lubecki, wypracowywali nowy program działalności gospodarczej i społecznej, program pracy organicznej. Rodził się w tych warunkach nowy model obywatela, nowy rodzaj służby ojczyźnie. Literatura rozpoczynała propagowanie tego ideału i w ciągu całego okresu niewoli ukazywała ludzi służących krajowi pracą gospodarczą i działalnością społeczną.

Sztuka miała w tej dziedzinie bardzo ograniczone możliwości. I pozostawała wierna raczej polskim tradycjom rycerskim, nadającym się znacznie lepiej jako treść artystycznych wizji niż działalność gospodarcza. Miało to wielkie znaczenie dla narodowej edukacji, ponieważ powodowało w znacznym stopniu odwrócenie perspektywy, w jakiej świadomość narodowa ujmowała rzeczywistość. W rzeczywistości bowiem istniały dwa wielkie nurty życia narodowego – na jednym szlaku skupiali się ci, którzy teraźniejszość i przyszłość ujmowali jako pracę gospodarczą i kulturalną, jako wzmacnianie sił i ducha narodu w działalności pokojowej i legalnej; na drugim szlaku ci, którzy ufali walce, przygotowywanej konspiracyjnie i rewolucyjnie. Na obu tych drogach splecionych i przeciwstawnych, wiodących do rzadkich zwycięstw i częstych katastrof, przesłanianych raz po raz oskarżeniami i zwątpieniami, a przecież wciąż ważnych, kształtowała się polska świadomość narodowa wieku niewoli, formowały się różne typy polskiego patriotyzmu.

W oczach sztuki nie była ważna ta pierwsza droga. Artyści nie umieli – na ogół – przedstawić piękna działalności obywatelskiej, odwagi cywilnej, służenia krajowi w życiu powszednim, przedsiębiorczości gospodarczej kierowanej ku powszechnemu dobrobytowi. Trochę ilustracji w czasopismach, trochę propagandowej litografii. Na granicy tych nierycerskich dróg służby ojczyźnie pojawiały się z rzadka obrazy takie, jak Lessera, poświęcony Wandzie, czy Matejki, przedstawiający Rejtana. W obu przypadkach polityczna mądrość i odwaga miały jednak charakter ofiary, która była raczej dramatycznym protestem niż skutecznym programem działania.

A właśnie to, co dramatyczne, inspirowało artystów. Stąd też sympatie do tej drugiej drogi narodowego działania, drogi konspiracji, walki, ponoszonych klęsk i wciąż odradzających się nadziei zwycięstwa. Zdarzenia i doświadczenia tej drogi stanowiły niewyczerpalną domenę sztuki. I to sztuki „wielkiej" i sztuki „małej". Być może ta druga miała jeszcze większy zasięg społeczny. Opowieści patriotyczne łączyły się tu z żarliwą wiarą religijną, a Matka Boska miała czuwać nad żołnierzami idącymi od klęski do klęski, modlitwa i miecz miały zwyciężać wrogów, ryciny i sztychy, sztambuchy i ilustrowane albumy stawały się powszechną rzeczywistością życia w niewoli, życia w żałobie, posłusznego apelom heroizmu. Dzięki sztuce kształtowała się nie tylko swoista optyka tych czasów, ale i znamienny program patriotycznego wychowania. Polska okazywała się żywa i nieśmiertelna właśnie tam, gdzie królowała śmierć, niszcząca jej najlepszych synów, a służba ojczyźnie wydawała się najgodniejsza na polach walki, w podziemiu, w więzieniach, na zesłaniu, na szafotach, szubienicach, przed plutonami egzekucyjnymi.

Sztuka, chroniąc od niepamięci czyny rycerskie, ukazywała je jako wzory życia. Zrazu te, które przekazywała przeszłość najbliższa. Klęska pod Maciejowicami i nad Elsterą wydźwignęła w patrio-

tycznej świadomości narodu i tego, który miał powiedzieć „finis Poloniae", i tego, który oddawał

Bogu honor Polaków. Wizerunki Kościuszki oraz Poniatowskiego w dziesiątkach wersji krążyły wśród społeczeństwa. Liczne były też projekty pomników, a z czasem i pomniki same. Równocześnie sięgano i do przeszłości dalszej. Zawisza Czarny, Stefan Czarniecki, Stanisław Żółkiewski i wielu innych stanowiło narodową galerię wielkich przykładów „służby ojczyźnie". Także kobiety – jak Anna Dorota Chrzanowska broniąca Trembowli lub Emilia Plater – miały miejsce w tej galerii. Literatura i sztuka powracały do tych postaci wielokrotnie, aż po czasy Młodej Polski, gdy Żeromski poświęcił Żółkiewskiemu swą *Dumę o hetmanie*, jako opowieść o bohaterstwie i samowoli „duszy polskiej", a Wyspiański zaprosił na wesele Zawiszę Czarnego, aby pokazać słabość współczesnych Polaków.

W ten sposób stała się żywą wielka tradycja rycerska Polski dawnej – żywą we wspomnieniach, w marzeniach i w nadziejach. Ale rzeczywistość była surowym wyzwaniem. W przepięknym wierszu pisał Słowacki:

> *Anioły stoją na rodzinnych polach*
> *I, chcąc powitać, lecą w nasze strony.*
> *Ludzie, schyleni w nędzy i w niedolach,*
> *Cierniowymi się kłaniają korony,*
> *Idą i szyki witają podróżne*
> *I o miecz proszą, tak jak o jałmużnę.*

Ten motyw stanie się podziemnym nurtem polskiego patriotyzmu aż po twórczość Malczewskiego i Wyspiańskiego. Jak zdobyć ten miecz – to była wielka sprawa narodu w niewoli. Gdy nie można było być rycerzami, trzeba było na pole walki iść po drogach spiskowych.

Na tych drogach sztuka – na równi z poezją – towarzyszyła spiskowcom. W rysunkach i szkicach utrwalono nowe życie patriotyczno-konspiracyjne. Zebrania tajne, uroczyste przysięgi, gotowość wytrwania w okrutnych śledztwach – stawały się tematem obrazów i rycin dokumentujących losy patriotów i wzywających do oporu. W tym duchu przedstawiał tajne sprzysiężenie młodzieży Jan Nepomucen Lewicki, a więzienie i kaźń Waleriana Łukasińskiego Antoni Oleszczyński.

Sprzysiężenia torowały drogę Powstaniu Listopadowemu. Artyści byli po stronie tych, którzy chwycili za broń. Pokazywali Piotra Wysockiego i podchorążych, zdobycie Arsenału, atak na Belweder. a następnie walki na przedpolach Warszawy. Niekiedy czynili to współcześnie, niekiedy w kilka lat później, gdy wspomnienia były jeszcze żywe i bliskie.

Upadek Powstania Listopadowego zamknął na długo możliwości jawnej walki zbrojnej. Młodzież schodziła w podziemie. Mickiewicz w wierszu *Do Matki Polki*, pisanym w roku 1830, przedstawił ten los patrioty – spiskowca. Pisał:

> *Syn twój wyzwany do boju bez chwały*
> *i do męczeństwa... bez zmartwychwstania*
> *[...]*
> *Wcześnie mu ręce okręcaj łańcuchem,*
> *Do taczkowego każ zaprzęgać woza,*
> *By przed katowskim nie zbladnął obuchem,*
> *Ani się spłonił na widok powroza.*

Tę rzeczywistość ukazywali artyści.

Roman Postempski malował wyprowadzenie Szymona Konarskiego na stracenie. W przeddzień śmierci – tak mówi legenda – napisał on wiersz pożegnalny, będący wyrazem dramatycznego porachunku z Bogiem za cierpienia ojczyzny. „A przyszłość moją – pisał – Bóg z katem kojarzy[...] Ja w Boga nie wierzę, ja mam w sercu piekło". W tej skardze jedna tylko pozostawała otucha, chociaż z woli wroga nie będzie mogła być spełniona:

> *Ja pójdę szukać ludzi, co bluźnili Tobie,*
> *Co, jak Chrystus na krzyżu, ludzkość w sercu czuli.*

Wielu innych artystów przedstawiało losy konspiracji, więzienia, śmierć spiskowców i emisariuszy. Nieznany malarz ukazał stracenie Artura Zawiszy w roku 1833, Jan Nepomucen Lewicki stworzył obraz *Rozstrzelanie Antoniego Babińskiego w Poznaniu w roku 1847*, Antoni Kozakiewicz zobrazował samospalenie Karola Levittoux w celi więziennej w roku 1841. Śmierć Edwarda

Dembowskiego na przedpolach Krakowa była tematem, do którego często nawracano zwłaszcza w dobie Wiosny Ludów. Najpopularniejsza rycina przedstawiała go z szablą w jednym ręku a krzyżem w drugim, na czele kosynierów idących pod sztandarami religijnymi i narodowymi do ataku na Austriaków. W ten sposób tradycyjna ikonografia konfederatów barskich i racławickich kosynierów Kościuszki prezentowała rewolucyjny patriotyzm Dembowskiego.

Powstanie roku 1863 było nie tylko kolejnym etapem walki o niepodległość kraju, ale i odrębną postacią patriotyzmu. Gdy Powstanie Listopadowe rozpoczynało się w atmosferze nadziei, przynajmniej w pewnym stopniu uzasadnionej, Powstanie Styczniowe było raczej aktem rozpaczy udręczonego narodu, samoobroną młodzieży, protestem gnębionych. Rozpoczynało się religijnymi manifestacjami, zagrożeniem przez ,,brankę''. Cień żałoby kładł się niemal od początku na polskie dwory, na kryjących się po lasach powstańców. A jednak szli oni nieustraszenie na tę walkę nierówną. Romantyczny poeta wiele lat wcześniej taki poryw bohaterstwa określił słowami: ,,a kiedy trzeba, niech na śmierć idą po kolei, jak kamienie przez Boga rzucane na szaniec''. Sprawdzało się to określenie w roku 1863 w doświadczeniach ludzi i w malarstwie Grottgera. I miało się powtórzyć raz jeszcze w Powstaniu Warszawskim i opowieści o patriotyzmie Szarych Szeregów.

Cykle Grottgera były dokumentacją tego patriotyzmu ,,żałobnych wieści'', tragicznych ,,pożegnań'', śmierci na pobojowisku, które było polskim ,,nocturno'' modlitw powstańczych. W prywatne i szczęśliwe życie domowe wdzierała się wojna, wzywając do szeregów, na pole walki; pod murami więzienia oczekiwała matka z dziećmi, na grobie powstańca zanosiła modły inna kobieta, a jeszcze inna przeżywała ,,tragedię niewieścią'' niezawinioną, okrutną. Wojna stawała się w ten sposób – po raz pierwszy w sztuce na taką skalę – tragedią kobiet: matek, żon, narzeczonych.

Epopeję powstańczą przedstawiały jeszcze inne rysunki i szkice Grottgera, a także i obrazy olejne, jak *Pochód na Sybir*, ukazujący kolumnę więźniów, idących przez bezkresne pola w śniegu. Ale kronikę sybirskiego losu patriotów ocalił od zapomnienia Aleksander Sochaczewski, malarz i więzień Sybiru. W ciągu lat zesłania malował i rysował życie skazanych, w którym uczestniczył. Prawda i piękno splatały się w tej relacji, której w kilkadziesiąt lat później dorówna sztuka obozów zagłady.

Kontynuacją owego malarstwa była wczesna twórczość Malczewskiego. Jego obrazy *Na etapie*, *Niedziela w kopalni*, *Sybiracy*, *Wigilia na Syberii*, *Czytanie listów na Syberii* i inne ukazywały los zesłańców. A chociaż był on im wszystkim wspólny, na obrazach Malczewskiego każdy z nich pogrążony jest we własnych myślach, wspomnieniach, marzeniach, każdy jest zamknięty w kręgu własnej goryczy i melancholii, samotności i smutku. Wojna i klęska, przemoc wroga nad polskim narodem, okrutna kara zesłania stają się doświadczeniem konkretnych ludzi, ich smutną biografią.

W tych narodowych doświadczeniach klęski rodziła się gorycz wątpliwości i oskarżeń, niepewność, jaką drogę narodowego życia wybierać w przyszłości. Malczewski bardziej niż ktokolwiek inny wyczuwał te niepokoje, jak o tym świadczyły jego wielkie kompozycje *Błędne koło* i *Melancholia*. Temu wahaniu poświęcił w roku 1903 portret wnuka margrabiego Wielopolskiego, zatytułowany *Hamlet polski*. Na tym obrazie Polska stara manifestacyjnie żaliła się nad swym losem, ukazując ręce zakute w kajdany, Polska młoda, cała w czerwieni, potrząsała rękoma wolnymi od kajdan, krzycząc z radości i zdumienia. Między nimi stał wnuk tego, który reprezentował kiedyś trudną i surową politykę ugody i został zwyciężony przez patriotów walki powstańczej, stał jako Hamlet polski – niezdecydowany, nieobecny, chroniący opiekuńczym gestem kwiatek margerytki. Portret malowany był w tym samym roku, w którym Wyspiański przedstawiał w *Wyzwoleniu* Konrada polskiego, równie zagubionego w sidłach tradycji i poezji, Konrada udręczonego przez maski i erynie, którego uwolnić miała ,,dziewka bosa'', aby wybiegł ,,w naród, wołając więzy rwij''.

Te wspólne losy Konrada i Hamleta zamykały ważny etap patriotycznej edukacji aktem zwątpienia i wahania. Rozdział nowy otwierała wizja Polski w czerwieni. Nową postać patriotyzmu kształtował bowiem robotniczy ruch rewolucyjny, zwłaszcza w Królestwie Kongresowym. Wprawdzie w niektórych koncepcjach teoretycznych ruch ten miał być orientowany wyłącznie ku zadaniom międzynarodowej rewolucji proletariackiej, ale dyskusje w tej sprawie zakończyły się programem ścisłego powiązania walki rewolucyjnej z walką o narodowe wyzwolenie. W tym duchu prowadzono akcję konspiracyjną, organizowano manifestacje i strajki. W tym kierunku szła rewolucja 1905 roku.

Stawała się ona szkołą patriotyzmu nowego typu. Do patriotycznych modeli życia: rycerza, żołnierza, spiskowca, partyzanta, przybywał model nowy – rewolucjonisty proletariackiego.

Wojna 1939–1945 była czasem wielkiej próby polskiego patriotyzmu. Walka o odzyskanie utraconej niepodległości splatała się nierozłącznie z wypracowywaniem wizji nowej Polski i z wolą urzeczywistniania jej nowego kształtu. Powtórzyły się w świadomości społecznej w formie skondensowanej wszystkie doświadczenia okresu niewoli: szukanie win, organizowanie konspiracji, namiętne spory o przyszłość, walka podziemna i boje na wszystkich frontach Europy. Literatura w kraju i na emigracji – wbrew wielkim przeszkodom – towarzyszyła przemianom i niepokojom narodowej świadomości. Sztuka nie miała nawet takich możliwości działania.

Mimo to wielu artystów, rozproszonych po całym świecie, próbowało przenosić na papier i płótno zdarzenia, w których uczestniczyli, i nadzieje, jakie żywił naród. Powstawały obrazy, rysunki, szkice przeznaczone do późniejszych kompozycji. Niektóre pokazywano na wystawach w Związku Radzieckim, we Francji, w Anglii. Niektóre przechowywano w obozach jenieckich, inne ukrywano w obozach śmierci, jeszcze inne – te w kraju – tułały się po prywatnych mieszkaniach i ukazywały na małych, zamkniętych wystawach.

W wymiarach miniaturowych przedstawiano sylwetki przyjaciół i współtowarzyszy więziennych i obozowych, rejestrowano cierpienia i żal, świadczono o wartościach międzyludzkiej wspólnoty, o heroizmie walczących, ściganych, niszczonych. Próbowano ostrzem satyry ugodzić wroga. Ponad zgrozą i krzywdą, ponad ofiarą i zdradą ukazywano ład ludzkich wartości, niszczony, ale trwały. Pisał Krzysztof Kamil Baczyński:

> Ojczyzna moja tam, tam jest i tak daleka,
> jak jest podana dłoń człowieka dla człowieka.

Taki humanizm był treścią sztuki walczącej. Pomagała ona ludziom w najtrudniejszych warunkach ich życia, na granicy zagłady i rozpaczy, w koncentracyjnych obozach. Poeta Grzegorz Tymofiejew, więzień obozu w Gusen, zaświadczał: „Sztuka w obozach współżyła ze zbrodnią i rozwinęła się wbrew logice. Bo właśnie stała się potężną siłą oporu przeciw terrorowi, ratowała więźniów przed zupełnym zezwierzęceniem, budziła wiarę w człowieka i niezniszczalność ludzkich ideałów". Maria Hiszpańska-Neumann potwierdzała, że „formą walki było nasze zajmowanie się sztuką w obozie. Było również rozładowaniem psychicznym i wielką pomocą do przetrwania".

Do obozów wtrącono wielu artystów, aby położyć kres ich twórczości. Wbrew tym zbrodniczym planom niszczenia pozostali oni wierni sztuce i człowiekowi. Maja Berezowska, Marian Bogusz, Zbigniew Dłubak, Xawery Dunikowski, Maria Hiszpańska-Neumann, Karol Konieczny, Jadwiga Simon-Pietkiewiczowa, Antoni Suchanek, Józef Szajna, Henryk Tomaszewski i dziesiątki innych rysowali w najtrudniejszych warunkach, grożących codziennie zagładą tych ulotnych świadectw życia obozowego i śmiercią ich twórców.

Wraz z końcem wojny sztuka odzyskała możliwości szerokiego działania. I złożyła przede wszystkim hołd tym, którzy walczyli o wolność kraju. W dziesiątkach obrazów, akwarel i rysunków uratowała się od niepamięci kronika polskiego bohaterstwa. Służył narodowej pamięci Michał Bylina kontynuując swą międzywojenną twórczość batalistyczną. Na wielu frontach przebywał w ciągu wojny Feliks Topolski i wykorzystał te doświadczenia w licznych rysunkach. Temat wojny podejmował Stefan Żechowski w pięknym obrazie *Jeńcy*. Na wystawie „Dziewięć lat Ludowego Wojska Polskiego" w roku 1953 zaprezentowano wiele obrazów wojennej treści. Równocześnie ta sztuka przekraczała granice doświadczeń polskich i – zgodnie z polską tradycją walki za waszą i naszą wolność – darzyła swym spojrzeniem wszystkich krzywdzonych, ale walczących o wolność i sprawiedliwość. Taki charakter miały obrazy Bohdana Urbanowicza *Cześć bojownikom z Grammos*, Wojciecha Fangora *Matka Koreanka*, Aleksandra Kobzdeja *Siedzące kobiety* i wiele innych.

W tych horyzontach zamykała się rola sztuki polskiej w walce o pokój – był to temat wystawy w roku 1951 – wspólne dobro narodów świata.

Ale coraz bardziej porywał artystów patos odbudowy kraju i budowy nowego życia dla milionów obywateli. Ulegając hasłom socjalistycznego realizmu, tworzono obrazy i rzeźby – niestety, bez większych wartości artystycznych – sławiące trud powszedni na polach, w miastach, w fabrykach, przedstawiano wspólnotę zbiorowego wysiłku, natężenie woli osiągania coraz lepszych wyników, 240 zdobywania sukcesów w wielkim współzawodnictwie pracy. W twórczości Juliusza i Heleny Krajewskich, Aleksandra Kobzdeja i innych ukazywał się nowy model patrioty i obywatela, dla którego służba ojczyźnie była wytężoną pracą ofiarowywaną społeczeństwu jutra. Ta sztuka zaangażowana dokumentowała zdarzenia i etapy społecznego przewrotu w Polsce – reformę rolną, nacjonalizację przemysłu – a zarazem poszukiwała wyrazu dla nowych doświadczeń ludzi, powoływanych przez dziejowy przewrót do nowej pracy i nowej odpowiedzialności. Ukazywała więc zebrania i dyskusje, radość i niepokój, odpowiedzialność młodzieży, entuzjazm pracy. Ukazywała najnowszą postać ,,służby ojczyźnie''.

W ten sposób artyści podejmowali tematykę zaniedbaną w okresie niewoli przez sztukę urzeczoną pięknem i tragizmem walki. Czyniąc tak narażali się na ostrą krytykę, wskazującą, iż w tym programie sztuka ulega zadaniom propagandy i wychowania. Jeśli nawet krytyka ta była w wielu przypadkach słuszna, to jednak pozostanie zawsze niepokojące pytanie, czy sztuka nie powinna być z ludźmi w ich życiu realnym i czy rzeczywiście taka postać ,,służby ojczyźnie'' jest artystycznie niewyrażalna?

270. Mistrz tryptyku z Wielowsi, Legenda św. Jadwigi śląskiej, ok. 1430 – kwatera: Książę Henryk Pobożny walczy z Tatarami

271. Jan Cini, Bernardino de Gianotis, Nagrobek kanclerza Krzysztofa Szydłowieckiego w kolegiacie w Opatowie (płaskorzeźba z Lamentem – autor nieznany), 1533–36

272. Nagrobek Wojciecha Kryskiego i jego rodziców Pawła i Anny ze Szreńskich w kościele w Drobinie k. Płocka, 1572–78

273. Nagrobek Tomasza Sobockiego w kościele w Sobocie na Mazowszu, XVI w. – fragment

274, 275. Ryngraf, XVIII w. – awers i rewers

276. Antoni Józef Misiowski, Portret Aleksandra Jana Jabłonowskiego, chorążego wielkiego koronnego, 1740

ALEXANDER JAN JABŁONOWSKI CHORAŻY WIELKI KORONNY BUSKI KORSUNSKI &. STAROSTA PUŁKO=
WNIK WOYSK KORONNYCH ROKU SWEGO 33 ZAS PANSKIEGO 1705 ~
~ ANT MISIOWSKI PINXIT 1740 ~

277. Portret Jana Karola Chodkiewicza, XVII w.

278. Jan Damel, Kościuszko ranny pod Maciejowicami

279. Aleksander Orłowski, Przemarsz wojska kościuszkowskiego, 1800–02

280. Jan Bogumił Plersch, Utarczka kawalerii, scena z powstania kościuszkowskiego, 1795

281. Philibert L. Debucourt wg Horacego Verneta, Śmierć księcia Józefa Poniatowskiego w Elsterze

282. Aleksander Orłowski, Projekt pomnika księcia Józefa Poniatowskiego w mundurze generalskim, 1818

283. Józef Peszka, Legiony polskie we Włoszech

284. January Suchodolski, Śmierć Cypriana Godeb-
skiego pod Raszynem, 1855

285. Teofil Kwiatkowski, Na pobojowisku, 1869

286. Teofil Kwiatkowski, Rozbitkowie. Alegoria upadku powstania listopadowego, 1846

287. Stracenie Artura Zawiszy w Warszawie. Drzeworyt z wyd. francuskiego

288. Wg Józefa Bohdana Dziekońskiego, Śmierć Edwarda Dembowskiego na Pogórzu w Krakowie w 1846 roku

289. Aleksander Lesser, Obrona Trembowli, Kłosy, 1884

290. Aleksander Lesser, Pogrzeb pięciu ofiar z roku 1861 w Warszawie, 1861

291. Antoni Kozakiewicz, Śmierć Karola Le- vittoux w Cytadeli Warszawskiej, ok. 1867

299. Jan Matejko, Wernyhora, szkic, 1875
300. Adam Chmielowski, Powstaniec na koniu, przed 1875

301. Maksymilian Gierymski, Wymarsz powstańców ze wsi w 1863 roku

302. Kazimierz Alchimowicz, Na etapie, 1894

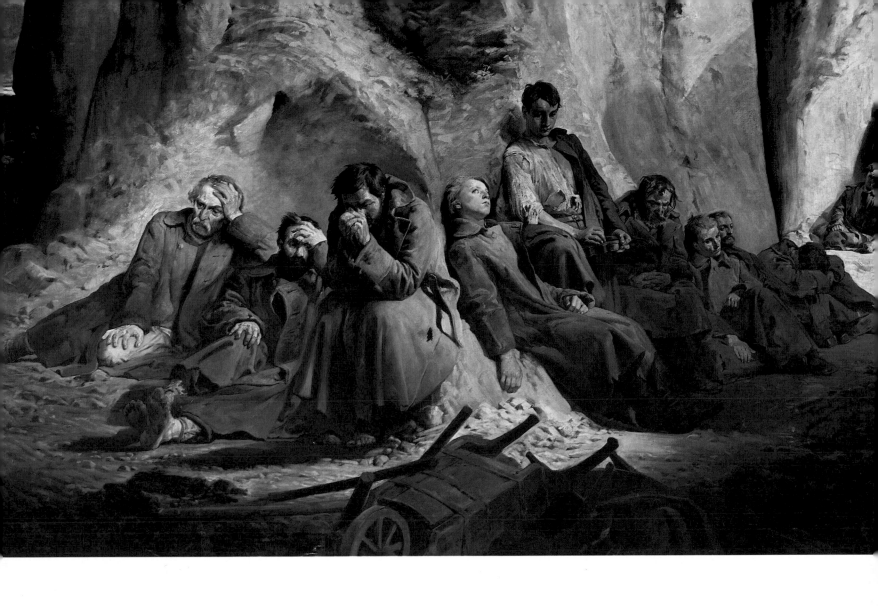

303. Antoni Piotrowski, Rozstrzelanie powstańca na stokach Cytadeli Warszawskiej, 1885

304. Stanisław Masłowski, Wiosna 1906 roku, 1907

305. Jacek Malczewski, Niedziela w kopalni, 1882

306. Stanisław Fabiański, Pogrzeb strajkującego, 1907

307. Bronisław Wojciech Linke, Powstańcy, z cyklu Śląsk, 1937

308. Bronisław Wojciech Linke, Ruch oporu, z cyklu Kamienie krzyczą, 1949

309. Jadwiga Tereszczenko, Nocny transport (Pawiak 1941)

ŚWIĘTA·BARBARO
MIEJ·W·OPIECE
LUDZI·PODZIEMIA

310. Aleksander Sołtan, Warszawa 1939, 1942

311. Stanisław „Miedza''-Tomaszewski, Matka
Boska Wysiedlona, ok. 1941

312. Jerzy Jarnuszkiewicz, Święta Barbaro miej
w opiece ludzi Podziemia

313. Plakat z Powstania Warszawskiego, 1944

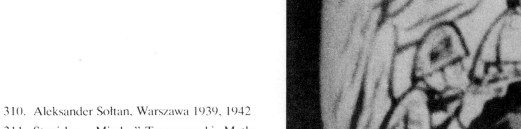

ZDOBYCZ WOJENNA

314. Henryk Kuna, Zdobycz wojenna, projekt rzeźby, 1944
315. Marian Wnuk, Kobietom czasów okupacji, 1964

316. Barbara Bieniulis-Strynkiewicz, Żywa baryka-
da – Oświęcim – fragment założenia w ogrodzie
w Mogielnicy, 1970

317. Marek Oberländer, Głód, z cyklu Nigdy więcej
Getta, 1953

318. Andrzej Wróblewski, Rozstrzelanie V, 1949

319. Wojciech Fangor, Matka Koreanka, 1951

320. Bogdan Urbanowicz, Cześć bohaterom z Grammos, 1950

321. Juliusz Krajewski, Niedzielne popołudnie

322. Aleksander Kobzdej, Ceglarki, 1950

323. Tadeusz Jodłowski, Dziesięć lat budowy Polski Ludowej, plakat, 1954

324. Stanisław Kulon, Przeciw przemocy, 1970

POGLĄD NA ŚWIAT
I LOS CZŁOWIEKA

„Powiedę cię do rajskiego, do królestwa niebieskiego" – obiecywała poezja polska wieku XV, zachowana tylko w okruchach. Ta nadzieja była zasadniczym elementem chrześcijańskiego poglądu na świat, panującego w Polsce średniowiecznej. Jego treść teologiczna nie była tak ważna, jak praktyka zachęcająca do nowej orientacji życia, wspólnej dla wszystkich, bogatych i biednych, organizowanej pod opieką kapłanów. Chrześcijaństwo tak przeżywane nie było systemem teologicznym, lecz prostą opowieścią o Bogu, a zwłaszcza o Chrystusie i Matce Bożej, o cudownych wydarzeniach z życia świętych, o opiece roztoczonej nad ludźmi, ale i sądzie nad nimi, o dramatycznej walce szatana z aniołami, strzegącymi człowieka w jego ziemskiej wędrówce. Wszystko to było opowiadane bogatym i sugestywnym językiem liturgicznych obrzędów, z tą samą prostotą w wielkich katedrach i w małych kościołach, jednakowo dla możnych i dla prostaczków.

Tak opowieść była dziełem licznych artystów, którzy nie wyróżniali się jeszcze spośród ogółu, a nazwiska ich zostały zapomniane, jeśli w ogóle były wiadome. Bo nie dla osobistej chwały czynili oni to, co czynili. Dopiero w późniejszych czasach ośmielali się – niektórzy – w całej skromności przedstawić się jako twórcy. We wczesnych wiekach sztuka była anonimowa, ale jej społeczny rezonans był ogromny.

Budownictwo kościelne rozpoczęło się bardzo wcześnie, niemal bezpośrednio po przyjęciu przez Polskę chrztu. Ale niewiele ostało się z tych czasów przedromańskich. Z X wieku pochodziła rotunda na Wawelu, katedra w Poznaniu, a także w Gnieźnie, kaplica pałacowa na Ostrowie Lednickim. Z XI wieku ocalała rotunda grodowa w Cieszynie. Od połowy XI wieku architektura romańska zyskiwała znaczenie. Tak budowano w Krakowie i Płocku, w Strzelnie i Czerwińsku, w Trzemesznie i Inowłodzu, w Tumie pod Łęczycą, Trzebnicy, Sandomierzu, Kruszwicy, Opatowie i w setkach innych miejscowości. W ciągu kilku wieków Polska piastowska pokryła się siecią kościołów, wznoszonych przez władców i przez możnych, przez duchowieństwo i zakony.

Wiek XIII rozpoczynał dzieje architektury gotyckiej, która trwać miała aż do początków wieku XVI. W tym stylu w wieku XIII wznosili kościoły cystersi i dominikanie w Trzebnicy, Sulejowie, w Sandomierzu i we Wrocławiu.

Gotyckie budownictwo kościelne objęło w wieku XIV całą Polskę. W Krakowie przebudowywano katedrę na Wawelu, wznoszono kościół Mariacki, kościół św. Katarzyny, kościół Bożego Ciała. Na Śląsku przebudowywano katedrę we Wrocławiu, budowano kościół Św. Krzyża; wielkie bazyliki powstały w Strzegomiu, Świdnicy, Kłodzku. W Wielkopolsce przebudowywano katedry w Poznaniu i Gnieźnie, na Pomorzu Zachodnim – w Kołobrzegu, Szczecinie i w Stargardzie Szczecińskim. Na Pomorzu Wschodnim budowano kościół św. Jakuba w Toruniu, kościół Mariacki w Gdańsku, katedrę w Pelplinie, na Warmii katedrę we Fromborku i kościół w Ornecie. W Wilnie w wieku XVI wzniesiono gotycki kościół św. Anny. Budowano też w setkach innych miejscowości. Prace ciągnęły się latami – katedrę we Wrocławiu wznoszono niemal sto lat. Normalna budowa trwała dziesięciolecia, ale była ona wielką mobilizacją społeczeństwa, trwałą inspiracją jego nabożności i ofiarności.

W zestawieniu z ówczesnymi świeckimi siedzibami kościół był budowlą kamienną, monumentalną, której wielkie łuki i potężne wieże nie miały niczego równego sobie, nawet w miastach.

Zarówno romańskie, jak i gotyckie kościoły stanowiły pierwszą straż boskiego porządku w świecie, miejsce obrony nie tylko przed „wojskami szatana", ale i przed nieprzyjacielem ziemskim, teren schronienia i wspólnoty ludzi. Zwrócone na zewnątrz tympanony wieściły dobrą nowinę wszystkim przychodzącym, ukazywały Chrystusa sprawiedliwego i jego Matkę, uczyły rozumieć biblijne przypowieści. Wewnątrz kościoła obrazy i rzeźby, malowidła na ścianach, na sklepieniu i w apsydzie, wystrój ołtarza i ambony stwarzały atmosferę skupienia i bezpieczeństwa, uczestniczyły w nabożeństwie wiernych, których modlitwie towarzyszyła w coraz większym zakresie muzyka, a później i śpiew. W żadnej z późniejszych epok, w których sztuka ukazywała się ludziom w zdobionych salach zamków i pałaców, w muzeach, na scenach teatrów, na ekranach filmowych i telewizyjnych, nie była ona tak bliska człowiekowi jak właśnie w średniowieczu, kiedy to wespół z potrzebami religijnymi stwarzała wszystkim wielkie i wyodrębnione królestwo duchowego życia.

Budownictwo sakralne stanowiło przez kilka wieków główny teren działania architektów i majstrów budowlanych, malarzy i rzeźbiarzy. Pierwsze kościoły powstawały z woli królów, służąc idei suwerenności państwa i stanowiąc wybrane miejsce modlitw władcy, liczne też fundowane były przez możnowładców. Wiele świątyń wznosiły zakony: najwcześniej benedyktyni, później dominikanie, franciszkanie, cystersi. Skromniejsze kościoły budowali rycerze w swych rodowych siedzibach; bogatsi sołtysi fundowali wiejskie kościółki. Z ich inicjatywy i zbiorowym wysiłkiem ludności chłopskiej powstawały na przełomie XV i XVI wieku drewniane świątynie, niekiedy wspaniale dekorowane, w Libuszy, Grębieniu, Grybowie, Krośnie, Dębnie, Krużlowej. Z połowy wieku XVI zachowała się wiadomość, iż „cieśla Jan Joachim Kukla z Grybowa na polecenie sołtysa i chłopów wybudował świątynię w Ptaszkowej".

Kościółki te zachowywały tradycyjny styl ludowego budownictwa, a niektóre z nich miały freski malowane przez miejscowych artystów, pełne wyrazu i powiązane z lokalnymi wyobrażeniami o życiu. Owo malarstwo sakralne rodzimego charakteru uległo przeważnie zniszczeniu wraz z drewnianymi kościołami, którym wojny i pożary przynosiły zagładę. Ale to, co ocalało, ukazuje swoiste oblicze polskiej sztuki renesansowej, a zarazem ludowej, podobnie jak piśmiennictwo polskie tych czasów. Cóż lepiej może ukazać drogę ewolucji, jaką przeszła sztuka w służbie społeczeństw, jak przeciwstawienie majestatycznym i monumentalnym, historycznym i świątobliwym obrazom *Drzwi Gnieźnieńskich* fresków w podhalańskim kościółku w Dębnie, wprowadzających sceny zbójnickie, lub obrazu ludowego grajka z kościoła w Grębieniu.

Szczególnie okazałe były kościoły wznoszone w miastach; niektóre liczyły do 40 ołtarzy fundowanych i zdobionych przez różne cechy. Większe miasta miały po kilka świątyń. W Krakowie było ich około dwudziestu.

O społecznej skali zjawiska świadczyły jednak nie tylko wielkie budowle kościelne, będące szczytowymi osiągnięciami architektów, budowniczych i artystów. Świadczył także nasilający się proces budowy kościołów parafialnych, pokrywających swą siecią całą Polskę. Na terytorium odpowiadającym mniej więcej dzisiejszym granicom Polski znajdowało się na przełomie XV i XVI wieku około 6000 parafii, z których jedna szósta pochodziła sprzed roku 1200, około 2000 powstało w wieku XIII, a reszta – około 3000 – powstała w wieku XIV i XV. Równocześnie na tym terytorium istniało w początkach XVI wieku około 300 większych domów klasztornych. Jeśli informacyjną wartość tych liczb ujmiemy jako świadectwo rzeczywistości, zobaczymy, jak nad powszednim życiem ziemskim milionów ludzi roztaczał się świat wyobrażeniowy, świat obrazów i rzeźb, zgrupowanych w setkach miejsc nabożnych. Może nigdy z taką intensywnością sztuka przedstawiająca historię świętą i losy ludzkie nie miała tak bezpośredniego dostępu do szerokich mas, jak właśnie w owej kościelnej organizacji, ogarniającej wszystkich.

Służąc w wieloraki sposób chrystianizacji Polski sztuka stawała się coraz bliższa ludziom i coraz lepiej zaspokajała ich potrzeby przeżyć i ekspresji religijnej. Coraz śmielej uwalniała się z uniwersalnych teologicznych schematów, wiążąc się z konkretnym, lokalnym kolorytem, podtrzymując lokalne tradycje wiary, zachowującej niekiedy i pogańskie relikty. Od końca wieku XIII, jeszcze bardzo nieśmiało, ale później – zwłaszcza w wieku XV – coraz odważniej, sztuka wyrażała ludzką interpretację prawd religijnych. Coraz rzadziej spotykało się wielkie sceny obrazujące Boga-sędziego i Boga karzącego, coraz częściej pojawiały się różnorodne wersje Chrystusa Frasobliwego, Chrystusa Boleściwego, Matki Boskiej, przedstawianej jako ludzka, cierpiąca Pietà, jako Matka Dobrej Nadziei, jako Piękna Madonna – w wielu różnych wersjach – jako po prostu matka, prowadząca za rękę dzieciątko z koszyczkiem.

W rzeźbie – od wieku XIII aż po wiek XVI – wyrażały się najpełniej te przemiany w zakresie poglądu na świat. Na portalach kościołów, a zwłaszcza na tympanonach i niekiedy – jak w Strzelnie – na filarach podtrzymujących sklepienie, przedstawiano fragmenty historii świętej, szczególnie Chrystusa i Matki Bożej, z całą nabożną surowością. Z czasem rzeźba ta zyskiwała pogodę i miękkość religijnego zaufania, spokojną radość ludzkiego uczestnictwa w boskim świecie. Cóż za różnica między surową i niemal obcą ludziom postacią Jana Chrzciciela z XII wieku we wrocławskiej katedrze czy hieratyczną postacią Madonny z Dzieciątkiem w Wysocicach, czy wreszcie między sceną obrazującą władczą potęgę Trójcy Św. w Strzelnie – już z XIII wieku – a sztuką *Pięknych Madonn* z wieku XIV i XV! Wyrażały one radość życia, serdeczne zdziwienie jego pięknem, uśmiech przychodzący ku ludziom z oddali. Także i w licznych kompozycjach ołtarzowych, zarówno w Małopolsce, jak i na Śląsku, a także na Pomorzu – np. w Kartuzach – znajdowały wyraz podobne   272 uczucia. Świat religijny stawał się bliski ludziom, zacierała się ostra granica między obu tymi kręgami rzeczywistości – ziemskim i niebieskim, przeżycia wspólnoty i uczestnictwa dominowały nad uległością i lękiem. Artyści dostrzegali coraz wierniej rzeczywistość, w której żyli ludzie, i ich przeżycia, w których religijna treść świętej historii stawała się wyrazem ludzkich doświadczeń i potrzeb. Losy Chrystusa i Matki Bożej stawały się postacią ziemskich losów szczęśliwych i strapionych matek, radujących się z własnych dzieci i opłakujących własne nieszczęścia. Szczytowym osiągnięciem tej sztuki była twórczość Wita Stwosza jako twórcy krucyfiksu w kościele Mariackim oraz twórcy ołtarza, którego głównym tematem było *Zaśnięcie* i *Wniebowzięcie Marii*, a na skrzydłach, zamkniętych i otwartych, jej życie – jak życie ludzkie – splecione z ,,radości'' i z ,,żałości''.

Intensywność tych przeżyć sprawiała, iż sztuka religijna – a współtworzyli ją także i malarze – ostawała się niemal nienaruszona w swej społecznej pozycji przez wieki następne. Nie usunęła jej świecka kultura renesansu: kościoły były wciąż życzliwie otwarte dla wiernych, a obrazy i rzeźby opowiadały wciąż tak samo o miejscu człowieka w świecie. Epoka baroku zaostrzała tylko niektóre elementy tej opowieści o świecie boskim i ziemskiej wędrówce człowieka.

Z horyzontów średniowiecznego poglądu na świat wyprowadzały dwie drogi: jedna przez wykorzystywanie mądrości ludowej, druga – znacznie szersza – przez edukację humanistyczną. Na szlaku mądrości ludowej rozmawiał Marchołt z królem Salomonem, Ezop opowiadał swe pouczające bajki. Drukarze wyposażali te wydawnictwa w drzeworyty, społeczeństwo ,,zaczytywało'' te książki niemal doszczętnie. Było to świadectwem, iż takie właśnie treści intelektualne i taka ,,sztuka mała'' odpowiadały potrzebom ludzi, wstępujących w krąg kulturalnego uczestnictwa dzięki temu, że zaczynali czytać. Inną była droga druga – dla wykształconych i uzyskujących wykształcenie, droga szeroka, dostępna dla możnych, ale i dla tych, którzy dzięki opiece mecenasów mogli na nią wstępować. Droga, na której szukanie prawdy i tworzenie piękna wydawało się dostępne człowiekowi, a może nawet miało być jego powołaniem.

Głęboka wspólnota podstawowych przeświadczeń i dążeń łączyła najwybitniejszych ludzi polskiego renesansu: Mikołaja Kopernika, który poszukiwał praw rządzących ruchem planet i ustanawiających porządek świata, Andrzeja Frycza Modrzewskiego, szukającego prawd moralnych, mających być podstawą społecznego porządku i pokojowego współistnienia ludzi różnych narodowości, różnych warstw społecznych i różnych wyznań, oraz Jana Kochanowskiego, który w swej poezji odkrywał piękno widzialnego świata, a zarazem jego ład moralny. To była ta wielka ,,harmonia mundi'', o której pisali astronomowie i poeci. Sęp Szarzyński zachęcał człowieka:

> *Mnóstwem gwiazd ślicznych niebo ozdobione*
> *Obacz, a zmysły wżdy oświeć zaćmione.*

Ta poetycka wizja wszechświata, jego wysokiego sklepienia nad nami, gdzie królują na przemian słońce i gwiazdy w blaskach dnia i ciemnościach nocy, była głęboko pokrewna temu widzeniu przestrzeni i takiemu jej ukształtowaniu, jakie dawała renesansowa sztuka. Architektura renesansowa w Polsce zaczynała się bowiem od wielkiej przebudowy Wawelu, która nakreśliła niezwykłe proporcje trzech kondygnacji krużganków arkadowych, otaczających wewnętrzny dziedziniec; zaczynała się od wawelskiej kaplicy grobowej, której kopuła, będąca sklepieniem nad ludzkim losem, triumfalnym i śmiertelnym, zbudowana została przez architekta ziemskiego na wzór sklepienia nieba wzniesionego przez architekta niebieskiego.

Epoka renesansu była epoką radości życia. Ale sama radość życia nie tworzy poglądu na świat. Rodzi się on raczej z przeciwności, z cierpienia. Świetność polskiego życia renesansowego przenikały lęki o przyszłość kraju. Rej pisał o ,,wspólnym narzekaniu wszej Korony na porządną niedbałość naszą''. Orzechowski przedstawiał obraz katastrofy: ,,w jednej łodzi siedzimy, wiatry przeciwne mamy, wełny biją, maszty łomią, żagle drą, morscy rajtarzy na łódź szturmują, nas dobywają, ognie niecą, łódź palą, na patrona godzą. Żeglarze śpią''. Ulisses w *Odprawie posłów greckich* wołał: ,,O nierządne królestwo i zginienia bliskie''.

Los nie bywał łaskawy także i dla jednostek. Nic w życiu nie ma pewnego, wszystko ,,minie jako polna trawa''. Ale trzeba godnie, po ludzku, znosić ,,ludzkie przygody'' i trzeba ,,wszystko mężnie wytrzymać w potrzebie'' – uczył Kochanowski, wierząc, iż ,,jeden jest Pan smutku i nagrody''.

Arianie, atakowani przez wszystkich, nie mogli podzielać dziękczynnych słów z hymnu *Czego chcesz od nas, Panie, za Twe hojne dary*, stworzyli hymn własny, nazwany w goryczy i żalu *Antyhymnem wzgardzonych sług Chrystusa*; wyrazili w nim trwożną nadzieję:

> *Żeć ten Pan ich łzy, krzywdy i potwarzy*
> *wrychle z nich zdejmie i otrze z ich twarzy.*

Sztuka nie uczestniczyła w tych światopoglądowych kontrowersjach. W nielicznych przypadkach podejmowała problemy orientacji życia, jak na przykład czynił to działający pod opieką Hozjusza Tomasz Treter, przedstawiając „teatr cnót" i zalecając jednak raczej wybór nauki duchownej niż świeckiej.

Niemal dwa wieki później Tadeusz Kuntze (Konicz) stworzył w podobnym duchu kompozycję *Fortuna*. Takich dydaktycznych obrazów malowanych w dobie baroku można by wymienić jeszcze trochę. Nie zmieniałoby to zasadniczego faktu, iż sztuka tych czasów rozwijała się poza umysłowymi i społecznymi kontrowersjami w dziedzinie poglądu na świat i pozostawała wierna tradycjom religijnym, akceptowanym i rozwijanym przez społeczeństwo od wieków.

Życie polskie czasów baroku toczyło się między biegunami rozkoszy i ascezy. Na początku wieku XVII wyznawał Hieronim Morstin:

> *Moja rzecz jest opisać świeckie delicyje,*
> *Których każdy, póki żyw, niech, jak chce zażyje.*

Jeden z pisarzy ariańskich odróżniał „Chrystusa bogatego", za którym idą możni tego świata, i „Chrystusa ubogiego", który „sam niósł krzyż i swoim wyznawcom nieść kazał"; za nim właśnie „idą ci nieliczni, pogardzani przez świat".

Między tymi biegunami płynęło życie „spokojnych oraczy", zamknięte przed światem. Brat Jana Kochanowskiego, Mikołaj, pisał: „świata tego w domki wasze nie wpuszczajcie, ale przed nim zawierajcie". W tych domkach królowała prywata. Próbowano przełamać tę obręcz egoizmu. Sebastian Petrycy uczył, iż „człowiek przez mądrość i dobroć jest człowiekiem [...] toć ilekolwiek z nich wykroczy, człowiekiem być przestaje". Plebejski poeta-nauczyciel widział trzy drogi życia: Herkulesa drogę heroiczną, Parysa drogę hedonistyczną i Diogenesa drogę rozumną i cnotliwą; Diogenes słusznie atakował „ten dziwny świat" i „lud dziwniejszy w swym głupim rozumie". Na wzór Diogenesa Krzysztof Opaliński obiecywał: „wezmę ja też laternę i poszukam ludzi". Jednak próżne to było szukanie. W połowie wieku XVIII w poemacie *Myśli o Bogu i człowieku* A. Kempski usiłował przynieść czytelnikom „konsolację" tak potrzebną w tych „mizeriach i niedoskonałościach szczęścia światowego". W tym świecie, w którym „wszystko się wspak dzieje", nigdzie znaleźć nie można spokoju. „Zgryzota dojdzie człowieka" wszędzie – w pałacach i klasztorach, w chatach, nawet „na puszczy odległej".

Sztuka w tych czasach – od schyłku renesansu aż po oświecenie – służyła owym przeżyciom religijnym nadziei i opieki, a równocześnie lęku przed śmiercią i przed sądem ostatecznym. Cała Polska pokrywała się gęstą siecią kościołów i kościółków barokowych, jezuickich kolegiów i szkolnych kaplic; w rezydencjach magnackich świątynie zajmowały główne miejsce, w miastach budowano dziesiątki nowych farnych kościołów. Wielkim płaszczem religijnego nabożeństwa okrywano życie ziemskie, uległe i pokorne, chociaż idące także własną drogą „świeckich rozkoszy".

Sztuka nie miała w tych warunkach łatwego życia. Wprawdzie architekci i majstrowie budowlani mieli pełne ręce roboty, ale malarze i rzeźbiarze musieli poddawać się surowym dyrektywom kościelnym.

Synod krakowski w roku 1621 ustalił kanony religijnego malarstwa i potępił wszelkie „swawolne malowania"; określono dokładnie, jak mają być przedstawiane sceny biblijne. Bardziej gorliwi zabraniali sztuki pogańskiej jako pobudzającej do grzechu, bo przedstawiającej owe „marności Jowiszowe, Marse z Wenerami". Kaznodzieje gromili te „obrazy plugawe", zachęcali do ich niszczenia. Marszałek Wolski, umierając, nakazał zniszczyć ogromną galerię obrazów włoskich, które zbierał przez całe życie.

Malarze i rzeźbiarze zdobili więc posłusznie świątynie i klasztory, stwarzając barokową atmosferę nabożności publicznej. Powstawały setki obrazów ilustrujących historię świętą – jak wielkie płótna Dolabelli, Wenantego z Subiaco czy Franciszka Lekszyckiego. Wzbogacała się galeria polskich 274 świętych. Bardzo rozpowszechnione były obrazy przedstawiające „rozmowy ze śmiercią", „sztukę umierania" i „tańce śmierci", a ich twórcy wykorzystywali często wiele lokalnych realiów. Jeden z takich obrazów – w kościele w Sochaczewie – przedstawiał scenę śmierci zamieszkałego tam zamożnego szlachcica w otoczeniu rodziny i służby. Innym świadczeniem sztuki dla konkretnego świata ludzi były portrety trumienne. Niemal nie znane w wieku XVI, stanowiły swoistą cechę polskiego baroku. Były świadectwem nicości życia, a zarazem dokumentem rodzinnej pamięci. Na wielką skalę służyły jej nagrobki. Niektóre były ogromne: nagrobek Ostrogskich w Tarnowie miał 13 metrów wysokości. Była to skala znaczenia, jaką przywiązywano do śmierci jako drogi wiodącej do lepszego życia.

Oświecenie stwarzało w Polsce nowe perspektywy w zakresie poglądu na świat i koncepcji losu ludzkiego. „Człowiek nie rodzi się do metafizyki" – pisał Staszic i przekonywał, iż „wszystkich nieszczęść sprawcami są ludzie". Było to dumne i optymistyczne przekonanie, iż los człowieka może nam być posłuszny. Podobnie myślało wielu.

Ignacy Krasicki pisał:

> Nie bajką wiek złoty.
> Był on, będzie, jest może, gdzie siedlisko cnoty.
> W naszej mocy świat równym uszczęśliwić wiekiem.

Nadziejom tym rzeczywistość zadawała kłam. Wiek oświecenia w Polsce był wiekiem rozbiorów; programy spóźnionej naprawy państwa kończyły się klęską. W jaki porządek świata można było wierzyć w tych dramatycznych sytuacjach narodu? Jakobiński poeta Jakub Jasiński powie w jednym ze swych wierszy, iż „nieba są twarde jak głazy" i – zapowiadając późniejszą, romantyczną walkę poety z Bogiem – napisze te słowa:

> Albo Ty jesteś bez siły
> Albo jesteś tyran srogi!

Jak ludzie mogą i powinni żyć w tym świecie wrogim ich narodowi, a więc nieprzyjaznym ich własnemu życiu? Kniaźnin, porzucając dawniejsze nadzieje, iż poezja – jak lutnia Orfeusza – jest poezją siły i pocieszenia, pomyślał o niej w tych latach trudnych jako o orędziu Boga sprawiedliwego, który swym gniewem oczyści „serca przywrzałe do zbrodni". I jakby znowu zapowiadając Mickiewicza, Kniaźnin napisze wiersz *Matka obywatelka*, wyrażający niepokój o losy syna, dziecięcia jeszcze w kolebce – kim będzie on w życiu: patriotą służącym narodowi czy

> Ojczyzny zdrajca i zbrodzień
> Może krew braci rozleje.

Inny poeta, Kajetan Węgierski, pisał: „Trzeba zostać w ojczyźnie, w liczbie nieszczęśliwych, co dzień lękać się zemsty ukrytej złośliwych, chwalić wartych nagany, przed podłymi klękać".

W *Odezwie JKMości do wojska obojga narodów* z kwietnia 1792 roku pisał Stanisław August: „Ojciec wasz wspólny, Król i komendant, wydaje wam hasło boju na zawsze. Dzieci, albo żyjmy niepodlegli i poważni, albo gińmy wszyscy z honorem". Krasicki zaś w słynnej pieśni, napisanej w pierwszą rocznicę uchwalenia Konstytucji 3 maja, w żarliwej strofie modlitewnej, zawarł błagania i nadzieje obywateli ginącego państwa:

> Daj użyć, coś dał, w pokoju i zgodzie:
> Daj ducha rady i męstwa w narodzie,
> Podległość rządną, w swobodzie wytrzymałość,
> W działaniu trwałość.
> Niech łaski Twojej będzie uczestnikiem
> Król radny, rycerz, mieszczanin z rolnikiem.

Sztuka jednak w niewielkich rozmiarach uczestniczyła w tych światopoglądowych potrzebach i rozmyślaniach. Związana głównie z dworem królewskim realizowała reprezentacyjne zadania i program historycznego wychowania społeczeństwa. Ogólniejsze problemy poglądu na świat pojawiały się rzadko. Obraz Norblina przedstawiający chłopca-filozofa był wyjątkiem. Częstsze były malowidła alegoryczne. Ich treść stanowiły zazwyczaj mity i wydarzenia historii starożytnej. Na przełomie XVIII i XIX wieku taką tematykę uprawiał Franciszek Smuglewicz, a później Antoni Brodowski i Antoni Kokular. Była to jednak tematyka daleka od przeżyć społeczeństwa. Pozwala ona wprawdzie na aktualną interpretację antycznej mądrości, ale interpretacja ta była chłodna. Przemawiała do nielicznych – młodzi romantycy wstępowali już na inne drogi.

Imię Konrada stało się w tych czasach w Polsce symbolem patriotyzmu, wymagającego ofiary z osobistego szczęścia, z tradycyjnej wiary religijnej w opatrzność, z zasad moralności indywidualnej, zabraniającej zemsty i zdrady. Od Konrada Wallenroda do Konrada z *Dziadów* i do Konrada z *Wyzwolenia* prowadził szlak, na którym kształtował się polski pogląd na świat i los człowieka. Tysiące Polaków naprawdę, a nie tylko w literackim świecie, przestało być Gustawami, stawało się Konradami. Stanisław Witkiewicz stwierdzał w roku 1905: „zaborca wychowuje niewolników, naród w niewoli musi wychowywać bohaterów".

W tym sensie pogląd na świat nie był filozoficznym systemem, lecz wyzwaniem i świadectwem konkretnego życia. „Moja ręka na próżno tysiąc ksiąg otwiera" – skarżył się Wacław Garczyński. „Rzuciłem księgi i wszedłem w świat żywych" – pisał Ryszard Berwiński. Najgłębiej rozumiał to Norwid. „Mądrość nie jest samą tylko wiedzą, lecz że ona w życie przejść musi". I sądził, iż ten „drugi prawd okres dla uwydatnienia swojego potrzebuje dramatu życia". I wiedział, iż „człowiek na to przychodzi na planetę, ażeby dał świadectwo prawdzie". Temu miała służyć jego twórczość poetycka i jego twórczość artystyczna.

Taki charakter miały rysunki religijne, przedstawiające *Chrystusa i Barabasza* w więziennej rozmowie zbawcy świata i zbrodniarza o sensie życia, *Zdjęcie z krzyża*, pełne kontrastu między ludźmi żalu i ludźmi, którzy się dziwią, jak na starych obrazach flamandzkich, *Chrystusa wśród matek z dziećmi*, a także posągowe *Niewiasty betlejemskie*. Wreszcie pełen wzruszającego szczęścia rysunek *Dziecko i anioł*, zapowiadający niemal dziecięce nadzieje na spotkania z aniołem w późniejszych dziełach Malczewskiego. Zapowiadał je także i inny rysunek Norwida, pełen gorzkiej ironii i refleksji nad losem poety *Muzyk niepotrzebny*. O tym bolesnym kontraście sztuki i społeczeństwa mówił także rysunek *Sprzedaż pegaza*, ukazujący, jak wielki symbol poezji, koń uskrzydlony, dostaje się w ręce nędznych handlarzy.

Ale malarstwo Norwida było niedostępnym społeczeństwu obrazowym notatnikiem poety, jego pasją prywatną. Sztuka profesjonalna i publiczna nie wstępowała na te drogi. I gdy poezja i filozofia epoki romantyzmu zapisywały nowe i bogate karty w dziejach polskiego poglądu na świat, pozostawała ona wciąż na uboczu. Największy twórca tych czasów, Piotr Michałowski, był wspaniałym malarzem romantycznego heroizmu, zdobycia Somosierry, walk powstańczych w roku 1830–31, krakusów idących do boju. Ale refleksja nad życiem i losem człowieka pojawiała się raczej w twórczości późniejszego okresu i wyrażała się najczęściej w portretach, i to przeważnie portretach chłopów. Taki charakter miał egzystencjalistyczny obraz *Starzec siedzący na tle urwiska*, *Starzec siedzący na stopniu*, *Portret starego chłopa* – w kilku wersjach, studia portretowe kobiet wiejskich, także i chłopców wiejskich – wreszcie – najbardziej znany obraz: *Seńko*. We wszystkich tych studiach portretowych Michałowski wydobywał wewnętrzną, skupioną treść życia duchowego, ważniejszego niż okrutny świat lub nędzne życie. Był to romantyzm bez gestu i bez patosu, bez sentymentalizmu; romantyzm wewnętrznej mocy pozwalającej, aby człowiek był sam ze sobą i żył wbrew rzeczywistości.

W takie dzieje refleksji nad losem ludzkim wpisał się Henryk Rodakowski *Portretem generała Henryka Dembińskiego*. Jest to obraz klęski wodza i klęski człowieka. Obraz zadumy nad znikomością rzeczy tego świata, którym jednakże poświęcić trzeba całe życie, aby o jego zmierzchu, gdy jeszcze ręka spoczywa na głowicy szabli, wspominać z honorem to, co się uczyniło, i to, czego się osiągnąć nie mogło.

Bogatą kartę polskiego malarstwa związanego z losem człowieka otwierał dopiero Artur Grottger. Wierny romantycznej poezji, widział tragedię powstania 1863 roku jako wielki problem metafizyczny świata. I pytał w swych obrazach, czy „ludzkość jest rodem Kaina", czy zbrodni przemocy i grabieży dokonują „ludzie czy szakale"; ukazywał *Świętokradztwo* dokonywane przez żołnierzy na wielkim krucyfiksie, w kościele, z którego uchodziły w bolesnej rozpaczy dwie kobiety, złamane nieszczęściem i szyderstwem. Pytania takie o sprawiedliwość jako zasadę bytu, o miłość między ludźmi, o naturę człowieka zdolną do zbrodni, o granice między heroizmem i zdradą, o granice ludzkiej wytrzymałości i ludzkiego cierpienia – powrócą w refleksjach nad doświadczeniem wynoszonym z obozów zagłady. I artyści współcześni – wprawdzie innymi środkami wyrazu – wypowiedzą wówczas te same grottgerowskie pytania.

Wielkim malarzem ludzkiego losu był Jacek Malczewski. W jego obrazach pełnych symbolicznej ekspresji ukazywała się prawda o życiu i śmierci człowieka. Życie układało się w symbolach fauna, syren, chimer, ale także Chrystusa, Jana Chrzciciela, Tobiasza, a również i Erosa; wizje śmierci ukazywały się jako *Thanatos*, jako Anioł pocieszający, jako czuła dłoń kobieca położona na oczach, które nie mają już oglądać świata. Zatrute studnie, tylekroć malowane, ukazywały przeciwieństwa wody żywej i martwej, ambrozji i Styksu, wody Chrystusowej, ,,wyskakującej ku żywotowi wiecznemu'', wody pokrzepiającej na długiej drodze człowieka i narodu, a zarazem bachicznego napoju zmysłowości, jak w *Godach życia* Adolfa Dygasińskiego, z którym Malczewski był serdecznie związany. W tej wizji życia i śmierci przejawiał się od samego początku motyw osobisty: autoportret. Malczewski, pokazując życie człowieka, pokazywał życie własne – w zwycięstwach i klęskach, wplątane w całą sieć patriotycznych i metafizycznych przeżyć. Potwierdzał w ten sposób raz jeszcze dramatyczną tożsamość losów jednostki i losów narodu, może nawet świata.

Głęboko z pesymistycznymi nastrojami poetów i szyderstwem satyryków związane było malarstwo Witolda Wojtkiewicza, który w surrealistycznych i ekspresjonistycznych wizjach odrzucał filisterskie i okrutne zarazem społeczeństwo mieszczańskie – niszczyło ono proste, ludzkie wartości, nawet w baśniowym świecie dziecięcym ulegające zagładzie, jak to ukazywały liczne obrazy i rysunki. Świat baśniowy stawał się ucieczką z życia i sądem nad nim, dramatyczną i groteskową wizją świata, w której splatała się poezja i groza.

Także i rzeźbiarze uczestniczyli w metafizycznej interpretacji świata i człowieka. Tak tworzyli dziś zapomniani Bolesław Biegas i Franciszek Flaum, tak zaczynał w początkach naszego stulecia swą drogę artystyczną Xawery Dunikowski, przedstawiając ludzki los w rzeźbach *Jarzmo*, *Fatum*, *Prometeusz*, *Człowiek*, *Tchnienie*.

Pierwsza wojna światowa zmobilizowała wielu malarzy do twórczości dokumentującej jej wydarzenia i do portretowania licznych grup oficerów, ale rzadko podejmowano ogólniejsze problemy świata i życia. Po wojnie pasjonującym problemem stało się nowatorstwo formy, problemy ekspresjonizmu, kubizmu, formizmu. Zagadnienie poglądu na świat nurtowało przede wszystkim Stanisława Ignacego Witkiewicza, który w licznych rozprawach i polemikach, a także i w oryginalnej twórczości malarskiej dawał im wyraz. Był przekonany, iż ,,uczucia metafizyczne'' zanikają we współczesnym świecie i że – w konsekwencji – ginąć musi sztuka. Świat z tego punktu widzenia wydawał się wrogim chaosem i tak go malował Witkiewicz w obrazach *Walka żywiołów*, *Ogólne zamieszanie* lub *Rąbanie lasu*. Problematyka światopoglądowa nurtowała również w komunizującej grupie Bloku, a zwłaszcza w twórczości Mieczysława Szczuki; w jego bardzo licznych rysunkach treść religijna uzyskiwała społeczną interpretację. Tematyka religijna ujmowana tradycyjnie pasjonowała malarzy skupionych w Bractwie św. Łukasza. Od wielkich religijnych kompozycji zaczynał swą drogę artystyczną Kowarski. Jego *Suche drzewo* i *Wędrowcy* – oba obrazy z roku 1930 – wprowadzały akcenty egzystencjalne do wizji świata.

Jednak dopiero druga wojna światowa wyzwoliła w ogromnym natężeniu dramatyczne przeżycia katastrofy i sensu ,,ludzkiego świata'', perspektyw losu ludzkiego.

Ta sztuka nie tylko dawała wyraz dokumentacyjny doświadczeniom wojny i okupacji, a zwłaszcza doświadczeniom obozowym. Stawała się wielką interpretacją sensu świata i wspólnoty ludzkiej. Bezpośrednio po wojnie Strzemiński stworzył cykl rysunków *Ręce, które nie z nami*. Podobnie starał się wydobyć wewnętrzną, niepokojącą treść zdarzeń okrutnych i banalnych Andrzej Wróblewski w licznych pracach. W obrazach *Kolejka trwa* i *Ukrzesłowienie* nawiązywał do egzystencjalistycznej krytyki świata, jaką dał Ionesco. Inne jego dzieła były malarstwem rozbitego świata, malarstwem *Zatopionych miast*, *Ryb bez głów*, ludzi rozstrzelanych. Tak samo Cwenarski malował ten okrutny świat śmierci i tortur obozowych, świat, w którym *Etiudy* są już tylko muzyką żałobną, a autoportret stanowi syntezę bolesnego losu człowieka miażdżonego przez tryby historii. Podobnie wielki rachunek oskarżeń świata i ludzi przynosiła twórczość wielu innych malarzy: samotnika z Sanoka Zdzisława Beksińskiego, Kiejstuta Bereźnickiego, Benona Liberskiego, Zbigniewa Makowskiego, K. Markowskiego.

Tadeusz Brzozowski, ukazując świat w wymiarach groteski, grozy, deformacji, uzasadniał to widzenie, pisząc: „w obrazach pokazuję kalekich ludzi, kalekie uczucia, pokazuję to, co szare, zwyczajne. Wtedy zawstydzam rzeczy ładne. Bo sztuka to nie kontemplacja piękna, lecz przeżywanie ludzkich spraw".

Na innym biegunie rozwijała się sztuka surrealizmu i alegorii, sztuka wielkiej metafory. Taki charakter miały obrazy Kazimierza Mikulskiego, na wskroś oryginalne, pełne poetyckości i niezwykłych powiązań między monumentalnością świata i małością zagubionego człowieka. Same tytuły obrazów składają się na koncepcję świata i człowieka tak bardzo bliską liryce Gałczyńskiego. A więc *Na przedmieściach spotykamy księżyc*, *Sklep magiczny*, *Zmierzch w każdą sobotę*, *Wieczorami słyszymy gwizd pociągów*. Program sztuki metaforycznej był także programem wielu innych artystów: Mariana Bogusza, autora *Portretu Einsteina* i *Symfonii liturgicznej Honeggera*, Zbigniewa Dłubaka, autora *Snu*, *Umierających konarów* i *Płonących urn*.

Doświadczenia obozów – i wtedy, gdy ginęli w nich ludzie, i wtedy, gdy wracało się bolesnym wspomnieniem do tej „epoki pieców", do tego „kamiennego świata" – stanowiły punkt wyjścia wielkiej rewizji światopoglądowej.

Z samych tytułów ówczesnych dzieł literackich odczytać można tragiczną kronikę epoki, a także nasz sąd o niej. Rozumiano, iż „przemija postać świata", że obserwujemy „koniec naszego świata", że „człowiek jest nagi", że jest to „wiek klęski", że „dymy nad Birkenau" przesłaniają niebo, że jest to „czas nieludzki", że patrzymy na „krajobraz niewzruszony" i wychodzimy „z kraju milczenia". Zofia Nałkowska wypowiedziała tylekroć cytowane tragiczne słowa: „ludzie ludziom zgotowali ten los". Więc jakim jest naprawdę człowiek?

Sztuka stawiała właśnie te pytania. W czasie wojny i w obozach stawiali je: Strzemiński, Wiciński, Kowarski, który tworzył monumentalne rzeźby oraz obrazy i rysunki przedstawiające klęskę ludzi. Dunikowski, nawiązując do szkiców, które robił jeszcze w obozie, stworzył cykl *Oświęcim* – niezapomniane, jedyne w swoim rodzaju dzieło sztuki rozumiejącej, świadczącej o pięknie życia i okrucieństwie przemocy. Taki charakter miały zwłaszcza szkice przedstawiające *Boże Narodzenie w Oświęcimiu*, *Drogę do wolności*, wiodącą przez obozowe druty śmierci, a zwłaszcza niezwykłe w lirycznej ekspresji *Zjawisko* oraz *Umierający amarylis* – człowiek rozkrzyżowany i ginący jak kwiat. Wyrazem tych doświadczeń były też obrazy Wróblewskiego, Sterna i przede wszystkim twórczość Linkego, ukazująca surrealistyczne szaleństwo świata wojen, przemocy, okrucieństwa, bezsensu. Niewielki brąz Franciszka Strynkiewicza *Oświęcim* przedstawiał kobietę upadającą w śmiertelnym zmęczeniu, która usiłowała na próżno ocalić od śmierci trzymane w ramionach dziecko. Józef Szajna w *Reminiscencjach 1939–1945*, przedstawionych na XXXV Biennale w Wenecji, połączył obozowe relikty z malarską interpretacją zagłady: nad wielkim obszarem śmierci, która pozostawiała tylko setki butów osamotnionych i niepotrzebnych, wznosiła się ogromna postać jednego ze skazanych, zbudowana z fotografii więźniów, modelowana jakby na Madonnę zezwalającą na przemoc. Czyż można – w tym związku – zapomnieć o twórczości Władysława Hasiora? Otwierał on odrębny rozdział w dziejach sztuki związanej z narodem, katastrofami jego rozwoju, marzeniami i klęską ludzi. W nawiązaniu do ludowej świadomości i ludowej wyobraźni, wykorzystując rupiecie różnego rodzaju i śmietnikowe elementy rzeczywistości, tworzył wielkie metafory, niemal mity nowoczesnego rozdartego życia. Jak kiedyś Bruno Schulz, a później Miron Białoszewski ukazywali świat jako „lichotę i tandetność", tak podobnie czynił to Hasior, zapalając nad tym światem ruin, nad tym śmietnikiem, ognie patosu i wielkości. W podobnym duchu „poezji i metafizyki rupieci" działał pod opieką Białoszewskiego Teatr na Tarczyńskiej, w którym dojrzewał Jan Lebenstein. Innym wyjściem ponad ten świat była twórczość artystów plastyków, a zarazem ludzi teatru: Tadeusza Kantora oraz wspomnianego Józefa Szajny. Tłumacząc jedną z inscenizacji, operującej krzesłami, Kantor pisał: „użyłem przedmiotu, któremu jego wyjątkowy utylitaryzm daje realność natarczywą i brutalną, w pozycji urągającej praktyce; dałem mu ruch i funkcję w stosunku do jego własnej absurdalne, ale przez to przeniosłem go w sferę wieloznaczności, bezinteresowności poezji".

Inną drogą szedł w tym samym kierunku Szajna, komponując swe „zagęszczone obrazy sceniczne", ukazując „grę przeciwieństw i zdarzeń", tworząc „spiętrzone działania".

Przemiany świadomości i postaw wobec świata i życia, wrażliwości i wyobraźni, wizualnych i uczuciowych doświadczeń znajdowały wyraz wieloraki. W tej sztuce, która stawała się często „antysztuką", aby potępić świat, poszukiwano autentycznej prawdy o człowieku, którą niekiedy odsłonić mogła poetycka metafora, a niekiedy drapieżna brzydota.

Ekspresją ludzkiego losu stała się w tych czasach rzeźba. Nawiązując do tradycji Dunikowskiego z początków naszego stulecia, do dzieł takich jak *Fatum* czy *Tchnienie*, artyści lat powojennych, bogatsi w bolesne doświadczenia narodowe i osobiste, stwarzali dramatyczne wizje kruchości ludzkiego ciała i śmiertelności człowieka, wtopionego w martwy, kamienny świat. Kamień i stal, drzewo i glina stawały się nowym językiem, wyrażającym wiernie złożone przeżycia metafizyczne naszych czasów. Taką była nade wszystko sztuka Aliny Szapocznikow. Artystka pisała kiedyś tak: „ze wszystkich przejawów tego, co ulotne, ciało jest najbardziej wrażliwe, jest jedynym źródłem radości, bólu prawdy". Jej rzeźby ukazywały, jak wrastamy ciałem w obcy nam świat, będący równocześnie praźródłem naszego życia i śmierci, jak kruchość tej cielesnej egzystencji jest jednak świadectwem naszego istnienia. Zadanie rzeźbiarza, sprzymierzonego z tym pozacielesnym światem materialnym, polega na tym – jak pisała – aby „utrwalić to, co nieuchwytne w fałdach ludzkiego ciała, w śladach po naszym przejściu". Inaczej widziała tę drogę metafizyczną Barbara Zbrożyna, autorka *Sarkofagów* i *Figur żałobnych* ukazujących powiązania miłości i śmierci, przemijalności ciała i chwili, przeciwstawionych przedmiotom trwałym i przez to okrutnym, a przecież przydatnym ludzkiemu kalectwu. W Międzynarodowym Roku Praw Człowieka stworzyła *Słońce* – wielki krąg ludzkiego życia. Metafizyce mijającego czasu poświęcone były prace Józefa Łukowskiego na pograniczu rzeźby i teatralnej inscenizacji, noszące miano *Przemijania*. Problemy narodzin i śmierci, miłości i rozstania, dramatu przemijalności ludzi w tym świecie, człowieka, który „jest jeszcze obecny" – podejmował Jacek Waltoś. Do kręgu tej sztuki należy także Gustawa Zemły *Niobe warszawska* – wielki protest cierpienia, skierowany ku niebu milczącemu, z wyrzutem, na jaki tylko może się zdobyć, opuszczony, jak w antycznej tragedii, przez bogów człowiek. Rzeźba metafizyczna jest także dziedziną twórczości Adama Myjaka. Jego wizją człowieka jest *Odyseusz* – tragiczny pielgrzym świata; jego wizją życia ludzkiego jest „zapadanie w sen", który wyłącza nas z rzeczywistości, ale nie z cierpienia i przynosi pełną bólu nieobecność.

Człowiek jako Ikar wzlatujący ku niebu i człowiek ciężaru ziemi były tematem wizji rzeźbiarskich Wiktora Gajdy. Wreszcie wymienić trzeba dzieła Karola Broniatowskiego, będące aranżacją figur w przestrzeni; aranżacją pozwalającą los człowieka przedstawić – jak w teatrze w ruchu i w grupie. Włącza ona agresywnie widza w ten krąg niespokojnego istnienia, ruchu, który jest wędrówką do nikąd czy ucieczką przed „zagrożeniem". Oto są ludzie – figury skłębione w nieustannym ruchu, splecione w dramatycznym kole tanecznym – jak na obrazach Malczewskiego *Błędne koło* czy *Melancholia*.

W tej wielkiej rewizji przeżyć i przekonań ze szczególną ostrością rodziły się nowoczesne wizje tradycyjnie ważnych symboli praw życia. Jak niegdyś, przed wiekami, gdy w polskich kościołach i na rozstajach dróg Chrystus i Matka Boska czuwali nad losem ludzi, tak teraz kierowano ku nim pytania bolesne i niepokojące, będące wyrazem wiary, nadziei i trwogi.

Taki charakter miały witraże Wyspiańskiego, zwłaszcza *Bóg-Ojciec*; podobnie dramatyczny wyraz nadawał Wyczółkowski postaci Chrystusa. Na przeciwnym biegunie uczuciowym pojawiały się obrazy miłosierdzia – *Caritas* malowana przez Wyspiańskiego, Mehoffera i innych. Jak w dobie romantyzmu nadziejom wiary zaprzeczały losy narodu w niewoli, podobnie w Polsce międzywojennej zaprzeczały tym wezwaniom społeczne sytuacje i walka o sprawiedliwość.

Mieczysław Szczuka ukazywał *Chrystusa przed polskim sądem polowym*, a Matka Boska w ujęciu Heleny Malarewiczówny (Krajewskiej) stawała się *Madonną proletariatu*.

Wojna i okupacja, triumf przemocy i obozy zagłady stawały się źródłem wizji, zaprzeczającej porządkowi świata i kwestionującej – w rozpaczy i szyderstwie, ale i w trwożnej nadziei – zasady miłosierdzia i wiarę w opiekę Chrystusa nad ludźmi; podobne były doświadczenia artystów Oświęcimia. Tak tworzył Cwenarski obraz *Pietà*, przedstawiający człowieka zamordowanego i spoczywającego na kolanach matki, rozkrzyżowującej ramiona. Tak Tadeusz Brzozowski malował *Proroka*, nawiązując do ludowej tradycji Chrystusa Frasobliwego, zstępującego w piekło obozowych okrucieństw. Podobnie Marek Żuławski przedstawiał *Chrystusa wśród ubogich*, jak wśród zjaw nieszczęścia ludzkiego.

Owej reinterpretacji tradycyjnej symboliki religijnej służyła także i rzeźba. Tak właśnie, nawiązując do figury ludowego świątka, rzeźbił Stanisław Kulon błagalny „protest przeciw przemocy", a także i kandelabr zniszczenia, nazwany *Pietà*, a Władysław Hasior przekazał Danii rzeźbę *Płonącą Pietà*, będącą polską wersją boleści i miłosierdzia. Podobnie Magdalena Więcek w cyklu „Sacrum" ukazywała w stalowych kształtach tęsknotę człowieka do świata wielkiej metafizyki. W nowoczesnej postaci kamiennej bryły przedstawiał Franciszek Strynkiewicz *Caritas* – wizję miłosierdzia tylekroć ukazywaną przez artystów minionych wieków. Elżbieta Szczodrowska stworzyła w swej płaskorzeźbie jeszcze inną, dramatyczną jej wersję, a w *Rzeźbie nagrobnej* powróciła raz jeszcze do tego tematu, ukazując na cmentarzu kobietę tulącą wśród śniegu zwłoki mężczyzny, któremu wojna czy przemoc wroga zadały śmierć. W wielu pracach podejmowała temat ukrzyżowania, w jednej z nich przedstawiła postać *Zakonnika-Chrystusa* zawieszonego na murze, murze straceńców. Antoni Rząsa rzeźbił Chrystusa jako więźnia ginącego, krzyżowanego przez przemoc, a Alina Szapocznikow w cyklu *Zielnik* pokazała głowę Chrystusa otuloną liśćmi i udręczoną przez ciernie, zastygłą w samotności i bólu.

Jest rzeczą godną uwagi, iż w perspektywie doświadczeń tych lat okrutnych i nieludzkich widziano w nowy sposób także i tradycyjny symbol polskiego idealizmu, utopijnego i romantycznego – Don Kichota. Rozpoczynał te malarskie dzieje Orłowski.

Michałowski, który uwielbiał powieść Cervantesa, przedstawił Don Kichota z pewnym dystansem, nawet trzeźwością, nie wydobył nastroju wielkości, nie oskarżył o obłąkanie. Pozwolił mu po prostu wędrować wraz z giermkiem przez świat. Innego Don Kichota pokazał Zygmunt Waliszewski. W ostatnich latach życia, już z perspektywy inwalidzkiego wózka, po amputacji obu nóg, malował smutną wędrówkę Don Kichota przez ten dziwny świat, jego dramatyczną i komiczną przygodę w klatce, jego patetyczne, wygłaszane z fotela kazanie, podsłuchiwane przez zaciekawione dzieci i niespokojnego kota. Był to Don Kichot baśni i smutku, samotności i klęski.

Don Kichot w bibliotece był także tematem drzeworytu Stefana Mrożewskiego. Wśród wielkich ksiąg – przeklętych ksiąg – rycerz rozmyślał nad swym powołaniem, które miało go poróżnić ze światem. Na schyłku drugiej wojny światowej Kowarski malował samotnego rycerza – po cóż mielibyśmy wciąż pamiętać o jego giermku – jadącego na zmęczonym Rosynancie, przez wzgórza w wielki bezmiar świata, prześwietlonego słońcem. Motyw Don Kichota i słońca wykorzystał Bolesław Brzeziński pokazując rycerza jako maleńką postać wyciągającą ramiona ku słońcu, które spogląda ludzką twarzą z bezmiaru nieba, wypełnionego gradem pocisków promiennych.

Don Kichot inspirował też Tymona Niesiołowskiego. Na jednym z obrazów ukazał go bez krajobrazu i bez dalekiego horyzontu, ale za to z widokiem księżyca w nowiu na wysokości głowy rycerza, który właśnie jego światłu wydawał się wierny w katastrofach ziemskiego życia.

Z czasem wyciszały się w świadomości społecznej echa doświadczeń i przeżyć bolesnych, łagodniało poczucie bezsensu okrucieństwa i tragizmu istnienia; uśmiechano się ku życiu i pracy, ku dniom powszednim i świątecznym. Ale odpowiedź na pytanie: jakim jest człowiek, skoro to wszystko było możliwe – pozostawała otwarta i dręcząca. Pisał poeta tamtych dni walki:

> *Na skibie, pod którą kiedyś pamięć o mnie złożą*
> *tylko tabliczkę – przeze mnie z mozołem wykutą*
> *przybijcie*
> * – człowiek –*

325. Kościół św. Andrzeja w Krakowie, fundacja Władysława Hermana lub wojewody Sieciecha, 1086–98

326. Kościół grodowy św. Idziego w Inowłodzu, fundacja Władysława Hermana, XI/XII w.

327. Rotunda św. Prokopa w Strzelnie, schyłek XII w.
328. Kolegiata św. Piotra w Kruszwicy, 1120–40

330. Kościół św. Leonarda w Lubiniu, 2. ćw. XIII w.

331. Kościół pocysterski NP Marii w Kołbaczu Pomorskim, 2. poł. XIII w.

332. Katedra we Fromborku, 1329–88

333. Kościół NP Marii w Ornecie, 1. poł. XV w.

334. Katedra (kościół pocysterski) w Pelplinie, 1. poł. XIV w.

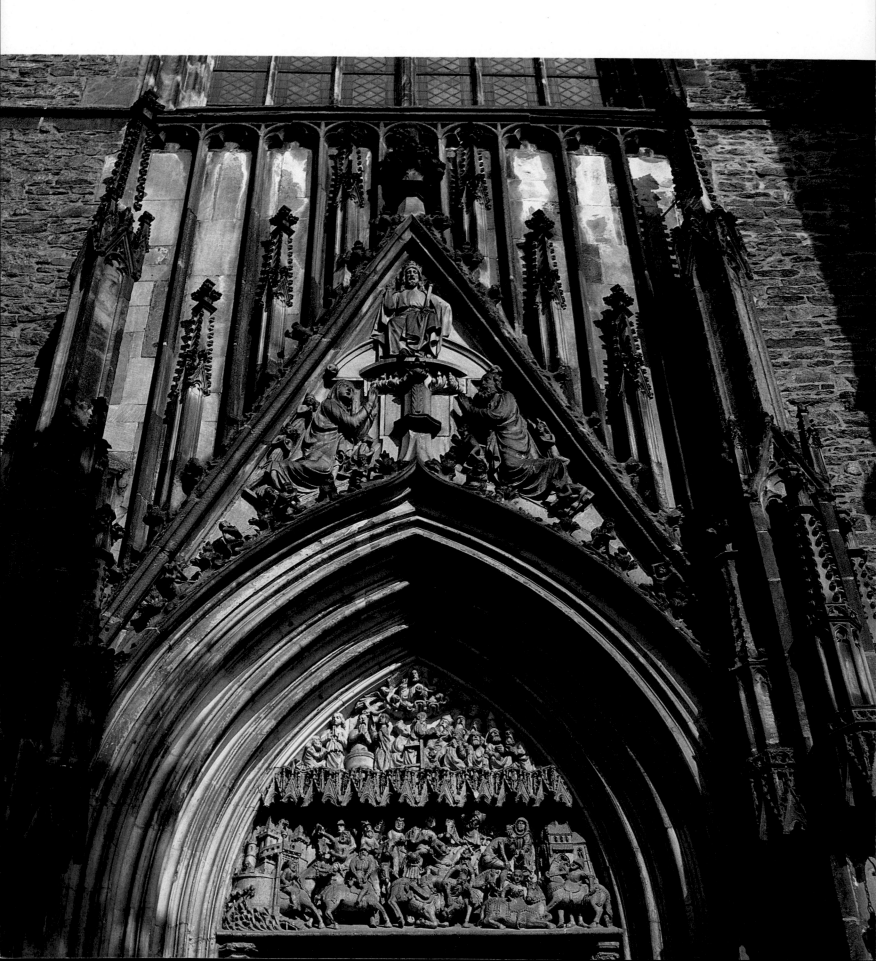

337. Nawa główna kościoła NP Marii w Stargardzie, pocz. XV w.

338. Kościół NP Marii w Wambierzycach, 1655–1750

339. Fragment Krakowskiego Przedmieścia w Warszawie z kościołem św. Anny, 1786–88

340. Kościół św. Rocha w Białymstoku, 1930

341. Kościół w Nowej Hucie

342. Iustitia – fragment rzeźby na kolumnie w kościele Św. Trójcy w Strzelnie, 2. poł. XII w.

343. Portal główny w kolegiacie Wniebowzięcia NP Marii w Tumie pod Łęczycą, ok. 1150–61

344. Tympanon fundacyjny w kościele opactwa kanoników regularnych NP Marii na Piasku we Wrocławiu, 2. poł. XII w.

345. Koncert Dawida, tympanon portalu w fasadzie zachodniej kościoła opactwa cysterek w Trzebnicy, 1. poł. XIII w.

346. Św. Agnieszka i św. Katarzyna – fragment frontale z kościoła w Dębnie Podhalańskim, 2. poł. XIII w.

347. Malarz małopolski, Św. Katarzyna Aleksandryjska, ok. 1450

348. Wjazd Chrystusa do Jerozolimy, malowidło ścienne w katedrze sandomierskiej, XV w.

349. Malarz kręgu Mistrza poliptyku św. Barbary, Madonna w otoczeniu rodziny Wieniawitów, kościół w Drzeczkowie, ok. 1450

353. Mistrz Pięknych Madonn, Piękna Madonna z Dzieciątkiem z kościoła św. Elżbiety we Wrocławiu, ok. 1410

354. Maria prowadząca Dzieciątko z koszyczkiem w ręku –
fragment chrzcielnicy w kościele św. Piotra i Pawła w Legnicy, koniec XIII w.

355. Madonna z Krużlowej, ok. 1410

356. Ołtarz Mariacki ze sceną Zwiastowania z jednorożcem z kościoła
św. Elżbiety we Wrocławiu, 1470–80 – fragment

357. Wit Stwosz, Ołtarz Mariacki w kościele Mariackim w Krakowie,
1477–89 – ołtarz otwarty

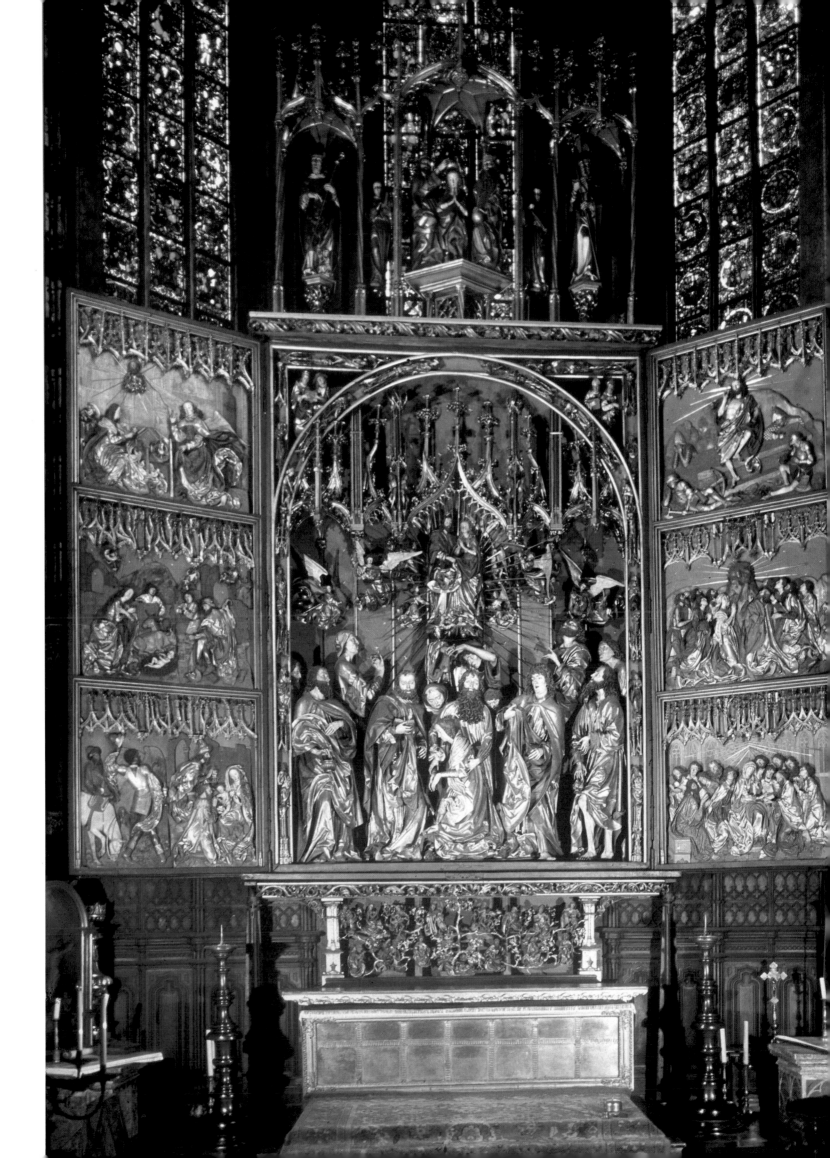

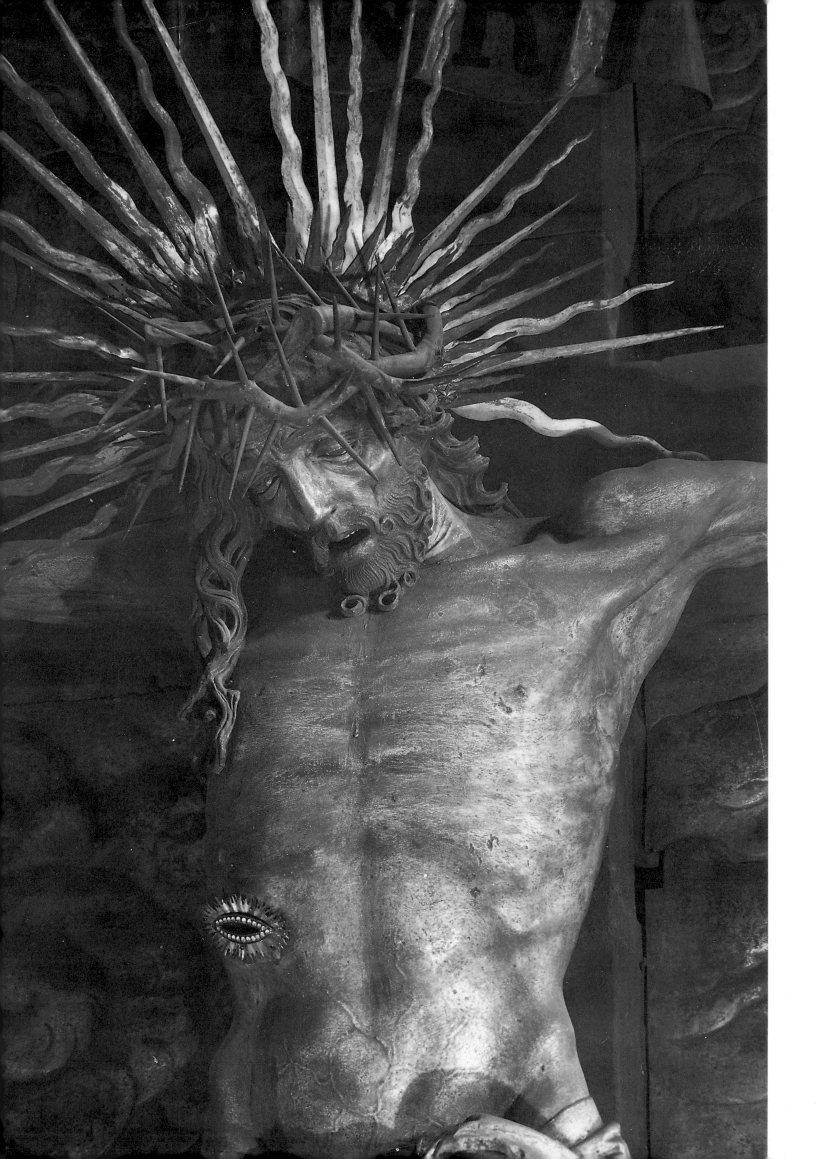

363. Zwiastowanie, inicjał O z Pontyfikału Erazma Ciołka, XVI w.

364. Rozmowy, które miał król Salomon mądry z Marchołtem grubym a sprośnym, przekład Jana z Koszyczek, Kraków 1521

365. Bartłomiej Strobel, Św. Anna Samotrzecia, 1629

366. Tomasz Dolabella, Chrystus u Marty i Marii, 1. poł. XVII w.

367. Rozmowa szlachcica ze śmiercią, płaskorzeźba w kościele w Tarłowie, ok. 1630–50

368. Tadeusz Kuntze, Fortuna, 1754

369. Jan Piotr Norblin, Aleksander Wielki przed Diogenesem

370. Antoni Brodowski, Gniew Saula na Dawida, 1812–19

371. Cyprian Kamil Norwid, Muzyk niepotrzebny

372. Cyprian Kamil Norwid, Chrystus i Barabasz, 1856
373. Artur Grottger, Świętokradztwo, z cyklu Wojna X, 1867

374. Władysław Podkowiński, Szał, szkic, 1894

375. Jacek Malczewski, Thanatos I, 1898

378. Edward Okuń, Judasz, 1901

379. Witold Wojtkiewicz, Krucjata dziecięca, 1905

380. Stanisław Wyspiański, Bóg Ojciec, Stań się, projekt witrażu

381. Xawery Dunikowski, Tchnienie, przed 1903
382. Jerzy Hulewicz, Kompozycja, 1920

383. Stanisław Szukalski, Walka ludzi z człowiekiem (Walka pomiędzy ilością i jakością), przed 1936

384. Stanisław Ignacy Witkiewicz, Kompozycja (Zagłada świata), 1922

385. Bronisław Wojciech Linke, Autoportret, 1939
386. Stanisław Kubicki, Wieża Babel, 1918
387. Felicjan Szczęsny Kowarski, Uchodźcy, 1942
388. Felicjan Szczęsny Kowarski, Elektra, 1947

389. Felicjan Szczęsny Kowarski,
Wędrowcy, 1930

390. Waldemar Cwenarski, Autoportret, 1952

391. Alfred Lenica, Powrót z wojny, 1946

392. Marian Bogusz, Koncert Jana Sebastiana Bacha w kościele św. Tomasza w Lipsku, 1955

393. Zbylut Grzywacz, Niebo, 1977

394. Jonasz Stern, Ptak, 1955

395. Alina Szapocznikow, Zielnik, 1972

396. Alina Szapocznikow, Róża, 1959

397. Jerzy Tchórzewski, Upadająca postać, 1979

398. Tadeusz Kantor, Postać porażona, 1949
399. Marek Włodarski, Człowiek ciągnie do okna

400. Tadeusz Brzozowski, Prorok, 1950

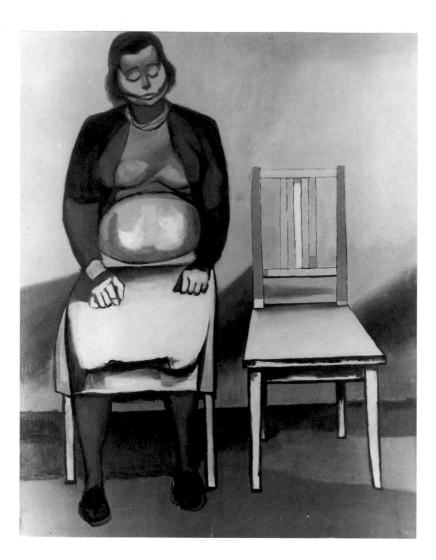

401. Andrzej Wróblewski, Ukrzesłowiona, 1956
402. Andrzej Wróblewski, Szofer niebieski, 1949
403. Zbigniew Makowski, Horyzont świadomości, 1968
404. Benon Liberski, Dyspozytor, 1967

405. Marek Oberländer, Postać, 1955

406. Zbigniew Dłubak, Cień człowieka, z cyklu Wojna, 1955

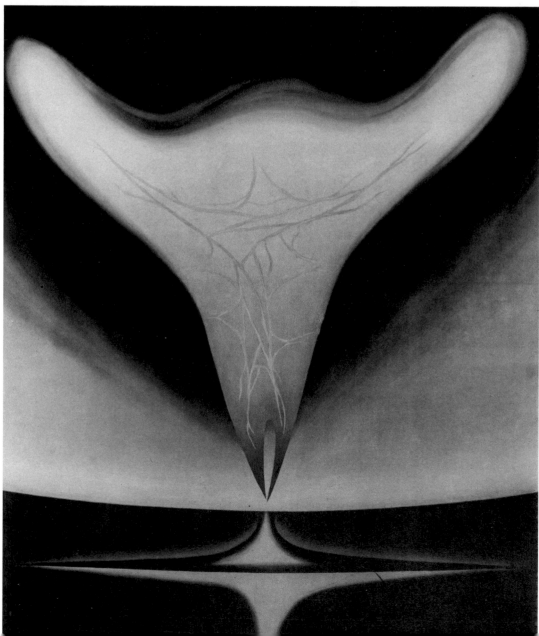

407. Norbert Skupniewicz, Historyczne wcielenie Edypa
408. Adam Myjak, Odyseja, 1974

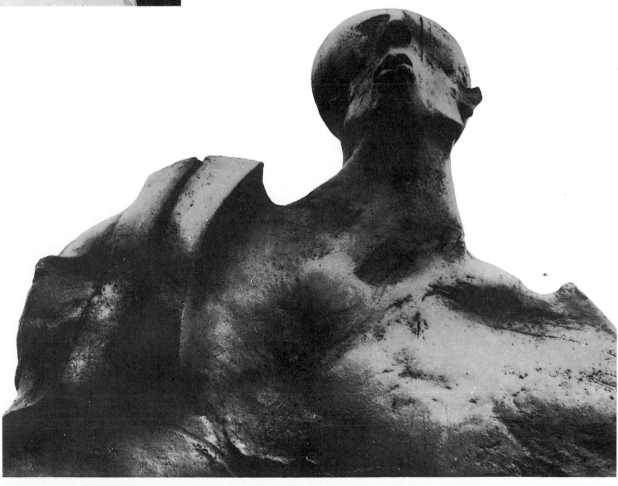

409. Franciszek Strynkiewicz, Oświęcim
410. Xawery Dunikowski, Umierający amarylis, 1950

411. Bronisław Wojciech Linke, Morze krwi, 1952

412. Natan Rapaport, Leon Suzin, Pomnik Bohaterów Getta w Warszawie, 1948

413. Józef Szajna, Reminiscencje 1939–45 – fragment

414. Władysław Hasior, Sztandar Opiekunki, 1974

415. Wiktor Tołkin, Janusz Dembek, Pomnik Walki i Męczeństwa na Majdanku w Lublinie – fragment założenia pomnikowego, 1969

416. Marian Albin Boniecki, Głowica Pomnika Trzech Orłów na Majdanku w Lublinie, 1943

417. Leon Wyczółkowski, Ukrzyżowanie z kościoła św. Marka w Krakowie

418. Zbigniew Pronaszko, Pietà, 1921

419. Marek Żuławski, Chrystus wśród ubogich, 1953

420. Zofia Stryjeńska, Spotkanie z synem, z cyklu Pascha, 1917

424. Bolesław Brzeziński, Don Kichot wita słońce
425. Felicjan Szczęsny Kowarski, Don Kichot, 1944

ŻYCIE POWSZEDNIE
I ŻYCIE ŚWIĄTECZNE

Z wysokich rejonów poglądu na świat, dramatycznych doświadczeń losu ludzkiego i surowych wezwań do służby ojczyźnie zstępujemy w strefę życia codziennego, które płynęło spokojnie w rytmie dni powszednich i świątecznych, w kręgu rodziny i przyjaciół, w pracy i zabawie, w działalności społecznej i politycznej.

Od najdawniejszych czasów sztuka była z ludźmi w takim ich życiu. Artyści i rzemieślnicy tworzyli środowisko materialne – mieszkania, ubiory, sprzęty. To, co konieczne i pożyteczne, uzyskiwało – dzięki ich pracy – wartość artystyczną. A równocześnie stwarzali oni także i rzeczy niepotrzebne, które były pożądane tylko dlatego, że były piękne. W ten sposób sztuka współdziałała w tworzeniu środowiska życia wielu milionów mieszkańców kraju – dla jednych, najbogatszych na szczeblu luksusu, dla innych, uboższych, ale najliczniejszych, na szczeblu skromnego i prostego piękna. Gdy jedni mogli korzystać także i z pracy cudzoziemskich artystów, drogo opłacanych, inni cieszyli się sztuką tworzoną przez artystów lokalnych, niekiedy nawet po prostu cieszyli się przedmiotami wytwarzanymi przez siebie. Dlatego nie byłoby słuszne, aby przedstawiając rolę sztuki w życiu narodu, widzieć ją jedynie na szczeblu bogatego mecenatu – w rezydencjach i pałacach – a nie widzieć jej także na szczeblu ubogim, w skromnych szlacheckich zaściankach, a także chatach chłopskich.

Sztuka nie tylko współdziałała w kształtowaniu warunków powszedniego i świątecznego życia. Była także tego życia zwierciadłem. Stawała się w ten sposób wielkim mostem wzajemnego poznawania się i wzajemnego porozumienia ludzi z różnych rejonów kraju i z różnych warstw społecznych. W społeczeństwie barier stanowych sztuka stawała się jednym z czynników osłabiania ich siły, ukazywała bowiem człowieka człowiekowi, niezależnie od jego społecznej pozycji.

Ujmując w ten sposób rolę sztuki pokażemy przede wszystkim, jak współdziałała ona w tworzeniu warunków życia, a następnie jak była tego życia zwierciadłem na dworze królewskim, w rezydencjach duchownych i świeckich możnowładców.

Królowie dla swego życia prywatnego i dworskiego mieli do dyspozycji wielkie, reprezentacyjne zamki Rzeczypospolitej – w Krakowie i Warszawie. Budowali także i siedziby bardziej prywatne – taki charakter miał zamek myśliwski w Niepołomicach, wzniesiony przez Kazimierza Wielkiego, który tu przyjeżdżał na polowania, a przebudowany całkowicie na wspaniałą rezydencję przez Zygmunta Augusta. Zygmunt III nie zadowalał się zamkiem warszawskim – budował pałac ujazdowski. Jan III Sobieski był naprawdę ,,u siebie'' tylko w Wilanowie, Stanisław August wymarzył sobie Pałac na Wodzie i spędzał w Łazienkach szczęśliwe chwile miłośnika sztuk. Architektoniczny styl tych rezydencji był różny, ich funkcja taka sama.

Wszystkie one działały na otoczenie – na wzór królewskich rezydencji budowali magnaci swe dwory i pałace. Średniowieczne zamki rycerskie pełniły funkcje obronne, ale coraz więcej uwagi poświęcano ich przeznaczeniu mieszkalnemu. W Siedlęcinie nad Bobrem zachowały się bogate freski z początków XIV wieku, przedstawiające uroki życia dworskiego. Wielkie dwory murowane, mieszkalne i obronne, budowano w wieku XV – jak w Oporowie na Kujawach czy w Dębnie, w Szamotułach i Piotrkowie. Rozkwit tego budownictwa przypadał na wiek XVI. Powstawały wówczas rezydencje Firlejów w Tęczynie, Myszkowskich w Pińczowie, Szafrańców w Pieskowej Skale, Leszczyńskich w Baranowie, Krasickich w Krasiczynie, Jana Zamoyskiego w Zamościu, Mikołaja Krzysztofa Radziwiłła w Nieświeżu i dziesiątki innych.

W wieku XVII cała Polska, a zwłaszcza ziemie kresowe, pokrywała się ich siecią. Niektóre pałace i zamki były wspaniałe: Łańcut Lubomirskich, Krzyżtopór Krzysztofa Ossolińskiego, Podhorce Stanisława Koniecpolskiego. Również po wojnie szwedzkiej i w dobie saskiej – mimo iż Rzeczpospolita chyliła się ku upadkowi – powstawały dziesiątki magnackich rezydencji w stolicy kraju i w całej Polsce. Wznosili je Lubomirscy, Braniccy, Radziejowscy, Wiśniowieccy, Bielińscy, Radziwiłłowie. Także za panowania Stanisława Augusta aktywność artystyczna króla stawała się przykładem i wyzwaniem. Puławy Czartoryskich miały służyć po upadku państwa obronie kultury narodowej. Było to zapowiedzią nowej roli magnackich rezydencji w okresie niewoli.

Wszystkie te zamki i pałace miały bogate wyposażenie wewnętrzne. W niektórych mieściły się całe galerie obrazów; inne były pięknie zdobione freskami i malowidłami ściennymi, miały wspaniałe posadzki i plafony. Rzemiosło artystyczne dostarczało tkanin, dywanów, kilimów, gobelinów, a także porcelany i szkła, sreber i zegarów, przedmiotów z brązu, marmuru, kryształu; zakładano liczne manufaktury – tkackie i ceramiczne; budowano huty szkła artystycznego, fabryki porcelany.

Powstawał w ten sposób dla grupy panującej świat piękny sam w sobie, wspaniały w jego artystycznym bogactwie, niezwykły w przeciwstawieniu do rzeczywistego życia. W niektórych rezydencjach akcentowano ze szczególną siłą styl życia dworskiego pełen przepychu i wesela, styl ozdobny i ekspresyjny. Często na obrazach i fryzach ukazywano uroki takiej egzystencji. Fryzy wawelskie były przykładem; pokazywały one uczty dworskie, turnieje rycerskie, zabawy w dobrym towarzystwie, przy muzyce i w tańcu. W dwa i pół wieku później malarze dworscy Stanisława Augusta, a zwłaszcza Norblin, malowali chętnie to samo życie, chociaż moda była już inna, bo zamiast rycerskiego turnieju cieszyła ,,kąpiel w parku'' czy ,,menuet w ogrodzie''.

Nieporównanie skromniej płynęło życie szlacheckie. Aż po wiek XVI dwory były przeważnie drewniane i ubogie, niewielkie. Jeśli nawet były piętrowe, miały zaledwie po dwie izby na każdym piętrze. Dopiero w czasach renesansu poczęto wznosić dwory murowane, bardziej okazałe. Niektóre, zachowując dawną rycerską tradycję, miały charakter obronny, jak np. dwór w Szymbarku z końca XVI wieku, inne – ulegając wzorom magnackim – nabierały charakteru bardziej reprezentacyjnego, jak dwór w Pabianicach czy w Poddębicach. Dominującym typem na całym obszarze kraju pozostawał raczej skromny dwór mieszkalny, w którym szlachcic-gospodarz wiódł wraz z rodziną swój żywot ziemiański. Jędrzej Kitowicz tak go opisywał w wieku XVIII: ,,pomniejszych panów i szlachty majętnej dwory najwięcej bywały drewniane we dwa piętra i w jedno, przyozdobione zewnątrz galeryjami, wystawami, gankami i przysionkami, lecz ten kształt nie był powszechny; były drugie, budowane w prosty czworogran, czyli kwadrat, jak stodoły i szopy''. Znając to budownictwo z bezpośredniej obserwacji Kitowicz ze sceptycyzmem traktuje szumne nazwy, którymi je niekiedy ozdabiano. ,,Jeśli był gmach wielki, zwał się pałacem [...] jeżeli był murowany, a do tego wystawiony na jakim kopcu i wodą oblany [...] nabywał imienia zamku''. Ale to były raczej nazwy uroczyste. Natomiast ,,małej szlachty mieszkania nie różniły się od chłopskich chałup, snopkami częstokroć poszywane''. Cała różnica była w tym, iż szlachecki dworek musiał mieć ,,wrota wysokie, choć podwórze całe było płotem chróścianym ogrodzone'', i w tym, iż sień była w środku, a dwie izby po rogach, podczas gdy w chatach chłopskich ,,sień jest z czoła, za nią izba, a w tyle komora''. Należałoby jednak dodać, iż w licznych przypadkach wznoszono obok budynku dworskiego spichrze i lamusy, niekiedy bardziej wyszukane i ozdobne, niż wymagałoby tego ich przeznaczenie.

Jednak w tych prostych, a nawet i prymitywnych warunkach każdy – jak pisze Kitowicz – ,,sadził się, jak tylko mógł na ozdobę swego mieszkania''. Istotnie, szlachta na ogół dbała o wewnętrzny wygląd dworów. Prace wielu rzemieślników-artystów temu służyły. Wytwarzali oni meble, zwłaszcza szafy, szczególnie bogate, zdobione snycerską dekoracją, biurka różnego rodzaju, kanapy i fotele. Produkcja ta koncentrowała się głównie w Kolbuszowej i w Kielcach, ale setki lokalnych warsztatów podejmowały ją także, nadając meblom regionalne cechy artystyczne i wykorzystując tradycje sztuki ludowej. Szczególnie wysoko ceniono tkaniny, które dodawały wnętrzom mieszkalnym ciepła i intymności. Gdy król i magnaci zamawiali liczne arrasy w pracowniach zagranicznych Zachodu, średnia szlachta otaczała się produkcją rodzimą lub importowaną ze Wschodu. Gobeliny, kilimy, kobierce stanowiły wyposażenie wielu dworów. Bardzo piękne i bardzo polskie kobierce wytwarzano na potrzeby własne i na sprzedaż w różnych manufakturach, zakładanych przez rody magnackie. Podobnie gobeliny, które produkowano zwłaszcza w Krakowie i Warszawie. Wielkie było zapotrzebowanie na różnego rodzaju pasy polskie. Mniejszy zasięg miała ceramika, dostępna raczej bogatszym domom. Szerokie rzesze szlacheckie natomiast pasjonowały się piękną bronią i bogatymi rzędami na konie. To wyposażenie stanowiło konieczny element życia szlacheckiego, na którym sztuka kładła swe piętno.

Trzecią grupę społeczną, której sztuka służyła w życiu powszednim i świątecznym, stanowiło mieszczaństwo. Mimo licznych przeszkód, które hamowały jego rozwój, było ono – zwłaszcza w wieku XV–XVI – obok dworu królewskiego i magnatów głównym czynnikiem kształtującym urbanistyczny i architektoniczny krajobraz Polski.

Już od średniowiecza bogaci mieszczanie wznosili swe domy w rynku, a jeszcze w wieku XVII powstawały bardzo piękne kamienice, przeważnie doskonale zachowane do dziś, w Kazimierzu, 346

Jarosławiu, Zamościu, Lublinie, Warszawie, Poznaniu, Krakowie, Wrocławiu, Gdańsku. Niektóre, jak dom pod św. Mikołajem i kamienica Celejowska w Kazimierzu, miały niezwykle ozdobne fasady, a ich kunszt kamieniarski świadczył o wysokim poziomie ówczesnego rzemiosła.

Zamożne miasta, jak Gdańsk, Toruń, Wrocław, budowały wspaniałe ratusze gotyckie, inne zdobywały się dopiero później na wzniesienie ratuszy renesansowych – Sandomierz, Tarnów, Chełm, Poznań i w wielu innych, mniejszych miejscowościach. Wprawdzie od wieku XVII budownictwo to zamiera, ale jego osiągnięcia z wieków poprzednich nadały niezniszczalne piętno obliczu polskich miast.

O tym, że piękno było cenione w kręgu mieszczańskim, świadczyły nie tyle ratusze, które pełniły funkcje reprezentacyjne, nie tyle domy mieszkalne, które mogły zaspokajać potrzeby bogatych i obytych w świecie ludzi; świadczyły o tym jeszcze bardziej budowle, których przeznaczenie było na wskroś utylitarne, a którym – ponad potrzebę – nadawano kształt artystyczny. Tak właśnie budowano hale targowe i składy, tak wznoszono – wspólnie ze szlachtą – słynne spichrze wzdłuż Wisły, zwłaszcza w Kazimierzu Dolnym i na Pomorzu. Budownictwo to zaprzeczało gorzkim refleksjom Norwida, że szlachta polska, chociaż widywała po świecie arcydzieła sztuki:

> Budując śpichlerz, często zapomina
> Że użyteczne nigdy nie jest samo,
> Że piękne wchodzi, nie pytając bramą.

Najliczniejszą warstwą polskiego społeczeństwa byli chłopi. Czy sztuka współdziałała w ukształtowaniu ich życia powszedniego i świątecznego? Skłonni jesteśmy odpowiadać przecząco na takie pytania. Bo rzeczywiście warstwa ta, żyjąca przez długie wieki właściwie poza społeczeństwem uczestniczącym w przywilejach i obowiązkach wobec Rzeczypospolitej, żyła poza kulturą przez to społeczeństwo wytwarzaną i przeżywaną. Etnografia dzisiejsza wykrywa wprawdzie w materialnym i duchowym życiu chłopów w dawniejszych epokach ślady wpływu kultury „pańskiej", ale były to wpływy niewielkie i w niewielkim stopniu kształtowały one świat chłopski.

Miał on jednak swe własne, oryginalne wartości. Niestety, nie wydostawały się one na poziom ogólnonarodowej świadomości artystycznej; dopiero w epoce romantyzmu dostrzeżono te wartości i próbowano ocalić je od dalszych zniszczeń, którym podlegały w ciągu wieków. Były to bowiem wartości kruche i słabe: drewniane budownictwo, sprzęty użytkowe, tkaniny dekoracyjne, rzeźby w drzewie lub obrazy na szkle, przydrożne figury święte – wszystko niezwykle narażone na przeciwności losu, na klimat surowy, na wojny i pożary, na zużycie powszednie. Nikt nie osłaniał i nie ratował tych ludowych przedmiotów. Nie miały one drogi otwartej, która by wiodła w zacisze zbiorów kolekcjonerskich, nie rejestrowano ich nawet w pamięci. Dopiero w dobie oświecenia próbowano to uczynić, ale bez większego powodzenia.

A jednak istniał ten świat, chociaż zginął. I gdy nędza nie dawała się we znaki tak bardzo, by same korzenie życia ulegały zniszczeniu, wyrażał on ten ludzki wymiar potrzeby piękna, charakteryzującej człowieka. Nie przejawiał się on – oczywiście – w architekturze mieszkalnej, jak było to znamienne dla warstw bogatych i panujących w społeczeństwie. Chłopskie chaty były nędzne, nie były zazwyczaj polem architektonicznej inwencji, nie podlegały ewolucji stylu, budowano je wciąż tak samo.

Ale zjawiskiem artystycznym niezwykłej miary były wiejskie drewniane kościółki. Wiemy, że budowano je bardzo wcześnie, lecz zachowały się tylko nieliczne i to dopiero z wieku XV – przeważnie w małych, dziś zapomnianych lub nie istniejących wsiach. To tam, w tym Zborówku, w Haczowie, w Łączy, w Syryni, w Sękowej, w Dębnie, w Harklowej, w Grywałdzie, w Libuszy, w Krużlowej i w setkach innych wsi Małopolski i Wielkopolski, Śląska i Pomorza, Mazowsza i Warmii anonimowi wiejscy budowniczowie – tylko nieliczne nazwiska cieśli zachowały się w pamięci – wznosili te świątynie, niekiedy z kunsztem artystycznym i technicznym niepowszednim. Stawały się one duchową własnością wiejskiej społeczności, wrastały w lokalne środowisko, uzyskiwały często różne ornamenty i roślinną dekorację, wykonaną przez miejscowych rzeźbiarzy czy malarzy, a niekiedy i polichromię zdobiącą sklepienia, belki stropowe i ściany. Nieliczne, ocalałe fragmenty pozwalają przypuszczać, iż malarze wiejscy nie wahali się ozdabiać tych kościołów obrazami lokalnymi i świeckimi, przedstawiającymi na przykład grajków wędrownych czy zbójników.

W przeciwieństwie do stabilnego i prawie nie podlegającego zmianom budownictwa mieszkalnego to wiejskie budownictwo kościelne miało swą historię artystyczną. Toczyła się ona wprawdzie powoli, ale już – z pewnym przybliżeniem – charakteryzować można tę ewolucję jako drogę wiodącą od gotyku przez renesans do baroku. Kościoły stawały się większe i bardziej rozbudowane; uzyskiwały dwie i trzy nawy, wznoszono je na układach krzyżowych i wielobocznych. Kościół w Wyszynie z roku 1781 zbudowany był na szesnastoboku i posiadał trzy sześcioboczne kaplice oraz wielką kopułę. Kościoły tak bogate nie były już wprawdzie kościołami wiejskimi, często wznoszono je w miasteczkach, jednak tradycje ludowego budownictwa także i w nich się ostawały.

Natomiast do kręgu sztuki ludowej, wyrastającej bezpośrednio z potrzeb chłopskiej społeczności, należała rzeźba religijna w kościołach, a zwłaszcza w małych kapliczkach przydrożnych, czy też wolno stojąca na skrzyżowaniach dróg. Niejasną jest granica, jaką należałoby przeprowadzić w średniowieczu między taką właśnie ludową rzeźbą a dziełami rzeźbiarzy-artystów, zrzeszonych w cechach i powiązanych licznymi więzami z europejską wspólnotą artystyczną. Fakt, iż liczne figury Chrystusa czy Madonny pochodzą z małych miejscowości Małopolski – z Krużlowej, z Rajbrotu, z Waganowic, z Luborzycy, z Ruszczy i z małych miejscowości Śląska, Wielkopolski, a także Kaszub – wskazywałby, że rola twórczości ludowej, lokalnej i samorodnej, była większa, niż sądzono.

Postacie Chrystusa Frasobliwego, Chrystusa Ukrzyżowanego i Matki Boskiej, przedstawianej jako Pietà, stanowiły najczęstsze motywy rzeźby występującej na całym terenie Polski i zniszczonej niemal doszczętnie przez czas. Dopiero ostatnio, dzięki wytrwałym poszukiwaniom i konserwatorskim zabiegom, udaje się odnaleźć i uratować trochę z tej sztuki, dawniej tak bardzo rozpowszechnionej.

Ocalałe figury Chrystusa Frasobliwego z wieku XVI i współczesne różnorodne krucyfiksy – z różnych dzielnic Polski – wskazują i na uniwersalność sztuki lokalnej, i na jej znamienną trwałość artystyczną. Niemal aż do dni dzisiejszych ludowi artyści wyrażają religijne przeżycia tak samo, jak przed wiekami. Chrystus Frasobliwy i Pietà stają się trwałymi kategoriami wiary i nadziei kierującej w zaświaty, ale także wspólnoty osiąganej w cierpieniu ludzi i ziemskiego wcielenia Boga oraz jego ziemskiej Matki.

Jak wspominaliśmy, sztuka nie tylko współdziałała w kształtowaniu życia powszedniego i świątecznego ludzi różnych kręgów społecznych, ale także była tego życia zwierciadłem. Na dworach magnatów, w zamkach i w pałacach artyści byli cenieni, ponieważ umieli ukazać piękno tych zabaw i ceremonii, w których uczestniczyli możni tego świata, zwielokratniając w ten sposób ich radość i utrwalając blask przepychu. Od wawelskich fryzów, przedstawiających gry rycerskie i uczty, aż po obrazy Norblina, ukazujące zabawy w salonach i ogrodach, rozwijała się ta sztuka dokumentująca. Do jej zadań należało także portretowanie możnych panów i ich rodzin. Niektóre z tych portretów uwydatniały wielkość i pychę, manifestującą się w wyrazie twarzy, w bogactwie stroju, w emblematach władzy. Niektóre – raczej rzadsze – zamyślenie, refleksję nad doświadczeniami życia, spokój wieku dojrzałego.

Szlachta nie mogła aspirować do tej sztuki dokumentującej przepych dworskiego życia. Nieliczne obrazy i ryciny pokazywały proste i skromne gospodarskie życie powszednie. Rzadko przypominano wyprawy rycerskie; częściej malowano sceny sejmikowe, niekiedy z satyrycznym akcentem. Artyści chętnie ilustrowali książki – zwłaszcza w dobie oświecenia, rzadziej podejmowali inicjatywę własną. Portretowanie żywych i sporządzanie portretów trumiennych było także ich zadaniem.

Bardzo późno artyści skierowali swe spojrzenie na życie chłopów; w okresie średniowiecza, renesansu, baroku przedstawiają je nieliczne fragmenty obrazów i ryciny. Dopiero malarze epoki oświecenia spróbowali pokazać szerzej los chłopski w jego nędzy i smutku, w zabawach i pijatyce, w karczmach. Czynił to zwłaszcza Norblin. Wytworne towarzystwo zobaczyło na obrazach to, czego nie chciało dostrzegać w otaczającej rzeczywistości: bogactwom pałaców przeciwstawiała się nędza chat.

Okres niewoli stworzył nowe perspektywy widzenia społecznej rzeczywistości Polski. W świadomości patriotycznej zacierały się stanowe różnice i krzywdy; polski dwór i polska wieś urastały do symbolu polskości.

Ten dwór szlachecki, niszczony niemal na całej polskiej ziemi przez czas i wojenne losy, otoczony został szczególnym sentymentem poetów i artystów, którzy widzieli jego zmierzch i w twórczości swej stwarzali wizję jego nieustannego trwania, jako wyrazu polskiej psychiki.

Mickiewicz otwierał tę wielką kartę wspomnień, ukazując „dwór szlachecki z drzewa, lecz podmurowany", który stał na pagórku, świecąc „pobielanymi ścianami", otwarty gościnnie ku światu i ludziom. Do tych wspomnień wracał „zatrzaskując drzwi od Europy hałasów". Wartość takiej terapii potwierdził i rozwinął Franciszek Morawski w poemacie *Dworzec mojego dziadka* (1851), wyznając:

> Gdy mu łza tak bolesna świat i przyszłość zaćmi,
> Zwraca się rzewną myślą w ową lat swych zorzę,
> Całą duszą, pamięcią, w starym błąka dworze.

Odtąd poezja pozostawała wierna tradycjom polskiego dworu.

„Żal mi ciszy w dworku białym" pisał autor libretta *Halki*, Włodzimierz Wolski. Po latach zaś Maryla Wolska kierować będzie myśl i uczucie ku tym wspomnieniom:

> W dwory cię wołam puste i ogrody,
> Ducha lat dawnych szukać i przygody,
> W zegarów starych wsłuchiwać się dźwięki.

W dziesiątkach obrazów i rycin malarze dawali tym wizjom kształt plastyczny. Pokazywali dwory w krajobrazie, pokazywali życie – w pracy i weselu – w tych dworach. *Dożynki* – Michał Stachowicz poświęcił im swój obraz w roku 1821 – stawały się ulubionym tematem aż po czasy międzywojenne. Uroki życia we dworze i w parku inspirowały wielu malarzy. Obrazy takie, jak Aleksandra Gierymskiego *W altanie* lub Władysława Podkowińskiego *W agreście* kontynuowały w nowy sposób tę tradycję. Nastrój polskiego dworu powracał w rysunkach Noakowskiego; Wyczółkowski znalazł go w Gościeradzu, tylekroć malowanym.

Podobny proces idealizacji ogarniał polską wieś. Znużony życiem dworskim i nieszczęściami kraju pisał Stanisław Trembecki:

> Na wsi jest tylko rozkosz prawdziwa,
> Tam lud niewinny, szczery, rzetelny,
> Tam radość mieszka i czułość żywa,
> Do wsi zrodzony każdy śmiertelny.

Romantyzm przejął to uwielbienie, któremu ludzie oświecenia dali wyraz w ich smutku, w rozczarowaniu. I dopełnił je wiarą w rewolucyjne posłannictwo ludu i w jego metafizyczną mądrość. Ale bieg historii niszczył – z roku na rok w coraz większym zakresie – zamknięte przed światem wiejskie królestwo kultury, odbierał nadzieję zrodzoną z refleksji nad polityczną siłą ludu. Wieś pozostawała jednak – jak polski dwór – kategorią historycznego marzenia. Bolesław Leśmian rozumiał to doskonale, gdy pisał:

> Śni mi się czasem wieś, którą wbrew losom
> Wysiłkiem marzeń przymuszam do trwania,
> Czując, jak przymus co chwila jej wzbrania
> Zniknąć...

Sztuka była właśnie organizatorką takiego przymusu. Dziesiątki obrazów, malowanych w XIX i XX wieku, ukazywały tę wieś na poły rzeczywistą, na poły wyobrażoną, zaciszną i barwną, odwiecznie trwającą i zakorzenioną w nieodmiennym rytmie życia przyrody; ukazywały chłopów nie tyle w ich rzeczywistym trudzie, ile w swoistym kapłaństwie pracy służącej ziemi, w zbiorowych ceremoniach modlitw i procesji, w obrzędach tradycyjnych zwyczajów, w zindywidualizowanej refleksji nad życiem, wolnej od uczoności i erudycji, ale bliskiej temu, co nazywano mądrością. Zwłaszcza w czasach Młodej Polski malarze – podobnie jak poeci tego okresu – przedstawiali lud właśnie w ten sposób. Tak malował z inspiracji Stanisława Wyspiańskiego Włodzimierz Tetmajer – mieszkający w Bronowicach Gospodarz z *Wesela*, Jan Rembowski, zamieszkały w Zakopanem, a także Fryderyk Pautsch, Władysław Jarocki, Kazimierz Sichulski, Vlastimil Hofman i wielu innych.

Cechą znamionującą wiek XIX – obok tego nurtu idealizacji przyszłości – było nowe widzenie narodowej całości. Zacierały się ostre granice między stanami. Ostała się jeszcze arystokracja, ale jej sytuacja i rola były inne niż te, jakie miała dawna magnateria. Znaczenie herbowego wyróżnienia szlachty było coraz mniejsze. Mieszczanie przestali być odrębnym stanem w społeczeństwie – w miastach rosnącą liczebnie grupę społeczną tworzyli urzędnicy i inteligencja, w miastach formowała się klasa robotnicza. W tych nowych warunkach ulegały przemieszaniu style życia, dawniej wyraźnie rozróżniane. Artyści coraz częściej przedstawiali powszednie i świąteczne życie społeczeństwa, które toczyło się w pracy i zabawie, łączącej przedstawicieli różnych warstw. Ukazywano jarmarki i targi, na które zjeżdżali chłopi, szlachta, mieszczanie, zabawy i festyny, odpusty, obyczajowe obrzędy, majówki na Bielanach. W panoramie obrazów i rysunków pokazujących całość społeczeństwa – Franciszek Kostrzewski realizował z największą dokładnością ten program dokumentacyjny – ostawały się oczywiście akcenty wyróżniające. Kontynuując jak gdyby dawne tradycje malarstwa spełniającego zapotrzebowanie mecenatu, niektórzy malarze – jak Wojciech Kossak – przedstawiali uroki bogatego dworskiego życia, uroki zabaw i polowań, świetnych uroczystości. Na przeciwnym biegunie skupiała się działalność malarzy ukazujących nowoczesne formy życia w mieście i na wsi. Artystyczny program realizmu, który wcielała w życie literatura pozytywistyczna, był także i programem ówczesnego malarstwa.

W miarę tego, jak proces kształtowania się nowoczesnego społeczeństwa niwelował tradycyjne przedziały stanowe, sztuka stawała bezpośrednio na usługach całego społeczeństwa. Architekci podejmowali różnorodne zadania projektowania budownictwa mieszkalnego oraz wielkich gmachów i obiektów użyteczności publicznej. W okresie międzywojennym działalność ta miała bardzo silne akcenty ogólnopaństwowe – jak budowa gmachu Sejmu Rzeczypospolitej – i społeczne, jak program Warszawskiej Spółdzielni Mieszkaniowej na Żoliborzu. Rozkwit tego budownictwa przypada na czasy Polski Ludowej. Wznoszenie wielkich dzielnic mieszkaniowych, przebudowa zniszczonych miast stały się niewyczerpanym źródłem architektonicznej i urbanistycznej inwencji, podobnie jak konieczność budowy nowoczesnych rozwiązań komunikacyjnych, dworców kolejowych, stadionów itp.

Wiele tych zrealizowanych projektów zawiodło oczekiwania, blokując na całe dziesięciolecia możliwość stworzenia pięknych i funkcjonalnych układów przestrzennych. Niektóre – zwłaszcza w Warszawie – zyskały uznanie.

Mimo że główne drogi powiązań sztuki z powszednim i świątecznym życiem ludzi różnicowały się w Polsce dawnej wedle struktury społeczeństwa feudalnego, to jednak w niektórych dziedzinach powiązania te przekraczały stanowe ramy, służąc społeczeństwu jako całości i wyrażając potrzeby i przeżycia wszystkich. Taki charakter miała sztuka religijna. Wprawdzie kościoły, rzeźby i obrazy powstawały w wyniku decyzji fundacyjnych królów, magnatów duchownych i świeckich, mieszczan oraz szlachty, ale otwarte były dla wszystkich. Artyści stwarzali warunki wspólnego nabożeństwa i wyrażali doświadczenia i potrzeby ludzi, niezależnie od ich społecznej przynależności.

Podobny charakter miała sztuka wiążąca się z nauką. Akty fundacyjne Akademii Krakowskiej przewidywały zapewnienie jej godnej siedziby w mieście. Jagiełło, przydzielając Uniwersytetowi dom i tereny przy ulicy św. Anny, będące królewską własnością, stwierdzał, iż czyni tak, aby można było „wykłady, ćwiczenia i czynności naukowe swobodniej i wygodniej odbywać", równocześnie postanawiał, aby „dom ten na wieki w posiadaniu i własności doktorów, magistrów i kolegiatów pozostając, miał prawo wolnego schronienia dla zbiegłych i inne prawa swobody i łaski, jakich Bogu poświęcane używają kościoły".

Zgodnie z tymi postanowieniami rozwijał się i rozbudowywał Uniwersytet. Jego Collegium Maius wraz z wewnętrznym krużgankiem stanowiło szczytowe osiągnięcie świeckiej architektury tych czasów. Nie dorównywało mu budownictwo późniejsze, aczkolwiek siedziby gimnazjów i akademii w wielu różnych miastach Polski – od Poznania, Gdańska i Torunia aż po Zamość – wyróżniały się obok ratuszy swą monumentalnością. W okresie baroku wznoszono liczne kolegia jezuickie i pijarskie; także wiek oświecenia podjął rozległe inicjatywy w tej dziedzinie. Zbudowano wówczas Collegium Nobilium czy Szkołę Rycerską, przebudowano gmach Biblioteki Załuskich, zaprojektowano monumentalne – niestety nie zrealizowane – gmachy Akademii Nauk i seminarium dla nauczycieli. Bardzo wiele budynków służących do dziś nauce i kształceniu powstało w dobie niewoli: od klasycystycznego Pałacu Staszica poczynając przez neogotycki Kórnik aż po secesyjną Politechnikę Warszawską.

Związek sztuki z nauką wyrażał się także w twórczości portretowej. Od czasów odrodzenia portret uczonego stanowi odrębną kategorię wśród obrazów i rzeźby portretowej. Długi szereg takich dzieł rozpoczyna płyta nagrobna Kallimacha, wykonana wedle projektu Wita Stwosza, przedstawiająca uczonego przy pracy. *Kronika* Marcina Bielskiego zawierała portret autora w renesansowym stroju skupionego w pracy, podjętej wedle dewizy: „przeciw prawdzie rozumu nie". Nieznany malarz stworzył piękny *Portret Benedykta z Koźmina*, który zapisując Bibliotece Jagiellońskiej swój księgozbiór i portret, wyraził w tych słowach swoistą radość i miłość uczonego do ksiąg: „Pójdziesz tam, kiedy zechcesz, jakby do najprzyjemniejszych ogrodów i kwitnących łąk". Kilka innych portretów – m.in. Sebastiana Petrycego z Pilzna – świadczyło o znaczeniu ludzi nauki w kulturze renesansowej Polski. W następnych stuleciach portretowano niektórych uczonych, przeciwstawiając te obrazy „ludzi myślących" obrazom magnackiej pychy i szlacheckiej rubaszności. Ale dopiero od połowy wieku XIX portretowanie uczonych stało się pasjonującym tematem. Ukazywano ich w monumentalnych wymiarach – jak portret Dietla wykonany przez Matejkę – lub starając się wydobyć na jaw ich życie wewnętrzne, ich powołanie. Tak malował Malczewski i tak malował Wyczółkowski.

Podobnie jak nauce, sztuka służyła także i sztuce. W Polsce dawnej galerie i teatry mieściły się głównie w pałacach królewskich i magnackich. Dopiero w dobie oświecenia próbowano przekroczyć te granice: Teatr Narodowy w stolicy i Puławy Czartoryskich jeszcze magnackie, ale już ogólnonarodowe w intencji, świadczyły o tych dążeniach. Ale dopiero w wieku XIX zyskały one zasięg szerszy. Powstawały wówczas liczne muzea i teatry; wiele z tych budynków było wybitnymi dziełami sztuki architektonicznej. Wreszcie, sztuka służyła sztuce także i w wyposażeniu wnętrz teatralnych. Wielcy malarze malowali słynne kurtyny, a niektórzy artyści specjalizowali się w tworzeniu dekoracji teatralnych. Ta sztuka ulotna i skazana na zagładę ostawała się niekiedy tylko na planszach projektów lub w fotograficznych dokumentach, ale miała w życiu narodu duże znaczenie. To dzięki niej szerokie kręgi społeczeństwa widziały na scenie wielkie dzieła dramatyczne.

Nie tylko nauka i kultura – także i praca wyniesiona była w pewnym stopniu ponad stanowe przedziały. Wedle średniowiecznych pojęć stanowiła – obok modlitwy i służby rycerskiej – jeden z trzech zasadniczych filarów społecznego życia. Średniowieczni artyści nie zaniedbywali nigdy okazji oddania plastycznego hołdu pracy ludzkiej, chociaż rzadko czynili ją bezpośrednim i głównym tematem swej twórczości. Już obramienie *Drzwi Gnieźnieńskich* przypomina pracę przy winobraniu i tłoczeniu wina, ale ogromną panoramę ludzkich prac przedstawił dopiero *Kodeks Behema*. Przedstawił on prace garncarzy, bednarzy, ludwisarzy, kowali, mieczników, krawców, kuśnierzy, rymarzy, kapeluszników, kołodziejów, garbarzy, stolarzy, szewców, siodlarzy, kaletników, iglarzy. Miniatury *Kodeksu* wprowadzają w atmosferę pogodną i życzliwą, ukazują wysiłek, ale i radość pracy, zadowolenie z umiejętności działania i sprawności rąk. Równocześnie autor miniatur *Kodeksu* wprowadził do cechowych warsztatów licznych klientów, stwarzając w ten sposób społeczną perspektywę pracy i podkreślając jej rolę jako czynnika społecznej wspólnoty. W głębi każdej miniatury malarz ukazał krajobraz miasta i jego okolic, czasami daleką przyrodę, krajobraz, wśród którego warsztaty pracy miały swe miejsce i stwarzały ludziom nowe warunki życia.

Niewielkim zainteresowaniem otaczała sztuka pracę ludzką w czasach późniejszych: trochę drzeworytów w różnych książkach, trochę fragmentów obrazów, zwłaszcza w Gdańsku, trochę rysunków i akwarel w dobie oświecenia. Wzrosły zainteresowania pracą w wieku XIX. W początkach stulecia projektowano *Pomnik Pracy*, a Paweł Maliński wykonał płaskorzeźbę przeznaczoną dla tego pomnika, przedstawiającą robotników przy budowie drogi. Umieszczono ją na obelisku drogowym na ul. Grochowskiej. Dopiero jednak pod koniec stulecia artyści uczynili pracę głównym tematem niektórych obrazów. Tak właśnie Aleksander Gierymski malował *Piaskarzy*, Apoloniusz Kędzierski i Leon Wyczółkowski *Rybaków*, Stanisław Lentz pracę w *Kuźni*. Niektórzy z malarzy, porzucając troskę o realia, próbowali ująć i przedstawić samą istotę robotniczego trudu, sens i wartość ciężkiego wysiłku, który buduje miejsce człowieka w świecie. Tak malował robotników Malczewski, tak widział ich Pautsch.

W okresie międzywojennym rozszerzono pole obserwacji i w nowym kształcie artystycznym próbowano utrwalić treść ludzkiej pracy. Tak malował Henryk Gottlieb robotników *Przy pracy*, podobnie dwa obrazy *Kuźni* – Wacława Wąsowicza i Franciszka Bartoszka – ukazywały ten „inny" świat fizycznego wysiłku.

W Polsce Ludowej praca stała się szczególnie często podejmowanym tematem. Malarze socjalistycznego realizmu przedstawiali ją z wierną dokładnością szczegółów; tak postępowali Juliusz i Helena Krajewscy, Aleksander Kobzdej, Juliusz Studnicki.

Dla innych praca stawała się wyzwaniem artystycznym, źródłem wizji człowieka w świecie, człowieka wobec siebie samego w trudzie, zmęczeniu, sukcesie. Tak malował *Praczkę* Tadeusz Kantor w roku 1946, Marek Włodarski *Budowę* w roku 1948, Andrzej Wróblewski *Szofera* w roku 1957; taki charakter ma litografia barwna Strzemińskiego *Tkacz* z roku 1950.

Życie powszednie i świąteczne, życie w pracy i kulturze, układało się w kręgu rodziny i w szerszych kręgach społecznych. Więzy pokrewieństwa, zrazu w rozległych rozgałęzieniach rodowych, utrwalonych wspólnotą herbu, a następnie w bardziej intymnych powiązaniach rodzinnych, stanowiły zasadniczą podstawę społecznego życia. Sztuka była od najdawniejszych czasów ważną ekspresją tych uczuć, a zarazem i czynnikiem ich wzmacniania. Rodzina Święta, tylekroć malowana, stawała się modelem rodziny świeckiej. Obrazy Matki Boskiej, Chrystusa, św. Józefa, obrazy ich życia powszedniego i dramatycznych losów ucieczki i ocalenia, stawały się punktem wyjścia świeckich portretów rodzinnych, zrazu królewskich, później magnackich i szlacheckich.

Życie rodzinne to było przede wszystkim dzieło kobiety. Od najdawniejszych czasów kobieta była otoczona szczególnym szacunkiem. Najstarsza polska pieśń religijna – *Bogurodzica* – zwracała się właśnie do Matki Bożej o pośrednictwo, aby żyć godnie na ziemi i szczęśliwie po śmierci. To ona miała u swego „Syna, króla niebieskiego" wyjednać ochronę od zła i „dobre myśli człowiecze". A Słota w wierszu *O zachowaniu się przy stole* przekonywał, iż

> *paniami stoi wiesiele,*
> *jego jest na świecie wiele –*
> *i ot nich wszystkę dobroć mamy.*

To matka – a nie mądrość starożytnych – pocieszyła Kochanowskiego po stracie córeczki, ucząc o piękności tamtego świata i ziemskich losach ludzi:

> *Tego się, synu, trzymaj, a ludzkie przygody*
> *Ludzkie noś: jeden jest Pan smutku i nagrody.*

W wieku XVII i XVIII pojawiły się – wśród coraz liczniejszych portretów kobiet – portrety kobiety-matki, nierzadko z dziećmi. Artyści epoki romantyzmu okazywali szczególną wrażliwość na te nastroje. Całą galerię portretów kobiet z najbliższej rodziny stworzył Henryk Rodakowski – przede wszystkim wspaniały portret matki, którym zachwycał się Eugène Delacroix.

Tę tradycję kontynuowała Młoda Polska. Udręczony rozmową z maskami Konrad w *Wyzwoleniu* wstępuje w progi domu, w którym w noc Bożego Narodzenia kobieta, pochylona nad kolebką, karmi dziecko, a Hestia, kapłanka domowego ogniska, otacza go swą opieką:

> *zdejmuje z czoła znamię trwóg,*
> *byś był jako ten, co nie pamięta,*
> *przez jakie przeszedł ciemnie dróg.*

Ów nastrój wyrażały liczne pastele Stanisława Wyspiańskiego – ukazujące *Macierzyństwo* jako „caritas" i główki dzieci, których ufność do świata była ufnością do matki. Zupełnie swoiste miejsce zajmowała kobieta w twórczości Jacka Malczewskiego. Od *Śmierci Ellenai*, malowanej w 1883 – a w latach 1906–07 raz jeszcze artysta powrócił do tego motywu – był on zafascynowany kobietą jako symbolem życia i śmierci, natchnienia i opieki. Wprowadzał ją w wielu różnych rolach, ukazywał jej wielorakie powołanie w świecie. Była więc kapłanką „u źródła życia" i uosobieniem kojącej śmierci, była muzą i chimerą, była „polską Elektrą", może także Eurydyką, poszukiwaną przez Orfeusza, była Harpią i Parką przecinającą nić żywota, należała do świata aniołów, była natchnieniem Ezechiela i św. Franciszka, duszą muzyki, towarzyszką wprowadzającą w życie, czuwającą nad ludźmi, wyznaczającą ich losy szczęśliwe i tragiczne.

W tych różnych doświadczeniach – od średniowiecza po czasy nowsze – kształtowało się w sztuce pojęcie człowieka, tego oto tutaj, żyjącego obok nas i z nami, oraz Człowieka jako naczelnej kategorii życia, wzoru i wezwania, kierowanego do ludzi.

Te dwa bieguny człowieczeństwa zyskiwały w poezji Norwida wspaniałą wymowę. Pisał on:

> Wszak się mówi: „Pchnij z listem człowieka”.
> Człowiek bowiem cóż jest?...
> ... cóż jest człowiek?!
> Człowiek jest to ktoś, co sobie idzie
> ....
> Gdzieś przez pole i ty widzisz jego,
> Drogą jadąc. Parskają twe konie,
> „Człek” uchyla czapki i żegna się...
> ....

A oto biegun człowieczeństwa drugi:

> Wielkim jest człowiek, któremu wystarczy
> Pochylić czoła,
> Żeby bez włóczni w ręku i bez tarczy
> Zwyciężył zgoła!

Artyści, nawet i nie wiedząc o tym poetyckim widzeniu człowieka, świadczyli o jego dwubiegunowości w licznych dziełach sztuki w różnych epokach. Sztuka stawała właśnie blisko tych szarych, prostych, przeciętnych ludzi powszedniego życia i trudu oraz rzadkich, ale ważnych dni świątecznych i uroczystych. Sztuka próbowała ocalić od zapomnienia i grymas wysiłku zastygły na twarzy, i skurcz rąk pracowitych, i ten przelotny uśmiech szczęścia i radości w chwilach wolnych od znoju, próbowała w ten sposób ludziom pokazać ludzi. Ale równocześnie sztuka ukazywała wielkość człowieka, jego twórczą potęgę, jego służbę innym ludziom, heroizm poświęcenia i pokorę.

426. Damy i rycerze towarzyszą przyjazdowi dostojnika – fragment malowidła z wieży mieszkalnej w Siedlęcinie nad Bobrem, ok. 1320–30

427. Stanisław Samostrzelnik, Nadanie herbu Szydłowieckim, Liber geneseos Familiae Schidloviciae, 1532

428. Hans Dürer, Tańce na wolnym powietrzu – fragment fryzu w Izbie Poselskiej Zamku Królewskiego na Wawelu, 1532

429. Hans Dürer, Uczta – fragment fryzu w Izbie Poselskiej Zamku Królewskiego na Wawelu, 1532

430. Zamek królewski w Niepołomicach, 1550–71

431. Zamek Leszczyńskich, później Lubomirskich, w Baranowie Sandomierskim, 1591–1606

432. Dziedziniec zamku w Baranowie Sandomierskim, 1591–1606

433. Zamek w Krasiczynie, 1598–1633

434. Pałac Krasińskich, zw. Rzeczypospolitej, w Warszawie, 1680–94

435. Pałac Lubomirskich, później Potockich, w Łańcucie, 1629

436. Bernardo Bellotto zwany Canaletto, Pałac w Wilanowie od strony parku, 1770

437. Pałac Jana Klemensa Branickiego w Białymstoku, ok. 1730

438. Józef Richter, Pałac w Tulczynie od strony podjazdu, 1835

439. Konstanty Czartoryski, Pałac Czartoryskich w Puławach, 1842

440. Pałac Bielińskich w Starym Otwocku, 1. poł. XVIII w.

441. Zygmunt Vogel, Łazienki Królewskie w Warszawie, pałac, po 1796

442. Malarz działający w Polsce na przełomie XVI i XVII w., Portret Katarzyny z Lubomirskich Ostrogskiej

443. Stanisław Samostrzelnik, Anna z Tęczyńskich Szydłowiecka, Liber geneseos..., ok. 1530

444. Herman Han, Portret zbiorowy magnatów polskich – fragment Koronacji Marii, ok. 1623–24

445. Portret Zbigniewa Ossolińskiego z synami Jakubem, Jerzym i Maksymilianem, przed 1650

446. Bartłomiej Strobel, Portret Jerzego Ossolińskiego

447. Malarz z kręgu dworskiego Jana III Sobieskiego.
Jan III Sobieski z rodziną, XVII/XVIII w.

448. Portret Łukasza Opalińskiego, ok. 1640

449. Marceli Bacciarelli, Portret Izabeli z Czartoryskich Lubomirskiej, 1757

452. Jan Piotr Norblin, Śniadanie w parku na Powązkach, 1785
453. Jan Piotr Norblin, Polonez

454. Jan Piotr Norblin, Towarzystwo nad jeziorem, 1785

455. Juliusz Kossak, Przed pałacem w Krzeszowicach, 1872

456. Maksymilian Fajans wg Napoleona Ordy, Zamek Działyńskich w Kórniku, Album widoków przedstawiających miejsca historyczne..., 1880

457. Dwór attykowy w Pabianicach, 2. poł. XVI w.

458. Dwór obronny w Szymbarku, 2. poł. XVI w.

459. Zamek w Gołuchowie, mieszczący cenne zbiory sztuki, XVI–XVII w.

MARCIN LASOCKI
Fundator i Kollator
Kościoła we wsi Zakrzaw
zmarły w roku
1619.

464. Portret trumienny nieznanej kobiety, 1667

465. Portret trumienny Marcina Lasockiego, 1619

466. Święta Rodzina przy połowie ryb – fragment ornatu z Żarnowca, ok. poł. XVII w.

467. Leon Wyczółkowski, Gra w krokieta, 1895
468. Władysław Podkowiński, W ogrodzie przy klombie, 1891

469. Aleksander Gierymski, *W altanie*, 1882

470. Józef Chełmonski, Czwórka – odjazd sprzed dworku, 1875

471. Leon Wyczółkowski, Wiosna w Gościeradzu, 1933

472. Kamienica Orsettich w Jarosławiu, 1570–71

473. Dom w Stargardzie, XV–XVI w.

474. Kamienice mieszczańskie Mikołaja i Krzysztofa Przybyłów w rynku w Kazimierzu Dolnym – tzw. kamienice Pod św. Mikołajem i św. Krzysztofem, ok. 1615

475. Kamienica Celejowska w Kazimierzu Dolnym, ok. 1635

476. Postać św. Krzysztofa – fragment elewacji kamienicy Pod św. Krzysztofem, ok. 1615

477. Pałac Leopolda Kronenberga w Warszawie

482. Nagrobki krakowskiej rodziny mieszczańskiej Montelupich w kościele Mariackim w Krakowie, pocz. XVII w.

483. Bartłomiej Strobel, Portret Wilhelma Orsettiego, rajcy Lublina, 1647

484. Bernardo Bellotto zwany Canaletto, Mieszczanka z córką i służąca – fragment obrazu Ulica Długa, 1777

485. Bernardo Bellotto zwany Canaletto, Wędrowni kuglarze – fragment obrazu Krakowskie Przedmieście w stronę kolumny Zygmunta III..., 1774

486. Jan Piotr Norblin, Odpust za miastem, 1785
487. Henryk Pillati, Staromiejskie podwórze

488. Wędrowny grajek ludowy z wiolą – fragment polichromii kościoła w Grębieniu k. Wielunia, ok. 1520–30

489. Aleksander Orłowski, Zabawa w karczmie, po 1800

490. Jan Piotr Norblin, Czworo dzieci wiejskich przed chatą
491. Michał Stachowicz, Dożynki, 1821

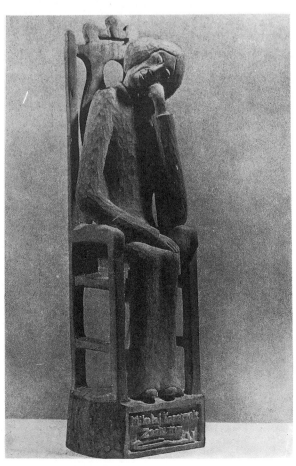

497. Chrystus pojmany z Pstrągowej koło Strzyżowa, rzeźba ludowa

498. Krzyż przydrożny z Pietą w Krzyżanowicach

499. Sylwester Gawlak, Kopernik, rzeźba ludowa

500. Winobranie – fragment obramienia Drzwi Gnieźnieńskich, 2. poł. XII w.

501. Tłoczenie wina – fragment obramienia Drzwi Gnieźnieńskich, 2. poł. XII w.

502. Warsztat szewski, miniatura z Kodeksu Baltazara Behema, ▷ 1502–05

503. Pracownia krawiecka, miniatura z Kodeksu Baltazara Behema, ▷ 1502–05

Szewcy

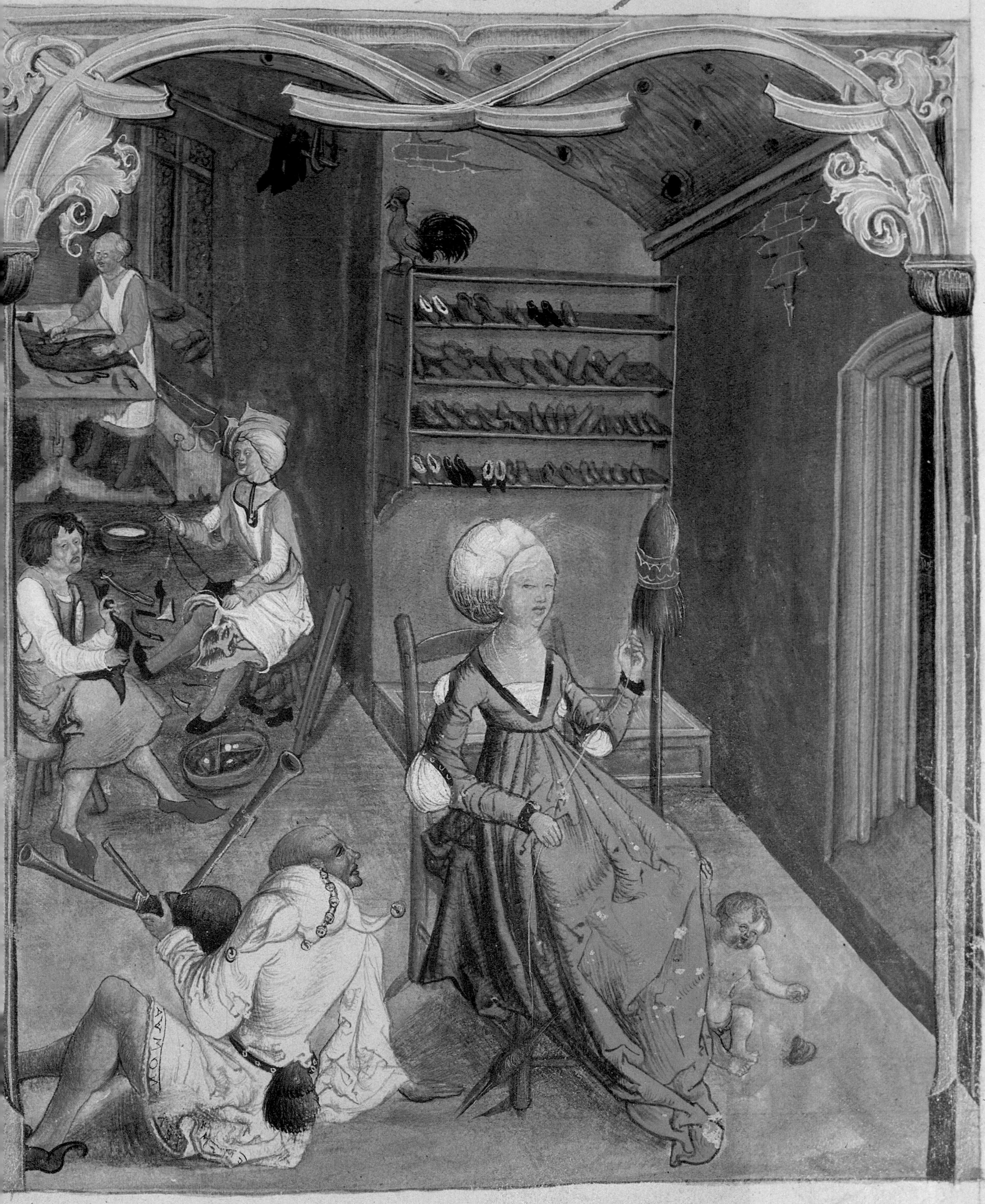

504. Antoni Möller, Budowa świątyni Salomona, 1602

505. Paweł Maliński, Robotnicy przy budowie drogi, model płaskorzeźby do Pomnika Pracy w Warszawie, 1823

506. Leopold Gottlieb, Przy pracy, 1926
507. Władysław Strzemiński, Tkacz, 1960

508. Jacek Malczewski, Robotnicy idący do pracy, szkic

509. Fryderyk Pautsch, Robotnik, 1909

511. Aleksander Gierymski, Piaska-
rze, 1887

515. Miniatura z wizerunkiem Mieszka II i Matyldy lotaryńskiej z Ordo Romanus, ok. 1027

516. Warsztat Vischerów, wg projektu Wita Stwosza, Płyta nagrobna Filipa Buonaccorsi – Kallimacha, ok. 1500

517. Dziedziniec Collegium Maius Uniwersytetu Jagiellońskiego, koniec XV w.

518. Nauka dzieci, z: M. Rej, Zwierciadło, Kraków 1568

◁ 512. Tadeusz Kulisiewicz, Kobiety w polu, 1936

◁ 513. Stefan Suberlak, W pole, z cyklu Wieś, 1959

◁ 514. Tadeusz Makowski, Szewc, 1930

523. Rokokowa fasada Collegium Nobilium w Warszawie, 1743

524. Teatr Wielki w Warszawie, 1825–33

525. Gmach Teatru Słowackiego w Krakowie, 1893

526. Henryk Siemiradzki, Kurtyna Teatru Słowackiego w Krakowie, szkic, 1893–94

527. Gmach Towarzystwa Zachęty Sztuk Pięknych w Warszawie, 1901

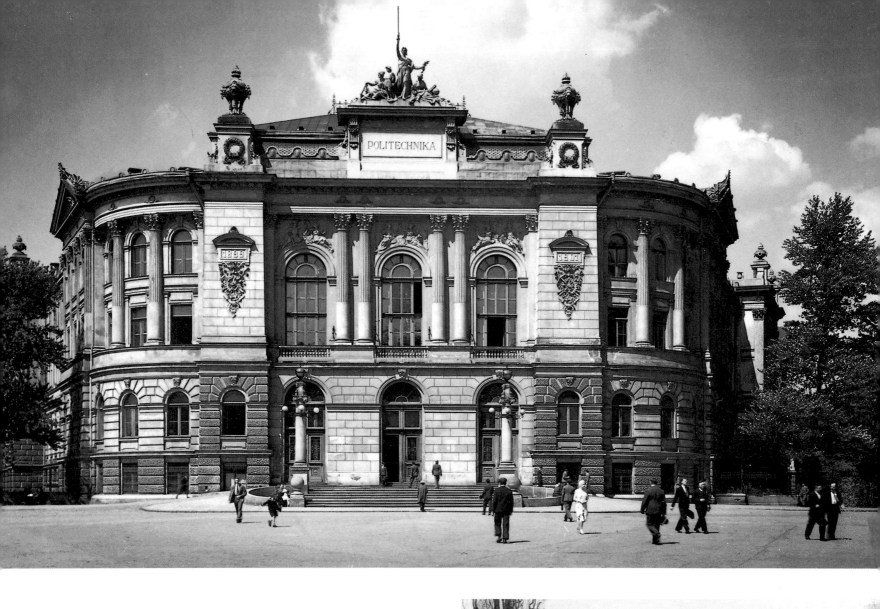

528. Gmach Politechniki Warszawskiej, 1899–1901

529. Gmach Towarzystwa Przyjaciół Sztuk Pięknych w Krakowie, 1901

530. Stanisław Noakowski, Łuk triumfalny (Projekt Pomnika Wolności), 1920–22
531. Willa Pod Jedlami w Zakopanem, 1896–97
532. Gmach Ministerstwa Wyznań Religijnych i Oświecenia Publicznego
533. Stadion X-lecia w Warszawie, 1955

534. Ściana Wschodnia w Warszawie

536. Narodziny Marii – fragment tryptyku Rodzina Marii, ok. 1500

537. Cyprian Kamil Norwid, Dziecko i anioł, 1857

538. Józef Szermentowski, Pasowanie na rycerza przez dziadunia, 1869

539. Stanisław Wyspiański, Macierzyństwo, po 1905
540. Jacek Malczewski, Aniele, pójdę za Tobą, 1901

541. Marek Włodarski (Henryk Streng), Wspomnienia z dzieciństwa, 1924

542. Tadeusz Makowski, Teatr dziecięcy, 1931

Sztuka, o której mówiliśmy dotychczas, grała rolę służebną w stosunku do narodu i człowieka. Dotrzymywała kroku dziejowym przemianom państwa i narodu, stwarzała artystyczną dokumentację wydarzeń i modele godnego postępowania, kształtowała materialne i duchowe środowisko życia ludzi, uczestniczyła w upowszechnieniu poglądu na świat i służyła jego ekspresji, towarzyszyła człowiekowi w jego losach i była nierzadko pociechą dla serc zagubionych w trudnym świecie.

Ale istniała także sztuka wolna od różnorakiej służby, nie zaangażowana bezpośrednio w te zadania. Sztuka tworzona przez artystów w toku ich osobistego, prywatnego życia, na potrzeby bliskiego kręgu ludzi; sztuka będąca przede wszystkim wyrazem własnych sposobów widzenia świata i ekspresji tych przeżyć; sztuka radości tworzenia i nieustających poszukiwań artystycznych, wielkich prób innowacyjnych; sztuka budująca swój własny, niezależny świat kształtów i barw, który nie miałby być odnoszony ani do rzeczywistości empirycznej, ani do idei obowiązujących powszechnie, świat kreowany, samowystarczalny, będący źródłem wzruszeń i nastrojów.

Jest oczywiste, iż obu tych rodzajów sztuki nie dzieli granica ostra ani trwała. Wiadomo, iż jest to granica płynna i zmienna w różnych epokach, a także i w twórczości poszczególnych artystów, nie należących zazwyczaj całkowicie do tego czy tamtego nurtu. I bywa tak, że sztuka zaangażowana bezpośrednio w sprawy społeczne wybiega daleko na drogach awangardy artystycznej i artystycznego eksperymentowania; a bywa i tak, iż sztuka nie zaangażowana bezpośrednio w walkę i służbę społeczną wyraża w swych dziełach laboratoryjnych protest lub nadzieję, będącą potrzebą ludzi działających w tym świecie.

Jednak w dziejach naszej sztuki różnica między obu tymi nurtami była wyraźna, zwłaszcza gdy przez długie wieki pierwszy z nich był nurtem dominującym. O działalności artystów rozstrzygała wola króla czy księcia, wola Kościoła czy fundatorów, wola możnych i bogatych zleceniodawców. Równocześnie artyści – na równi z ich mecenasami – podlegali naciskowi zintegrowanej i wspólnej kultury, wyrażającej się tożsamością idei, wyobrażeń, dyrektyw życia. W tych horyzontach światopoglądowych zawierać się musiała sztuka.

Tylko powoli stawało się możliwe ich przekroczenie. Na przełomie średniowiecza i renesansu portret zyskiwał coraz większe i bardziej autonomiczne znaczenie. Postacie fundatorów, umieszczane dyskretnie i pokornie pomniejszane na religijnych obrazach, stawały się godne odrębnej artystycznej uwagi i dokumentacji, manifestującej społeczny, a nie tylko religijny prestiż możnych ludzi. Portret stawał się dziedziną sztuki odrębną i niezależną. Artystyczne konwencje epoki i wola osób portretowanych krępowały oczywiście artystów, ale równocześnie uzyskiwali oni dość znaczną swobodę działania.

Drugą dziedzinę emancypacji sztuki wyznaczała jej rola dekoracyjna. Przepych i radość renesansowego życia przejawiały się w trosce o piękno. Rezydencje królewskie i magnackie, domy mieszczańskie i dwory szlacheckie musiały być nie tylko bogate, ale i piękne – zasobne w meble i sprzęty, w dywany i kilimy. Ale także – te najzamożniejsze – w obrazy i inne malowidła, w rzeźby. Nawet gdy sztuka dekoracyjna, wykorzystując najczęściej mitologię antyczną, wyrażała pewien program moralny czy patriotyczny, artyści dysponowali dość znaczną swobodą w wyborze i przedstawieniu tematów.

Na tych dwóch drogach rozwijała się – od renesansu aż po oświecenie – sztuka nie zaangażowana w wielkie problemy życia religijnego i narodowego, ale jeszcze zależna od ludzi, których rodowe ambicje miała zaspokajać i którym miała służyć w ich dworskich rozrywkach, kształcąc estetyczny smak. Portrety królów i rodzin królewskich były domeną wielu polskich i obcych artystów. Tę wielką galerię otwierały portrety Jagiellonów, zamykał wspaniały portret Stanisława Augusta, malowany przez Bacciarellego.

Dostojnicy kościelni i magnateria dbali usilnie o splendor portretowy. Setki portretów przedstawiały rody szlacheckie. Artyści wielkiej miary i prości rzemieślnicy lokalni byli angażowani do tych prac. Bardzo niewiele dzieł miało wysoki poziom artystyczny; niemal żadne nie otwierało nowych rozdziałów w dziejach polskiej sztuki. Stanie się to dopiero w wieku XIX.

Podobnie były losy sztuki dekoracyjnej. Od fryzów wawelskich poczynając, malowidła ścienne i plafonowe zdobiły komnaty zamków i pałaców. Rozkwit tej sztuki przypadał na czasy Stanisława

Augusta. To wówczas komponowano artystycznie całe wnętrza – zwłaszcza na Zamku i w Łazienkach, a także w wielu pałacach magnackich. W sali audiencjonalnej Zamku Bacciarelli stworzył wielkie alegoryczne malowidło plafonowe – *Apoteozę sztuki;* inny motyw alegoryczny wykorzystał w świątyni Diany w Arkadii pod Nieborowem Norblin, malując *Jutrzenkę* – piękna, skrzydlata Eos kieruje czwórką białych koni, oszalałych w pędzie ku słońcu, które wschodzi. Wiek później słynny *Szał* Podkowińskiego był jak gdyby repliką innej epoki na tę żywiołową wizję budzącego się życia.

Zmiana warunków politycznych i społecznych w wieku XIX, zniknięcie z areny życia publicznego dworu królewskiego, osłabienie pozycji arystokracji ograniczały rozwój sztuki dekoracyjnej. Jeszcze w początkach wieku składała ona hołd klasycyzmowi, przypominając w alegorycznych rzeźbach i obrazach dzieje bogów greckich, losy Edypa, odwagę Antygony, męstwo Hektora, miłość Parysa i Heleny, wykorzystywała także tematykę Starego Testamentu. Ale przyszłość należała do malarstwa portretowego.

Było znamienne, iż w epoce, w której już wygasły ambicje rodowe, portret nie tylko nie tracił swego znaczenia, ale uzyskiwał pewną niezależność jako dzieło sztuki. Obok portretów ,,na zamówienie'' malarze podejmowali coraz częściej studia portretowe osób sobie bliskich, z kręgu rodziny i przyjaciół, a także osób obcych, interesujących dla oka artysty. Portret stawał się na równi podobizną osoby portretowanej, jak i twórczym dziełem malarza. W miarę upływu lat słabły rygory koniecznego podobieństwa, a pasja twórcza artysty pozwalała na wszelkie wizyjne deformacje. Taka była – w wielkim skrócie – ewolucja prowadząca od portretów Rodakowskiego do portretów Witkacego.

Henryk Rodakowski malował *Portret ojca* i *Portret matki,* a także siostry, ciotki, pasierbicy – to wielka galeria rodzinna ludzi najbliższych malarzowi, których portretowanie było potrzebą serca, wyrazem i świadectwem pewnej wspólnoty duchowej, zróżnicowanej, ale zawsze ważnej. Szczególną wartością obrazów była treść psychiczna wydobyta i utrwalona mistrzowską ręką artysty. Na tych portretach potwierdza się w pełni słuszność Norwidowskiej charakterystyki sztuki:

> *Cała plastyki tajemnica*
> *Tylko w tym jednym jest,*
> *Że duch – jak błyskawica,*
> *A chce go ująć gest.*

Słuszność ta potwierdzała się również na portretach Olgi Boznańskiej, malowanych jak gdyby w oddaleniu od życia, zamglonych w konturach, pełnych psychicznych pogłębień i niedomówień w migotliwych refleksach barw.

Twórczość Boznańskiej była także ważnym ogniwem w rozwoju malarstwa, przejmującego jako temat małe formy materialnego świata, a zwłaszcza ,,martwą naturę''. Jest zastanawiające, jak późno – w porównaniu z malarstwem europejskim – pojawiły się w polskim malarstwie zainteresowania artystyczne tą tematyką. Gdy świat materialny jako wielkie środowisko ludzkiego życia interesował polskich malarzy od dawna, to malowanie jego małych elementów wydawało się niegodne uwagi. Można było malować wspaniałe wnętrza bogatych sal, ale nie chciano kierować spojrzeń na jeden mebel, na jedno okno pozwalające na zamyślenie, na mały wazon z kwiatami, na drobne przedmioty leżące na stoliku, na fragment ogrodu, na widok bliskiego dachu przesłaniającego cały horyzont. Od schyłku wieku XIX ten ,,mały świat'' urzekał artystów, stanowiąc pasjonujący temat ich obserwacji i studiów, ich twórczości zamkniętej w kręgu malarskiej wizji i jej wewnętrznych problemów. Powstawały setki obrazów tego rodzaju, prezentowanych na indywidualnych i zbiorowych wystawach obok ,,wielkich'' płócien historycznych i symbolicznych, naładowanych ideową treścią. Szeroka opinia publiczna, zrazu wstrzemięźliwa wobec tej sztuki, zdobywała się na coraz większe uznanie. Wśród krytyków artystycznych powstawało przekonanie, iż to jest właśnie sztuka prawdziwa. ,,W zakres malarstwa – pisał Witkiewicz – wchodzi to wszystko, co w naturze jest kształtem i barwą, i to wszystko, co z człowieka za pomocą barwy i kształtu da się wyprowadzić [...] Artyzmem zaś jest doskonałość kształtu, którym można wyrazić życie, doskonałość harmonii barwy i logika światłocienia''. Kryteria te ograniczały bardzo znacznie program wychowawczej roli Sztuki jako ekspozycji wielkich idei narodowych czy religijnych.

Szczególne znaczenie dla rozwoju sztuki wolnej od takich świadczeń miały jednak nie tyle przemiany w zakresie wybieranych przez artystów tematów, ile odzyskanie przez Polskę niepodległości. W tych nowych warunkach literatura i sztuka stawały się wolne od obowiązku uczestniczenia w wychowaniu społeczeństwa w walce o narodowe przetrwanie. Karol Irzykowski przewidywał trafnie tę reorientację sztuki, analizując, na kilka lat przed wojną 1914 roku, aktualne wówczas polemiki literackie. W artykule *Dwie rewolucje* pisał w roku 1908: „Rewolucja literacka, jaką u schyłku zeszłego wieku zainicjował Stanisław Przybyszewski, była podniesieniem ciemnych zasłon w pokoju zmarłego i wpuszczeniem jasnych promieni. Swawolnie, cynicznie odrzuciła poezja czarne szaty żałobne i stanęła naga, jak bachantka dionizyjska".

Sztuka inaczej rozegrała podobną rewolucję. Jej hasłami stało się bezwzględne prawo artysty do wyrażania siebie oraz zakwestionowanie zasady odwzorowywania rzeczywistości. Tytus Czyżewski pisał: „Moja sztuka nie jest programową [...] Ja nie chcę, aby moja sztuka była doskonała i oryginalna, ale chcę, aby była najistotniejszą formą mnie samego". Ten program szukania siebie stawał się programem widzenia świata „inaczej". Życie artystyczne okresu międzywojennego różnicowało się na dziesiątki szkół i kierunków. Mimo licznych przeciwieństw i niekiedy gwałtownych polemik realizowano na różnych drogach te nowe zasady. Rzeczywistość przestawała być godną odwzorowania; stawała się materiałem przekształceń, przedmiotem przetwarzanym wizyjnie. Tak malowali ją i ekspresjoniści, i kubiści, i formiści. Podobnie postępowali koloryści, chociaż zwalczali tamtych. Gdy jedni – jak Leon Chwistek czy Tadeusz Makowski, a w inny sposób Władysław Skoczylas czy Zofia Stryjeńska – pozostawali w pewnym stopniu wierni obiektywej rzeczywistości, która chociaż przetwarzana pozostawała pewnym punktem odniesienia i porozumienia między malarzem i widzem, inni znosili tę granicę, formułując radykalnie program sztuki stwarzającej rzeczywistość swoistą. Tak postępował w swych dynamicznych kompozycjach Witkacy, a przede wszystkim Władysław Strzemiński.

W Polsce Ludowej rozwinęło się w całym różnorodnym bogactwie to malarstwo, odrzucające tradycyjne kanony odwzorowywania rzeczywistości. Jerzy Tchórzewski pisał z entuzjazmem: „Malarstwo współczesne zrzuciło z siebie dawniej w jakiś sposób konieczny, dziś już prawie absurdalny, obowiązek udawania natury [...] Sztuka nie może się pogodzić z poglądem, że natura jest jedynym i wyłącznym twórcą form [...] a malarstwo ma służyć jedynie do lepszej czy gorszej dokumentacji jej uroków [...] Wyobraźnia człowieka poczuła się zdolna tworzyć nowe kreacje, nowe fakty plastyczne. Obraz powinien być tym właśnie nowym faktem plastycznym".

Artyści czynili go takim faktem w wieloraki sposób. Obok unistycznych kompozycji Strzemińskiego i jego studiów przedstawiających „po-widok" słońca, inspirowanych przez swoistą teorię widzenia, stawały monotypie Marii Jaremy, wydobywające z rzeczywistości siły dynamiczne i wzajemnie przenikające się w obrotach elementy. Henryk Stażewski uprawiając sztukę abstrakcyjną wyznawał, iż „przenosi nas ona w wyższe rejony myślenia i odczuwania [...] Motywem sztuki staje się to, co kryje się pod zewnętrzną powłoką przedmiotu. Dochodzimy do metafory i parabolicznego sposobu myślenia". Właśnie takie myślenie stało się artystycznym programem innych artystów, jak Tadeusz Kantor, twórca „obrazu metafizycznego" czy – w zupełnie innym stylu – Jerzy Nowosielski lub Tadeusz Mikulski, wykorzystujących doświadczenia surrealizmu, ale i przekraczających je: w twórczości pierwszego z nich dzięki hieratycznej strukturze obrazów, a w twórczości drugiego dzięki baśniowej fabule i lirycznym nastrojom.

W dziesiątkach manifestów i w setkach wystaw malarze i rzeźbiarze prezentowali swe dzieła, także i na ulicach miast, w plenerze parków, w dekoracjach teatralnych i targowych. Ta sztuka szukała wielkich rozwiązań plastycznych, związanych z urbanistycznymi koncepcjami, ale podejmowała również zadania skromne i małe. Jednak jej żywiołem głównym była kreacja artystycznej rzeczywistości, bez względu na to, czy, jak i gdzie znajdować ona miała drogę do społeczeństwa.

Kreacja ta była wieloraka. Rozbijała strukturę materii, kształt ludzkiego ciała, eksperymentowała stosując kombinacje różnych technik i barw, deformowała rzeczywistość, aby sięgnąć poza nią, szukała widoków niewidzianych, dokonywała zestawień odsłaniających pustkę chaosu i komponowała nieistniejące kształty. Cóż bardziej charakterystycznego dla tej sztuki, jak wielka galeria tytułów – świadectwo dumy twórczej, odwagi i nadziei? Przypomnijmy niektóre ukazując w ten sposób zasięg tych artystycznych ambicji, tworzących swoiste „królestwo sztuki".

427 W niektórych przypadkach nazwy rodzajowe stawały się nazwami indywidualnymi, więc twory

artystów określano po prostu: obraz, rysunek, rzeźba; niekiedy – dla rozróżnienia uzyskiwały własną numerację indywidualną. W wielu przypadkach dzieła sztuki nazywano kompozycjami, studiami, improwizacjami lub po prostu formą. Niekiedy – wręcz przeciwnie – tytuły bywały bardzo długie, wyjaśniające, jak np. *Obszar 45. Próba penetracji przestrzeni z wylosowanymi strefami o różnej wysokości. Źródło zmiennej losowej – rzut kostką do gry* (Ryszard Winiarski). Niekiedy – jak w nazwach nowoczesnych aut – posługiwano się szyfrem; obrazy nosiły tytuł *PO-4* (Jan Chwalczyk) lub *K/88* (Edward Krasiński).

Świat dostępny potocznemu zmysłowemu doświadczeniu podlegał głębokiej przemianie. Malowano pejzaże, których nikt nigdy nie widział, „pejzaż morski" bez morza, „sieci", które nie miały łowić ryb; malowano „pejzaże rytmiczne", pejzaże w „fioletach i zieleniach", pełne napięcia „krajobrazy-pułapki", „słońce nad miastem", którego nie było naprawdę, ale je tworzył artysta. Inni wierzyli, iż można odmalować przypomnienie, iż „wieczorami słyszymy gwizd pociągów" albo czas, „kiedy młodość znajdzie się w wichrze", lub że „małe miasteczko nie jest nudne". Inni malowali dziwne ptaki i „dom gołębi" – niezamieszkany. Ludzie stawali się „figurami rozpiętymi" czy „figurami na osi" lub „postacią czerwoną". Pasjonujące były próby wdarcia się w naturę materii. Malowano więc jej „strukturę", jej „permutacje", jej „rozszczepienie" i „spięcia", a także „przeciwstawienia" i „przenikania". Równie pasjonowało światło. Próbowano więc tworzyć „światła w międzyprzestrzeni", wskazywać „reliefy" miedziane czy aluminiowe, a także „refleksy zmienne" i „refleksy zstępujące", a także „pulsujące światło". Malowano „przedmiot optyczny" i „portret przestrzenny addytywny", aranżując przestrzeń dowolnie, ale tak, aby była ona „wyrazem". Jeszcze inni nie wahali się malować „fotoneutronikonu" lub „ikonosfery", lub – w licznych wariantach – „kół podwójnych", czy „obrazów podwójnych barw dopełniających". Naturę światła, przestrzeni i ruchu prezentowały liczne studia nazwane „movens", a tajemnicę barw analizował „pentaptyk z czerwieniami". Niektóre obrazy nazywano „farbą ruchu" czy „zatruciem farbą". W tej twórczości było miejsce i na – pozornie abstrakcyjną – geometrię. Malowano więc „sen geometrii" i „kolineację", i „układy otwarte". W niezwykły sposób z tych geometrycznych wizji sięgano do moralności. Jeden z obrazów nosił tytuł *Siedem zapomnianych dobrych uczynków w doskonałej formie geometrycznej*. Rygory geometrii nie przeszkadzały widzieć świata jako „przedmiotów rosnących" lub jako zgeometryzowanej „łąki pojęć".

Ta sztuka tak różnorodna nie przedstawiała świata, lecz wdzierała się w głąb rzeczywistości, rozkładając ją i syntetyzując inaczej. Nie była oglądaniem, była nieustającym i dynamicznym tworzeniem. Wielkim ryzykiem nieporozumienia. Gwałtownym apelem antykonformistycznym. Tłumaczył kiedyś Tadeusz Brzozowski: „Patrząc na obraz utrzymany w kategoriach sztuki tradycyjnej, odnosimy wrażenie, że stojąc nad brzegiem rzeki obserwujemy nurt wody, widzimy ruch, rwące fale, wiry, kaskady. Dziś i widz, i malarz muszą skoczyć do wody". Podobnie pisał Zbigniew Dłubak: „stosunek do świata zewnętrznego powinien być czynny. Polega to na poszukiwaniu znaków, pozwalających zamanifestować określony sposób widzenia świata w przeciwieństwie do tego, co jest tylko interpretacją albo tylko próbą utrwalenia zjawisk zmysłowych".

W tak różnoraki sposób sztuka polska stwarzała samoistną i bogatą rzeczywistość artystyczną. Nie służąc narodowi bezpośrednio w sensie eksponowania określonego programu wychowawczego czy też w sensie określonych wezwań ideowych, pełniła tę służbę pośrednio, ponieważ ponad życiem realnym budowała własne królestwo piękna, odrębne i niezależne, ale także rzeczywiste, chociaż w inny sposób. W tym sensie miał rację Eugeniusz Eibisch, gdy pisał: „interesują mnie tylko te obrazy, w których artysta stwarza lub stara się stworzyć własny świat. W zamkniętych, określonych granicach powstaje niezależne, odrębne życie, które działa i zachwyca swym pięknem".

543. Płyta z ornamentem plecionki wstęgowej z katedry na Wawelu, 1. poł. XI w.

544. Paw – fragment obramienia Drzwi Gnieźnieńskich, 2. poł. XII w.

545, 546. Szczegół dekoracji Kaplicy Zygmuntowskiej na Wawelu, 1519–33

547. Dekoracja marginalna Graduału Jana Olbrachta, ok. 1501

548. Jan Piotr Norblin, Jutrzenka, malowidło plafonowe w świątyni Diany w Arkadii pod Łowiczem, 2. poł. XVIII w.

549. Teofil Kwiatkowski, Martwa natura z owocami,
ok. 1888

550. Henryk Rodakowski, Portret Leonii Blüdhorn,
pasierbicy artysty, 1871

551. Henryk Rodakowski, Portret Babetty Singer,
ciotki artysty, 1863

552. Olga Boznańska, *Imieniny babuni*, 1888–89

553. Olga Boznańska, Dwie dziewczynki, 1896

554. Konrad Krzyżanowski, Portret Tomiry Słońskiej z córką, ok. 1903

555. Józef Pankiewicz, Kwiaty w niebieskim wazonie, przed 1933
556. Jan Rembowski, Zaczarowana dziewczynka, 1913
557. Tadeusz Makowski, Martwa natura z melonem, ok. 1928
558. Władysław Skoczylas, Taniec zbójnicki

559. Leon Chwistek, Portret żony, ok. 1925
560. Zbigniew Pronaszko, Sielanka, 1935

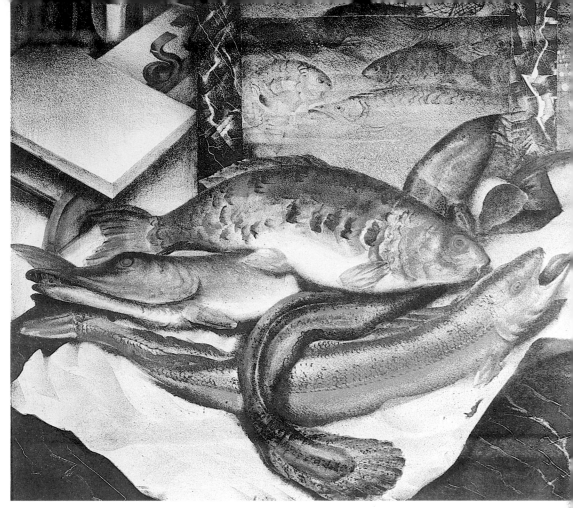

561. Konrad Srzednicki, Ryby III, 1946
562. Tytus Czyżewski, Hiszpania, 1923

563. Mieczysław Szczuka, Kompozycja konstruktywistyczna, 1925

564. Henryk Stażewski, Relief 9, 1969

565. Henryk Stażewski, Kompozycja abstrakcyjna

566. Leon Chwistek, Uczta, 1933

567. Jan Cybis, Muszle,
1953–54

568. Piotr Potworowski, Ogród (z hamakiem), 1949

569. Marek Włodarski, Krawat, liść, zapałki, 1931

570. Eugeniusz Eibisch, *Siostry*, przed 1957
571. Wacław Taranczewski, *Martwa natura ze świątkiem*, 1949

572. Tadeusz Kantor, Sinobrody, projekt kostiumu do Zamku Sinobrodego Beli Bartoka, 1963

573. Maria Jarema, Rytm IV, 1958

574. Kazimierz Mikulski, Nocna próba, 1954

575. Marian Bogusz, Radość nowych konstrukcji, 1947

576. Zbigniew Gostomski, Relief, 1963
577. Rajmund Ziemski, Słońce nad miastem, 1957
578. Stefan Gierowski, Obraz CC (muzyka), 1966

579. Aleksander Kobzdej, Pianistka, 1948

580. Andrzej Wróblewski, Zatopione miasto, I, 1948

581. Jerzy Tchórzewski, Wędrujące formy, 1954
582. Jerzy Wolff, Kompozycja ognista, 1969
583. Józef Szajna, Postać z czerwoną rękawiczką, 1963
584. Józef Szajna, Głowa Meduzy, 1971

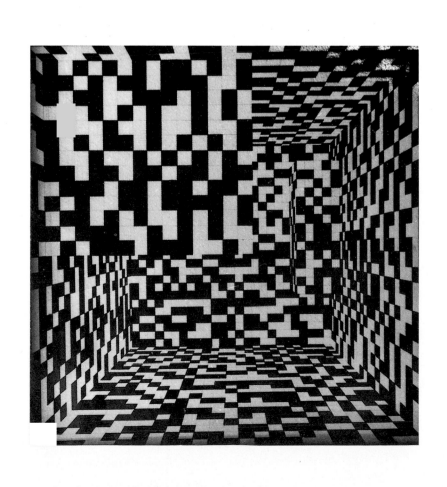

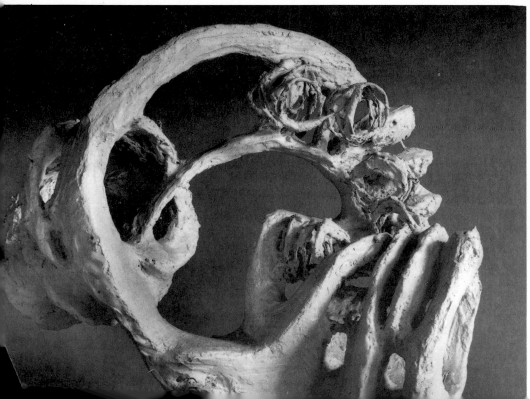

589. Maria Anto, Białowieża po roku, 1974
590. Alina Ślesińska, Brazylia, 1974

591. Katarzyna Kobro, Kompozycja przestrzenna nr 6

592. Stanisław Fijałkowski, (Powtórne) Nagłe pojawienie się Beatrycze, 1969

593. Teofil Ociepka. Salamandry.
1969

594. Nikifor Krynicki.
Wieczerza malarzy
w niebie, ok. 1950–55

SPIS ILUSTRACJI

461

231. Bogusław Szwacz, *Pejzaż górski*. Wł. artysty.
232. Józef Chełmoński, *Orka*, 1896. Muzeum Narodowe w Poznaniu.
233. Adam Chmielowski, *Owce w jarze*. Muzeum Narodowe w Warszawie.
234. Wojciech Gerson, *Cmentarz w górach*, 1894. Muzeum Narodowe w Warszawie.
235. Jacek Malczewski, *Święta Agnieszka*, 1920–21. Muzeum Narodowe w Warszawie.
236. Jacek Malczewski, *Krajobraz z Tobiaszem*, 1904. Muzeum Narodowe w Poznaniu.
237. Stanisław Wyspiański, *Motyw zimowy*, 1905. Muzeum Narodowe w Krakowie.
238. Władysław Skoczylas, *Rynek w Kazimierzu nad Wisłą*, ok. 1930. Muzeum Narodowe w Warszawie.
239. Ferdynand Ruszczyc, *Ziemia*, 1898. Muzeum Narodowe w Warszawie.
240. Stanisław Noakowski, *Zamek piastowski*. Wg reprodukcji.
241. Stanisław Noakowski, *Drewniany kościół na wzgórzu*, 1922. Wł. prywatna, wg reprodukcji.
242. Stanisław Noakowski, *Chata*, 1922. Muzeum Narodowe w Warszawie, ze zbiorów B. Krystalla.
243. Leon Chwistek, *Miasto fabryczne*, ok. 1920. Muzeum Narodowe w Warszawie.
244. Eugeniusz Arct, *Huta Piłsudski (obecnie Kościuszko) w Chorzowie*, 1935. Muzeum Górnośląskie w Bytomiu.
245. Jacek Mierzejewski, *Krajobraz formistyczny (Ogród w Zakopanem)*, 1915. Muzeum Narodowe w Warszawie.
246. Kamil Romuald Witkowski, *Pejzaż formistyczny*, 1917. Muzeum Narodowe w Warszawie.
247. Tytus Czyżewski, *Pejzaż polski*, ok. 1935. Muzeum Narodowe w Warszawie.
248. Stanisław Matusiak, *Pasterz ze stadem owiec*, ok. 1918. Muzeum Narodowe we Wrocławiu.
249. Felicjan Szczęsny Kowarski, *Zagroda wiejska*, 1941. Muzeum Narodowe w Warszawie.
250. Felicjan Szczęsny Kowarski, *Pejzaż z uschniętym drzewem*, 1930. Muzeum Narodowe w Warszawie.
251. Rafał Malczewski, *Pejzaż górski*, 1932. Muzeum Narodowe w Warszawie.
252. Michał Rouba, *Młyn w lesie*, 1935. Muzeum Górnośląskie w Bytomiu.
253. Hanna Rudzka-Cybisowa, *Kraków, wieża ratuszowa*, 1933. Muzeum Narodowe w Krakowie.
254. Konstanty Mackiewicz, *Kominy dymią*, 1949. Muzeum Sztuki w Łodzi.
255. Edward Matuszczak, *Port*, 1935. Muzeum Górnośląskie w Bytomiu.
256. Marek Włodarski, *Ogród*. Wł. artysty.
257. Stanisław Fijałkowski, *Pejzaż*, 1956. Muzeum Sztuki w Łodzi.
258. Maria Jarema, *Pejzaż*, 1948. Wg reprodukcji.
259. Władysław Strzemiński, *Powidok słońca*, 1948. Muzeum Narodowe w Warszawie.
260. Jan Cybis, *Sopot*. Muzeum Narodowe w Warszawie.
261. Andrzej Strumiłło, *Nasza ziemia*, przed 1954.
262. Piotr Potworowski, *Krajobraz z Łagowa*, 1958. Muzeum Narodowe w Poznaniu.
263. Piotr Potworowski, *Zachód słońca w Kazimierzu*, 1958–59. Muzeum Narodowe w Warszawie.
264. Stanisław Teisseyre, *Spotkanie dnia z nocą*, 1964–65. Muzeum Okręgowe w Bydgoszczy.
265. Adam Marczyński, *Nad wodą*, 1946. Muzeum Narodowe w Poznaniu.
266. Jerzy Nowosielski, *Pejzaż miejski*. Wł. artysty.
267. Jerzy Tchórzewski, *Krajobraz z ptakiem*, 1954. Muzeum Sztuki w Łodzi.
268. Barbara Jonscher, *Pole*, 1973. Muzeum Okręgowe w Bydgoszczy.
269. Rajmund Ziemski, *Pejzaż w fioletach i zieleniach*, 1958.
270. Mistrz tryptyku z Wielowsi, *Legenda św. Jadwigi śląskiej*, ok. 1430 – kwatera: Książę Henryk Pobożny walczy z Tatarami. Muzeum Narodowe w Warszawie.
271. Jan Cini, Bernardino de Gianotis, Nagrobek Krzysztofa Szydłowieckiego w kolegiacie w Opatowie (płaskorzeźba z Lamentem – autor nieznany), 1533–36.
272. Nagrobek Wojciecha Kryskiego i jego rodziców Pawła i Anny ze Szreńskich w kościele w Drobinie k. Płocka, 1572–78.
273. Nagrobek Tomasza Sobockiego w kościele w Sobocie na Mazowszu, XVI w. – fragment.
274, 275. Ryngraf, XVIII w. – awers i rewers. Muzeum Narodowe w Krakowie.
276. Antoni Józef Misiowski, *Portret Aleksandra Jana Jabłonowskiego, chorążego wielkiego koronnego*, 1740. Muzeum Świętokrzyskie w Kielcach.
277. *Portret Jana Karola Chodkiewicza*, XVII w. Muzeum Narodowe w Warszawie, Galeria Portretu w Wilanowie.
278. Jan Damel, *Kościuszko ranny pod Maciejowicami*. Muzeum Narodowe w Warszawie.
279. Aleksander Orłowski, *Przemarsz wojska kościuszkowskiego*, 1800–02. Biblioteka Narodowa, Gabinet Rycin.
280. Jan Bogumił Plersch, *Utarczka kawalerii, scena z powstania kościuszkowskiego*, 1795. Biblioteka Zakładu Narodowego im. Ossolińskich PAN we Wrocławiu, Zb. Pawlikowskich.
281. Philibert L. Debucourt wg Horacego Verneta, *Śmierć księcia Józefa Poniatowskiego w Elsterze*. Muzeum Narodowe w Warszawie.
282. Aleksander Orłowski, *Projekt pomnika księcia Józefa Poniatowskiego w mundurze generalskim*, 1818. Muzeum Narodowe w Krakowie, Zbiory Czartoryskich.
283. Józef Peszka, *Legiony polskie we Włoszech*. Biblioteka Zakładu Narodowego im. Ossolińskich PAN we Wrocławiu.

334. Katedra (kościół pocysterski) w Pelplinie, 1. poł. XIV w.

335. Tympanon z kościoła św. Piotra i Pawła w Strzegomiu, XIV w.

336. Kościół NPMarii w Toruniu, 2. poł. XIV w.

337. Nawa główna kościoła NPMarii w Stargardzie, pocz. XV w.

338. Kościół NPMarii w Wambierzycach, 1655–1750.

339. Fragment Krakowskiego Przedmieścia w Warszawie z kościołem św. Anny, 1786–88. Arch. Piotr Aigner i Stanisław Kostka Potocki.

340. Kościół św. Rocha w Białymstoku, 1930. Arch. Oskar Sosnowski.

341. Kościół w Nowej Hucie.

342. *Iustitia* – fragment rzeźby na kolumnie w kościele Św. Trójcy w Strzelnie, 2. poł. XII w.

343. Portal główny w kolegiacie Wniebowzięcia NPMarii w Tumie pod Łęczycą, ok. 1150–61.

344. Tympanon fundacyjny w kościele opactwa kanoników regularnych NPMarii na Piasku we Wrocławiu, 2. poł. XII w.

345. *Koncert Dawida*, tympanon portalu w fasadzie zachodniej kościoła opactwa cysterek w Trzebnicy, 1. poł. XIII w.

346. *Św. Agnieszka i św. Katarzyna* – fragment frontale z kościoła w Dębnie Podhalańskim, 2. poł. XIII w. Kraków. Kuria archidiecezjalna.

347. Malarz małopolski, *Św. Katarzyna Aleksandryjska*, ok. 1450. Muzeum Diecezjalne w Tarnowie.

348. *Wjazd Chrystusa do Jerozolimy*, malowidło ścienne w katedrze sandomierskiej, XV w.

349. Malarz kręgu Mistrza poliptyku św. Barbary, *Madonna w otoczeniu rodziny Wieniawitów*, kościół w Drzeczkowie, ok. 1450.

350. Pracownia gdańska, *Tablica X przykazań*, ok. 1480–90. Muzeum Narodowe w Warszawie.

351. Mistrz legendy św. Jana Jałmużnika, *Jawnogrzesznica u grobu patriarchy* – fragment *Poliptyku św. Jana Jałmużnika* z kościoła św. Katarzyny w Krakowie, ok. 1502–04. Muzeum Narodowe w Krakowie.

352. Mistrz legendy św. Jana Jałmużnika, *Przybycie kupców do patriarchy* – fragment *Poliptyku św. Jana Jałmużnika* z kościoła św. Katarzyny w Krakowie, ok. 1502–04. Muzeum Narodowe w Krakowie.

353. Mistrz Pięknych Madonn, *Piękna Madonna z Dzieciątkiem* z kościoła św. Elżbiety we Wrocławiu, ok. 1410. Muzeum Narodowe w Warszawie.

354. *Maria prowadząca Dzieciątko z koszyczkiem w ręku* – fragment chrzcielnicy w kościele św. Piotra i Pawła w Legnicy, koniec XIII w.

355. *Madonna z Krużlowej*, ok. 1410. Muzeum Narodowe w Krakowie.

356. Ołtarz Mariacki ze sceną *Zwiastowania z jednorożcem* z kościoła św. Elżbiety we Wrocławiu, 1470–80 – fragment. Muzeum Narodowe w Warszawie.

357. Wit Stwosz, Ołtarz Mariacki w kościele Mariackim w Krakowie, 1477–89 – ołtarz otwarty.

358. Wit Stwosz, *Wniebowzięcie* – fragment Ołtarza Mariackiego w kościele Mariackim w Krakowie.

359. Wit Stwosz, *Zaśnięcie* – fragment Ołtarza Mariackiego w Krakowie.

360. Wit Stwosz, Krucyfiks w kościele Mariackim w Krakowie, ok. 1491 – fragment.

361. *Wjazd do Jerozolimy*, miniatura ze *Złotego kodeksu gnieźnieńskiego*, 2. poł. XI w. Biblioteka Kapitulna w Gnieźnie.

362. *Św. Piotr poleca biskupa Tomickiego Madonnie*, płaskorzeźba w niszy nagrobka Piotra Tomickiego w katedrze na Wawelu, 1533.

363. *Zwiastowanie*, inicjał O z *Pontyfikału* Erazma Ciołka, XVI w. Muzeum Narodowe w Krakowie, Zbiory Czartoryskich.

364. *Rozmowy, które miał król Salomon mądry z Marchołtem grubym a sprośnym*, przekład Jana z Koszyczek, Kraków 1521, Biblioteka Narodowa.

365. Bartłomiej Strobel, *Św. Anna Samotrzecia*, 1629. Katedra we Fromborku.

366. Tomasz Dolabella, *Chrystus u Marty i Marii*, 1. poł. XVII w. Kościół Bernardynów w Kalwarii Zebrzydowskiej.

367. *Rozmowa szlachcica ze śmiercią*, płaskorzeźba w kościele w Tarłowie, ok. 1630–50.

368. Tadeusz Kuntze, *Fortuna*, 1754. Muzeum Narodowe w Warszawie.

369. Jan Piotr Norblin, *Aleksander Wielki przed Diogenesem*. Muzeum Narodowe w Warszawie.

370. Antoni Brodowski, *Gniew Saula na Dawida*, 1812–19. Muzeum Narodowe w Warszawie.

371. Cyprian Kamil Norwid, *Muzyk niepotrzebny*. Muzeum Narodowe w Krakowie, Zbiory Czartoryskich.

372. Cyprian Kamil Norwid, *Chrystus i Barabasz*, 1856. Muzeum Narodowe w Warszawie.

373. Artur Grottger, *Świętokradztwo*, z cyklu *Wojna X*, 1867.

374. Władysław Podkowiński, *Szał*, szkic, 1894. Muzeum Narodowe w Warszawie.

375. Jacek Malczewski, *Thanatos I*, 1898. Muzeum Narodowe w Poznaniu.

376. Jacek Malczewski, *Umywanie nóg*, 1887. Muzeum Narodowe w Poznaniu.

377. Józef Mehoffer, *Dziwny ogród*, 1903. Muzeum Narodowe w Warszawie.

378. Edward Okuń, *Judasz*, 1901. Wł. prywatna.

379. Witold Wojtkiewicz, *Krucjata dziecięca*, 1905. Muzeum Narodowe w Warszawie.

380. Stanisław Wyspiański, *Bóg Ojciec, Stań się*, projekt witraża. Muzeum Narodowe w Krakowie.

381. Xawery Dunikowski, *Tchnienie*, przed 1903. Muzeum Narodowe w Warszawie, Muzeum im. Xawerego Dunikowskiego w Królikarni.
382. Jerzy Hulewicz, *Kompozycja*, 1920. Muzeum Górnośląskie w Bytomiu.
383. Stanisław Szukalski, *Walka ludzi z człowiekiem (Walka pomiędzy ilością i jakością)*, przed 1936. Gips.
384. Stanisław Ignacy Witkiewicz, *Kompozycja (Zagłada świata)*, 1922. Muzeum Narodowe w Krakowie.
385. Bronisław Wojciech Linke, *Autoportret*, 1939. Wł. prywatna.
386. Stanisław Kubicki, *Wieża Babel*, Zdrój, 1918, z. 5.
387. Felicjan Szczęsny Kowarski, *Uchodźcy*, 1942. Muzeum Narodowe w Poznaniu.
388. Felicjan Szczęsny Kowarski, *Elektra*, 1947. Muzeum Narodowe w Warszawie.
389. Felicjan Szczęsny Kowarski, *Wędrowcy*, 1930. Muzeum Narodowe w Warszawie.
390. Waldemar Cwenarski, *Autoportret*, 1952. Wg reprodukcji.
391. Alfred Lenica, *Powrót z wojny*, 1946. Wg reprodukcji.
392. Marian Bogusz, *Koncert Jana Sebastiana Bacha w kościele św. Tomasza w Lipsku*, 1955.
393. Zbylut Grzywacz, *Niebo*, 1977. Muzeum Narodowe w Warszawie.
394. Jonasz Stern, *Ptak*, 1955. Muzeum Narodowe w Krakowie.
395. Alina Szapocznikow, *Zielnik*, 1972.
396. Alina Szapocznikow, *Róża*, 1959. Muzeum Narodowe w Warszawie.
397. Jerzy Tchórzewski, *Upadająca postać*, 1979. Muzeum Okręgowe w Bydgoszczy.
398. Tadeusz Kantor, *Postać porażona*, 1949. Muzeum Sztuki w Łodzi.
399. Marek Włodarski, *Człowiek ciągnie do okna*. Muzeum Narodowe w Warszawie.
400. Tadeusz Brzozowski, *Prorok*, 1950. Muzeum Narodowe w Warszawie.
401. Andrzej Wróblewski, *Ukrzesłowiona*, 1956. Muzeum Narodowe w Warszawie.
402. Andrzej Wróblewski, *Szofer niebieski*, 1949. Muzeum Narodowe w Warszawie.
403. Zbigniew Makowski, *Horyzont świadomości*, 1968. Muzeum Narodowe w Warszawie.
404. Benon Liberski, *Dyspozytor*, 1967. Muzeum Narodowe w Gdańsku.
405. Marek Oberländer, *Postać*, 1955. Muzeum Sztuki w Łodzi.
406. Zbigniew Dłubak, *Cień człowieka*, z cyklu *Wojna*, 1955. Muzeum Sztuki w Łodzi.
407. Norbert Skupniewicz, *Historyczne wcielenie Edypa*. Muzeum Narodowe w Poznaniu.
408. Adam Myjak, *Odyseja*, 1974. Muzeum Narodowe w Poznaniu.
409. Franciszek Strynkiewicz, *Oświęcim*. Muzeum Narodowe w Warszawie.
410. Xawery Dunikowski, *Umierający amarylis*, 1950. Muzeum Narodowe w Warszawie, Muzeum im. Xawerego Dunikowskiego w Królikarni.
411. Bronisław Wojciech Linke, *Morze krwi*, 1952. Muzeum Narodowe w Warszawie.
412. Natan Rapaport, Leon Suzin, *Pomnik Bohaterów Getta* w Warszawie, 1948.
413. Józef Szajna, *Reminiscencje 1939–45* – fragment. Retlinghausen, RFN.
414. Władysław Hasior, *Sztandar Opiekunki*, 1974.
415. Wiktor Tołkin, Janusz Dembek, *Pomnik Walki i Męczeństwa* na Majdanku w Lublinie – fragment założenia pomnikowego, 1969.
416. Marian Albin Boniecki, *Głowica Pomnika Trzech Orłów* na Majdanku w Lublinie, 1943.
417. Leon Wyczółkowski, *Ukrzyżowanie* z kościoła św. Marka w Krakowie. Muzeum Narodowe w Krakowie.
418. Zbigniew Pronaszko, *Pietà*, 1921. Muzeum Sztuki w Łodzi.
419. Marek Żuławski, *Chrystus wśród ubogich*, 1953. Wg reprodukcji.
420. Zofia Stryjeńska, *Spotkanie z synem*, z cyklu *Pascha*, 1917. Muzeum Narodowe w Warszawie.
421. Zygmunt Waliszewski, *Don Kichot i Sancho Pansa*, 1934. Muzeum Narodowe w Warszawie.
422. Stefan Mrożewski, *Don Kichot w bibliotece*. Muzeum Narodowe w Warszawie.
423. Tymon Niesiołowski, *Don Kichot*, 1961. Muzeum Okręgowe w Toruniu.
424. Bolesław Brzeziński, *Don Kichot wita słońce*. Wł. artysty.
425. Felicjan Szczęsny Kowarski, *Don Kichot*, 1944. Wł. prywatna, wg reprodukcji.
426. *Damy i rycerze towarzyszą przyjazdowi dostojnika* – fragment malowidła z wieży mieszkalnej w Siedlęcinie nad Bobrem, ok. 1320–30.
427. Stanisław Samostrzelnik, *Nadanie herbu Szydłowieckim, Liber geneseos Familiae Schidloviciae*, 1532. Biblioteka PAN w Kórniku.
428. Hans Dürer, *Tańce na wolnym powietrzu* – fragment fryzu w Izbie Poselskiej Zamku Królewskiego na Wawelu, 1532.
429. Hans Dürer, *Uczta* – fragment fryzu w Izbie Poselskiej Zamku Królewskiego na Wawelu, 1532.
430. Zamek królewski w Niepołomicach, 1550–71. Bud. Tomasz Grzymała.
431. Zamek Leszczyńskich, później Lubomirskich, w Baranowie Sandomierskim, 1591–1606. Arch. Santi Gucci.
432. Dziedziniec zamku w Baranowie Sandomierskim, 1591–1606. Arch. Santi Gucci.
433. Zamek w Krasiczynie, 1598–1633. Arch. Galeazzo Appiani.
434. Pałac Krasińskich, zw. Rzeczypospolitej, w Warszawie, 1680–94. Arch. Tylman z Gameren.

435. Pałac Lubomirskich, później Potockich, w Łańcucie, 1629.
436. Bernardo Bellotto zwany Canaletto, *Pałac w Wilanowie od strony parku*, 1770. Zbiory Zamku Królewskiego w Warszawie.
437. Pałac Jana Klemensa Branickiego w Białymstoku, ok. 1730. Arch. Tylman z Gameren.
438. Józef Richter, *Pałac w Tulczynie od strony podjazdu*, 1835. Muzeum Narodowe w Warszawie.
439. Konstanty Czartoryski, *Pałac Czartoryskich w Puławach*, 1842. Muzeum Narodowe w Warszawie.
440. Pałac Bielińskich w Starym Otwocku, 1. poł. XVIII w. Arch. Jakub i Jan Fontanowie.
441. Zygmunt Vogel, *Łazienki Królewskie w Warszawie, pałac*, po 1796. Muzeum Narodowe w Warszawie.
442. Malarz działający w Polsce na przełomie XVI i XVII w., *Portret Katarzyny z Lubomirskich Ostrogskiej*. Muzeum Narodowe w Warszawie, Galeria Portretu w Wilanowie.
443. Stanisław Samostrzelnik, *Anna z Tęczyńskich Szydłowiecka, Liber geneseos...*, ok. 1530. Biblioteka PAN w Kórniku.
444. Herman Han, Portret zbiorowy magnatów polskich – fragment *Koronacji Marii*, ok. 1623–24. Katedra w Pelplinie.
445. *Portret Zbigniewa Ossolińskiego z synami Jakubem, Jerzym i Maksymilianem*, przed 1650. Muzeum – Zbrojownia w Liwie.
446. Bartłomiej Strobel, *Portret Jerzego Ossolińskiego*. Zbiory Zamku Królewskiego w Warszawie.
447. Malarz z kręgu dworskiego Jana III Sobieskiego, *Jan III Sobieski z rodziną*, XVII/XVIII w. Muzeum Narodowe w Warszawie, Muzeum w Wilanowie.
448. *Portret Łukasza Opalińskiego*, ok. 1640. Muzeum Narodowe w Krakowie, Zbiory Czartoryskich.
449. Marceli Bacciarelli, *Portret Izabeli z Czartoryskich Lubomirskiej*, 1757. Muzeum Narodowe w Warszawie, Galeria Portretu w Wilanowie.
450. Jan Matejko, *Sala Karmazynowa w pałacu w Podhorcach*. Muzeum Górnośląskie w Bytomiu.
451. Józef Brandt, *Wyjazd z Wilanowa Jana III Sobieskiego z Marysieńką*, 1897. Muzeum Narodowe w Warszawie, Muzeum w Wilanowie.
452. Jan Piotr Norblin, *Śniadanie w parku na Powązkach*, 1785. Muzeum Narodowe w Krakowie, Zbiory Czartoryskich.
453. Jan Piotr Norblin, *Polonez*. Muzeum Narodowe w Krakowie.
454. Jan Piotr Norblin, *Towarzystwo nad jeziorem*, 1785. Muzeum Narodowe w Warszawie.
455. Juliusz Kossak, *Przed pałacem w Krzeszowicach*, 1872. Muzeum Narodowe w Warszawie.
456. Maksymilian Fajans wg Napoleona Ordy, *Zamek Działyńskich w Kórniku, Album widoków przedstawiających miejsca historyczne*, 1880. Muzeum Narodowe w Warszawie.
457. Dwór attykowy w Pabianicach, 2. poł. XVI w.
458. Dwór obronny w Szymbarku, 2. poł. XVI w.
459. Zamek w Gołuchowie, mieszczący cenne zbiory sztuki, XVI–XVII w.
460. Pałac w Poddębicach, 1610–17.
461. Jan Piotr Norblin, *Sejmik w kościele*, 1785(?) – 1789. Muzeum Narodowe w Warszawie.
462. Jan Piotr Norblin, *Szlachcic kłaniający się w pas*. Muzeum Narodowe w Krakowie, Zbiory Czartoryskich.
463. Jan Piotr Norblin, *Magnat i jego klienci*, 1802. Muzeum Narodowe w Krakowie, Zbiory Czartoryskich.
464. *Portret trumienny nieznanej kobiety*, 1667.
465. *Portret trumienny Marcina Lasockiego*, 1619.
466. *Święta Rodzina przy połowie ryb* – fragment ornatu z Żarnowca, ok. poł. XVII w. Klasztor franciszkanów w Krakowie.
467. Leon Wyczółkowski, *Gra w krokieta*, 1895. Muzeum Narodowe w Krakowie.
468. Władysław Podkowiński, *W ogrodzie przy klombie*, 1891. Muzeum Narodowe w Poznaniu.
469. Aleksander Gierymski, *W altanie*, 1882. Muzeum Narodowe w Warszawie.
470. Józef Chełmoński, *Czwórka – odjazd sprzed dworku*, 1875.
471. Leon Wyczółkowski, *Wiosna w Gościeradzu*, 1933. Wł. prywatna.
472. Kamienica Orsettich w Jarosławiu, 1570–71.
473. Dom w Stargardzie, XV–XVI w.
474. Kamienice mieszczańskie Mikołaja i Krzysztofa Przybyłów w rynku w Kazimierzu Dolnym – tzw. kamienice Pod św. Mikołajem i św. Krzysztofem, ok. 1615.
475. Kamienica Celejowska w Kazimierzu Dolnym, ok. 1635.
476. Postać św. Krzysztofa – fragment elewacji kamienicy Pod św. Krzysztofem, ok. 1615.
477. Pałac Leopolda Kronenberga w Warszawie.
478. Ratusz staromiejski w Toruniu, XIII–XIV w.
479. Ratusz we Wrocławiu, XIV–pocz. XVI w.
480. Sukiennice w Krakowie, 1556–60.
481. Ratusz i kamienice w rynku w Zamościu, 1591–XVII w.
482. Nagrobki krakowskiej rodziny mieszczańskiej Montelupich w kościele Mariackim w Krakowie, pocz. XVII w.
483. Bartłomiej Strobel, *Portret Wilhelma Orsettiego, rajcy Lublina*, 1647. Muzeum Narodowe w Warszawie.

536. *Narodziny Marii* – fragment tryptyku *Rodzina Marii*, ok. 1500. Muzeum Narodowe w Warszawie.
537. Cyprian Kamil Norwid, *Dziecko i anioł*, 1857. Wg reprodukcji.
538. Józef Szermentowski, *Pasowanie na rycerza przez dziadunia*, 1869. Muzeum Narodowe w Poznaniu.
539. Stanisław Wyspiański, *Macierzyństwo*, po 1905. Muzeum Narodowe w Krakowie.
540. Jacek Malczewski, *Aniele, pójdę za Tobą*, 1901. Muzeum Narodowe w Warszawie.
541. Marek Włodarski (Henryk Streng), *Wspomnienia z dzieciństwa*, 1924. Muzeum Narodowe w Warszawie.
542. Tadeusz Makowski, *Teatr dziecięcy*, 1931. Muzeum Narodowe w Warszawie.
543. Płyta z ornamentem plecionki wstęgowej z katedry na Wawelu, 1. poł. XI w.
544. *Paw* – fragment obramienia *Drzwi Gnieźnieńskich*, 2. poł. XII w. Katedra w Gnieźnie.
545, 546. Szczegół dekoracji Kaplicy Zygmuntowskiej na Wawelu, 1519–33.
547. Dekoracja marginalna *Graduału* Jana Olbrachta, ok. 1501. Muzeum Narodowe w Krakowie, Zbiory Czartoryskich.
548. Jan Piotr Norblin, *Jutrzenka*, malowidło plafonowe w świątyni Diany w Arkadii pod Łowiczem, 2. poł. XVIII w.
549. Teofil Kwiatkowski, *Martwa natura z owocami*, 1888. Muzeum Narodowe w Warszawie.
550. Henryk Rodakowski, *Portret Leonii Blüdhorn, pasierbicy artysty*, 1871. Muzeum Narodowe w Warszawie.
551. Henryk Rodakowski, *Portret Babetty Singer*, ciotki artysty, 1863. Muzeum Narodowe w Warszawie.
552. Olga Boznańska, *Imieniny babuni*, 1888–89. Muzeum Narodowe w Warszawie.
553. Olga Boznańska, *Dwie dziewczynki*, 1896. Muzeum Górnośląskie w Bytomiu.
554. Konrad Krzyżanowski, *Portret Tomiry Słońskiej z córką*, ok. 1903. Muzeum Górnośląskie w Bytomiu.
555. Józef Pankiewicz, *Kwiaty w niebieskim wazonie*, przed 1933. Muzeum Narodowe w Warszawie.
556. Jan Rembowski, *Zaczarowana dziewczynka*, 1913. Muzeum Narodowe w Warszawie.
557. Tadeusz Makowski, *Martwa natura z melonem*, ok. 1928. Muzeum Górnośląskie w Bytomiu.
558. Władysław Skoczylas, *Taniec zbójnicki*, Muzeum Narodowe w Warszawie.
559. Leon Chwistek, *Portret żony*, ok. 1925. Muzeum Narodowe we Wrocławiu.
560. Zbigniew Pronaszko, *Sielanka*, 1935. Muzeum Narodowe w Warszawie.
561. Konrad Srzednicki, *Ryby III*, 1946. Muzeum Narodowe w Warszawie.
562. Tytus Czyżewski, *Hiszpania*, 1923. Muzeum Narodowe w Warszawie.
563. Mieczysław Szczuka, *Kompozycja konstruktywistyczna*, 1925. Muzeum Sztuki w Łodzi.
564. Henryk Stażewski, *Relief 9*, 1969. Muzeum Narodowe w Warszawie.
565. Henryk Stażewski, *Kompozycja abstrakcyjna*. Muzeum Narodowe w Warszawie.
566. Leon Chwistek, *Uczta*, 1933. Muzeum Narodowe w Warszawie.
567. Jan Cybis, *Muszle*, 1953–54. Muzeum Narodowe w Poznaniu.
568. Piotr Potworowski, *Ogród (z hamakiem)*, 1949. Muzeum Narodowe w Warszawie.
569. Marek Włodarski, *Krawat, liść, zapałki*, 1931. Muzeum Narodowe w Warszawie.
570. Eugeniusz Eibisch, *Siostry*, przed 1957. Muzeum Narodowe w Warszawie.
571. Wacław Taranczewski, *Martwa natura ze świątkiem*, 1949. Muzeum Narodowe w Poznaniu.
572. Tadeusz Kantor, *Sinobrody*, projekt kostiumu do *Zamku Sinobrodego* Beli Bartoka, 1963.
573. Maria Jarema, *Rytm IV*, 1958. Muzeum Narodowe w Krakowie.
574. Kazimierz Mikulski, *Nocna próba*, 1954. Muzeum Narodowe w Krakowie.
575. Marian Bogusz, *Radość nowych konstrukcji*, 1947.
576. Zbigniew Gostomski, *Relief*, 1963. Wg reprodukcji.
577. Rajmund Ziemski, *Słońce nad miastem*, 1957. Wg reprodukcji.
578. Stefan Gierowski, *Obraz CC (muzyka)*, 1966.
579. Aleksander Kobzdej, *Pianistka*, 1948.
580. Andrzej Wróblewski, *Zatopione miasto I*, 1948. Wg reprodukcji.
581. Jerzy Tchórzewski, *Wędrujące formy*, 1954. Muzeum Narodowe w Warszawie.
582. Jerzy Wolff, *Kompozycja ognista*, 1969. Muzeum Okręgowe w Bydgoszczy.
583. Józef Szajna, *Dama z czerwoną rękawiczką*, 1963. Wł. autora.
584. Józef Szajna, *Głowa Meduzy*, 1971. Wł. autora.
585. Tadeusz Małachowski, *Radość słońca*, 1963. Muzeum Okręgowe w Bydgoszczy.
586. Lucjan Mianowski, *Małe miasteczko nie jest nudne*, 1956. Wg reprodukcji.
587. Ryszard Winiarski, *Obraz 45*, 1969.
588. Jan Lebenstein, *Postać stojąca*. Muzeum Narodowe w Poznaniu.
589. Maria Anto, *Białowieża po roku*, 1974. CBWA Warszawa.
590. Alina Ślesińska, *Brazylia*, 1974. Wł. autorki.
591. Katarzyna Kobro, *Kompozycja przestrzenna nr 6*. Muzeum Sztuki w Łodzi.
592. Stanisław Fijałkowski, *(Powtórne) Nagłe pojawienie się Beatrycze*, 1969. Muzeum Narodowe we Wrocławiu.
593. Teofil Ociepka, *Salamandry*, 1969. Wł. prywatna.
594. Nikifor Krynicki, *Wieczerza malarzy w niebie*, ok. 1950–55. Wł. prywatna.

Ilustracje po stronach tytułowych rozdziałów

Polska – Królestwo i Rzeczpospolita: Orzeł – fragment arrasu z Zamku Królewskiego na Wawelu, warsztat brukselski, 3. ćw. XVI w. Kraków, Państwowe Zbiory Sztuki na Wawelu.

Społeczna integracja narodu: Tadeusz Kościuszko – fragment obrazu Michała Stachowicza *Przysięga Tadeusza Kościuszki na Rynku krakowskim*, 1821. Muzeum Narodowe w Krakowie.

Świadomość historyczna: Piotr Skarga – fragment obrazu Jana Matejki *Kazanie Skargi*, 1864. Muzeum Narodowe w Warszawie.

Ziemia ojczysta – ojczysty kraj: fragment obrazu Józefa Chełmońskiego *Jesień*, 1897. Muzeum Narodowe w Poznaniu.

Służba ojczyźnie: fragment obrazu Artura Grottgera *Pożegnanie* z cyklu *Wojna IV*, 1866–67. Muzeum Narodowe w Krakowie.

Pogląd na świat i los człowieka: fragment Ołtarza Mariackiego Wita Stwosza z kościoła Mariackiego w Krakowie, 1477–89.

Życie powszednie i życie świąteczne: fragment obrazu Aleksandra Gierymskiego *W altanie*, 1882. Muzeum Narodowe w Warszawie.

Królestwo sztuki: fragment obrazu Leona Chwistka *Uczta*, 1933. Muzeum Narodowe w Warszawie.

Na obwolucie: Stańczyk – fragment obrazu Jana Matejki *Stańczyk*, 1862. Muzeum Narodowe w Warszawie.

Ilustracje 309–312, 314, 416 były zamieszczone w książkach J. Jaworskiej – ,,*Nie wszystek umrę*". *Twórczość plastyczna Polaków w hitlerowskich więzieniach i obozach koncentracyjnych 1939–1945*, Warszawa 1975 oraz *Polska sztuka walcząca 1939–1945*, Warszawa 1976.

ZDJĘCIA DO REPRODUKCJI WIELOBARWNYCH WYKONALI LUB DOSTARCZYLI:

M. Czudowski i H. Weinberg – il. 324; Z. Dłubek i K. Przybylak – il. 259; J. Fleishmann i K. Gierałtowski – il. 196; K. Henclewski i M. Apathy – il. 170, 553, 554, 557; K. Jabłoński – il. 65, 74, 77, 79, 208, 212, 232, 236, 248, 262, 318, 375, 376, 407, 567, 571, 588, IV; Z. Kamykowski – il. 42, 150, 151, 154, 222, 263, 267, 357, 520; A. Kędracki – il. 66, 142, 210, 264, 268, 277, 304, 335, 349, 397, 414, 445, 449, 468, 508, 572, 582, 583, 585, 589, 593, 594; St. Markowski – il. 37; J. Myszkowski – il. 141, 574; J. Podlecki – il. 35, 36, 73, 123, 202, 204, 205, 207, 213, 220, 223, 227–229, 253, 274, 275, 341, 355, 359, 394, 467, 539, I, VI; K. K. Pollesch – il. 25, 448, 453; Ł. Schuster – il. 45, 54, 98, II; M. Sielewicz – il. 380; W. Smolak – il. 502, 503; T. Żółtowska – il. 19, 63, 64, 71, 78, 90, 91, 104, 105, 112, 118, 122, 129, 130, 139, 146, 148, 149, 152, 158, 162, 163, 186–190, 200, 203, 211, 219, 234, 235, 239, 270, 284, 285, 296, 301, 305, 306, 356, 368, 374, 377, 379, 388, 389, 393, 400, 403, 411, 420, 446, 451, 454, 469, 511, 514, 526, 536, 540–542, 550, 552, 561, 564–566, 568, 573, 581, 592, III, V, VII, VIII, il. na obwolucie. Pozostałe – z archiwum Wydawnictwa Arkady.

ZDJĘCIA DO REPRODUKCJI CZARNO-BIAŁYCH WYKONALI LUB DOSTARCZYLI:

S. Arczyński – il. 12, 15, 17, 479; Z. Czarnecki – il. 99; S. Deptuszewski – il. 261, 464, 578; H. Dębski – il. 476; O. Gałdyński – il. 478; A. Glanda – il. 323; W. Gumuła – il. 430; K. Henclewski i M. Apathy – il. 173, 224, 244, 252, 255, 382; T. Hermańczyk – il. 531; M. Holzman – il. 316; K. Jabłoński – il. 11, 215, 265, 343, 387, 538; Jaworski – il. 62; A. Kaczkowski – il. 415; Z. Kamykowski – il. 26, 32, 47, 51, 61, 121, 184, 271–273, 329, 351, 352, 362, 429, 458, 482, 545, 546, 548; T. Kaźmierski – il. 2, 327, 328, 345, 442, 529; A. Kędracki – il. 86; S. Kolowca – il. 41, 88, 89, 381; M. Kopydłowski – il. 3, 440, 457, 500, 501, 544; E. Kozłowska-Tomczyk – il. 5, 177, 310, 326, 410, 416, 465, 472, 523, 579; J. Książek – il. 237, 492; G. Kumorowicz – il. 110, 289; E. Kupiecki – il. 4, 44, 342, 431, 432, 459, 460, 475, 480, 525; D. Kwiatkowski – il. 533; J. Langda – il. 27, 55, 120, 256, 325, 333, 363, 433, 444, 515; A. Linke – il. 385; Z. Malinowski – il. 159, 160; W. Mądroszkiewicz – il. 269, 392; J. Mierzecka – il. 14, 575; M. Moraczewska – il. 367, 434, 498; J. Nowicki – il. 361; Cz. Olszewski – il. 340; W. Osica – il. 297; J. Ostaszewski – il. 439; R. Petrajtis – il. 404; H. Poddębski – il. 7, 39, 339, 435, 477, 524, 527, 528, 532; J. Podlecki – il. 70, 143, 199, 282, 371, 453; A. Podlewski – il. 20; E. Rachwał – il. 29; H. Romanowski – il. 156, 164, 504; J. Sabara – il. 590; L. Sempoliński – il. 95, 153, 157, 161, 299, 490; Z. Siemaszko – il. 336; S. Sprudin – il. 358; T. Sumiński – il. 437; Z. Świechowski – il. 119, 331, 337, 344, 473; J. Szandomirski – il. 474; Z. Tomaszewska – il. 30, 38, 40, 360, 516; A. Wierzba – il. 31, 33, 34; E. Witecki – il. 167, 405; W. Werner – il. 84; W. Wolny – il. 226, 266, 334, 366, 413, 587; F. Zwierzchowski – il. 82; T. Żółtowska – il. 53, 56–58, 100–103, 107–109, 113, 114, 128, 131, 132, 134, 135, 137, 138, 140, 145, 147, 165, 166, 171, 172, 175, 191–193, 206, 209, 214, 216–218, 221, 233, 238, 242, 243, 245–247, 250, 251, 260, 278, 281, 286, 288, 298, 300, 302, 314, 315, 317, 319–322, 350, 353, 369, 370, 396, 399, 401, 402, 409, 421, 422, 436, 438, 456, 483–486, 489, 491, 493, 505, 507, 510, 512, 513, 521, 522, 530, 549, 551, 555, 556, 558, 560, 569, 570; Biblioteka Narodowa – il. 23, 24, 126, 182, 279, 287, 518; Biblioteka Zakładu Narodowego im. Ossolińskich PAN we Wrocławiu – il. 201, 280, 283; CAF Warszawa – il. 534, 535; Instytut Sztuki PAN – il. 13, 16, 50, 67, 231, 332, 338, 383, 391, 426, 487; Instytut Historii Sztuki UJ – il. 92; Muzeum Historii Polskiego Ruchu Rewolucyjnego w Warszawie – il. 178, 179, 507; Muzeum Mazowieckie w Płocku – il. 230; Muzeum Narodowe w Krakowie – il. 106, 136, 290; Muzeum Narodowe w Poznaniu (Z. Ratajczak) – il. 133; Muzeum Narodowe w Warszawie – il. 46, 52, 68, 80, 81, 94, 96, 97, 441, 443; Muzeum Sztuki w Łodzi (J. Sadowska-Gęsek) – il. 117, 254, 257, 398, 406, 418, 561, 563, 591; Muzeum Wojska Polskiego w Warszawie (R. Grodecki) – il. 291, 303. Pozostałe – z archiwum Wydawnictwa Arkady.

SPIS TREŚCI

Redaktor
TOMASZ JENDRYCZKO

Redaktor techniczny
KRYSTYNA ŁYSIAKOWA

Korektor
KRYSTYNA BOBEROWA

Wydawnictwo Arkady. Warszawa 1988
Wydanie I. Nakład 15.000 egz.
Skład: Zakłady Wklęsłodrukowe RSW ,,P-K-R'' w Warszawie
Drukowano w Jugosławii na zlecenie CHZ ,,Ars Polona''
1144/RS P-41
ISBN 83-213-3332-X